돈의 지혜

La Sagesse de L'argent

파스칼 브뤼크네르 지음 — 이세진 옮김

삶을 관통하는 돈에 대한
사유와 통찰

돈의 지혜

흐름출판

나의 투치족 여인에게[*]

"아무도 가난을 지혜의 숙명으로 정하지 않았다. (…) 내가
선택할 수만 있다면 재물의 왕국은 멸시하되 재물이 내게
줄 수 있는 최선은 취할 것이다."

—세네카[1]

차
례

들어가는 글　레닌의 서약 ◆ 10

1
PART ONE

숭배하는 무리, 경원하는 무리

제1장　악마의 배설물 ◆ 19

제2장　가난한 자들의 탁월한 위엄 ◆ 45

제3장　프랑스에서 돈은 금기다 ◆ 57

제4장　미국의 영혼은 돈이다 ◆ 81

2
PART TWO

금송아지를 둘러싼 세 가지 신화

제5장　돈이 세상을 지배한다는 믿음 ◆ 103

제6장　풍요가 불행을 낳는가 ◆ 138

제7장　음흉한 계산속이
　　　　　숭고한 사랑을 죽였나 ◆ 171

3

PART THREE

리치 오블리주

제8장 부르주아적 가치의 회복 ◆ 207

제9장 부는 죄가 아니요,
가난이 덕은 아니다 ◆ 236

제10장 빼앗는 손, 돌려주는 손 ◆ 260

결론 감당해야 할 정신분열 ◆ 288

옮긴이의 글 돈을 바라보는 다양한 시선과 사유 ◆ 292

후주 ◆ 296

레닌의 서약

1921년, 블라디미르 일리치 레닌은 그로서는 드물게 벅찬 감정에 휩싸여 프롤레타리아에게 이렇게 약속했다. 공산주의가 온 세상에 도래할 그날에, 누구나 이용할 수 있는 공중화장실에 황금 변기를 설치할 거라고. 그날에 황금은 아무런 가치가 없을 테니 얼마든지 그럴 수 있을 거라고. 이 말에는 두 가지 의미가 있다. 일단, 공산주의 사회에서는 가장 구저분한 공간도 부르주아의 대저택 못지않게 호화로울 거라는 의미가 있다. 그러나 무엇보다 그날이 오면 노동자 계급이 인간의 탐욕을 저주받을 황금에 투영하지 않게 될 것이라는 의미가 있다. 일찍이 프로이트는 황금과 항문기의 연관성을 강조한 바 있다. 사회주의는 황금의 특수성을 없애는 동시에 이 금속을 자본주의보다 더 잘 사용할 것이다. 사소하지만 재미있는 얘기를 하나 해볼까. 2014년에 미국의 여성 사업가 킴 카다시안과 그녀의 남편이자 유명 래퍼인 카니예 웨스트는 로스앤젤레스 자택에 실제로 황금 변기를 설치했다. 55만 달러는 그들에게 대수롭지 않은 비용이었다. 레닌의 서약은 이루어졌다. 자신의 서약을 이런 사람들이 이뤄주기를 바라진 않았겠지만 말이다.

돈은 빤한 것 같지만 그렇지 않은 것 중 하나다. 정말이지 돈은 생활 본위의 상스럽고 성가신 평민과 같다. 돈은 그 자체로 당연해 보이지만 좀체 밝혀지지 않는 미스터리다. 단어에도 이 신기한 애매성이 녹아 있다. 프랑스어에서 돈argent은 오랫동안 화폐 주조에 쓰였던 금속(은)을 뜻한다. 모순을 배제하면 돈에 대해서 아무 말도 할 수가 없다. 돈은 천박하면서 고귀하고, 허구이자 현실이다. 돈이 사람을 갈라놓기도 하고 맺어주기도 한다. 돈은 너무 넘쳐나도 두렵고, 너무 모자라도 두렵다. 돈은 악을 행하는 선일 수도 있고, 선을 행하는 악일 수도 있다.

역사학자들은 최초의 화폐가 기원전 3000년경 우르에서 등장했다고 본다.[1] 이 화폐에 새겨진 이슈타르는 다산과 죽음이라는 희한한 이원성의 여신이다. 돈은 세계 어디서나 기막히게 잘 통하는 엉터리 영어다. 누구나 모국어에 상관없이 이 엉터리 영어를 마음대로 구사할 수 있다. 사막 오지에서든, 아주 먼 섬에서든, 자기 종교에 상관없이 돈은 사람을 즉각 개종시킬 수 있다.

돈은 원래 신뢰를 의미한다. 고대 로마에서 최초의 화폐는 소유주가 누리는 신망과 떼려야 뗄 수 없는 것이었다. 지금의 화폐는 금본위제가 아니기 때문에 발행 국가의 재정 건전성에 따라 가치가 달라진다. 화폐는 어떤 국민이나 특정 공동체를 구체화하기 때문에 화폐의 후광에는 신성함이 깃들어 있다. 화폐 독립을 발판 삼아 주인에게서 해방된 피지배민족을 보라. 어떨 때는 돈이 예속을 낳는 권력이지만 또 어떤 경우에는 해방의 힘이다. 여기에 돈의 애매성이 있다. 돈이 비난의 대상이 되면 옹호하고 싶어진다. 그러나 돈을 옹호하면 공격하고 싶어진다. 성性이 그렇듯이 돈도 너무 많은 의미로 넘쳐나면서 본질은 제대로 알려주지 않는 동의어가 널리고 널렸다.(프랑스어에서 돈은 grisbi, fric, flouze, pépètes, picaillons, pognon, thune, fraîche 등이다.) 이러한 현상은 모든 언어에서 찾아볼 수 있다.

돈은 단순히 가치를 환산하고 저장하는 단위가 아니라 우리 욕망의 척도다. 돈은 모든 열정의 척도로서, 다른 열정이 반영되는 일종의 절대 열정이 되었다. 돈이 세상을 획일화시킨다는 세간의 믿음과는 정반대로, 우리는 돈을 우리의 정념으로 물들였다. 우리가 돈과 결부시키는 악덕, 즉 물욕, 시기, 인색함은 돈이 등장하기 전부터 있었다. 그러나 우리는 돈이 이러한 악덕을 확대한 것처럼 생각한다. 돈이 불러일으키는 흥분과 혐오는 그 자체가 징후다. 돈은 창조주의 손을 벗어나 역으로 치고 들어온 창조물이라는 점에서 특히 매혹적이다. 말수 적던 자식이 성난 폭군이 되었다.

돈을 말한다는 것은 늘 자기 얘기를 한다는 것이다. 나는 가난했지만 가난에 상처받지는 않았다. 우리 부모님은 젊을 때 고생스럽게 일해서 어느 정도 안락한 삶을 이루었으나 다시 빚더미에 올라앉고 말았다. 그들은 계급에서 낙오된 쓸쓸함을 참고 견디며 한 푼도 허투루 쓰지 않았다. 두 분은 돌아가실 때까지 형편이 매우 어려웠다. 나로 말하자면, 학창시절에도 가난하긴 했지만 아무 걱정 없이 그때그때의 짧은 풍요를 즐겼다. 나는 행운의 여신께서 당신의 넉넉함으로 나를 품어주시리라 믿으며 오랫동안 베짱이처럼 살아왔다. 저자 인세는 월급이 될 수 없었지만 그래도 단비 같았다. 이 세상에서 돈이 제공하는 유일하게 정말로 귀한 값어치는 시간, 마르지 않는 시간의 풍부함이다. 이런 면에서는 돈이 자유를 줄 수도 있다. 돈이 너무 없으면 생이 우리를 감금하는 영원한 현재로 제한된다. 나는 늘 밥벌이와 살아야 할 이유를 구분해왔다. 때로는 그 둘이 일치했지만 그래도 먹고살기 위해서 해야만 하는 일이 있었다.

40대에 들어서야 돈을 웬만큼 등한시해도 좋을 형편이 되었다. 그 이전까지의 오랜 시기를 나는 애틋한 그리움으로 회상한다. 그때는 돈이 있으면 다행이었고, 돈이 없으면 없는 대로 어떻게든 헤쳐 나갔다. 세상을 탐색하고, 지평을 넓히고, 지리멸렬을 피할 수만 있으면 나는 간도 크게 금전적 문제를 건너뛰었다. 행복한 젊은 날이 오래도 갔다. 그 시절에는 필요와 과잉 사이가 아니라 필요와 본질 사이에서 움직였다. 본질은 책의 신비, 아시아와 인도 여행, 열띤 토론, 정치적 참여, 까다로운 우정, 아무 데서나 할 수 없는 경험,

다양한 연애, 그리고 무엇보다 내가 좋아하는 일, 즉 글쓰기가 내 업이 될 가능성이었다. 나는 우리가 나이를 먹으면서, 결핍을 두려워하기 시작하면서, 사회가 돈을 중심에 갖다놓으면서 돈이 근심거리가 된다고 곧잘 생각한다. 노래와 냉전의 시대가 끝나자 대처 총리와 레이건 대통령의 보수주의 혁명이 서양 문화를 환멸의 시대, 그러니까 지금의 현실과 같은 물질숭상의 시대로 이끌었다. 그러나 다양한 세계관이 격렬하게 충돌하기 시작한 이래로, 이 시대는 스러져가는 중이다.

사람이 늙으면 계산의 이치, 잔금의 이치로 기울게 된다. 모든 것이 카운트다운에 들어가고 살날이 줄어든다. 이제 시간은 남아돌지 않는다. 시간은 훈계를 한다. 하지만 나는 지금도 궁극의 사치는 고급 승용차나 호화로운 자택이나 별장이 아니라 공부하는 삶을 나이 들어서까지 연장할 수 있는 가망이라고 본다. 공부하는 삶이란 일상의 즉흥, 정처 없는 거리 산책 취향, 카페에서 죽치기, 초연함의 과시, 명예와 직책과 흐르는 세월을 피하려 주렁주렁 몸에 휘감는 상징적 패물에 무관심한 태도를 의미한다. 한마디로, 매일 아침 새 삶을 시작할 수 있다는 부조리하지만 꼭 필요한 환상이다. 나는 늘 권력의 유혹, 커리어에 대한 예속보다 나의 자유를 소중히 여겼다. 내가 특권을 누린다면 이건 나 자신이 만들어낸 특권이다. 나는 유산을 상속받지도 않았고 부자도 아니다. 돈을 잊어버릴 만큼 부유했던 적도 없고, 돈을 멸시할 만큼 가난했던 적도 없다.

따라서 돈은 지혜를 추구하는 약속이다. 이 표현은 이중의 의미로 받아들여야 한다. 돈을 갖는 것이 지혜라는 의미도 있고, 돈에 의문을 가져보는 것이 지혜라는 의미도 있다. 우리는 돈 때문에 원하는 것, 할 수 있는 것, 해야 하는 것 사이에서 늘 조율을 해야 한다. 모든 사람은 돈 때문에 자기도 모르게 철학자가 된다. 잘 생각한다는 것은 결국 자신을 위해, 남을 위해 잘 쓰는 법을 배우는 것이기도 하다. 화폐는 참 많은 것을 드러낸다. 노랑이, 수전노, 방탕아, 자린고비는 주머니에서 돈을 꺼내는 동작 하나로 드러난다.

돈 문제가 쉽고 편하기만 한 사람은 없다. 돈을 혐오한다고 생각하는 사람이 속으로는 돈을 우러러보기도 한다. 돈을 떠받드는 사람은 돈을 과대평가한다. 돈을 멸시하는 척하는 사람은 스스로에게 거짓말을 하는 셈이다. 열광은 문제가 되지만 지탄은 불가능하다. 그래서 돈은 어려운 주제다. 하지만 지혜란 본디 만인에게 광기의 상징처럼 보이는 바로 그것을 공략하지 않는가? 그럴 게 아니면 철학이 무슨 효용이 있을까?

1

PART ONE

숭배하는 무리,
경원하는 무리

La
Sagesse
de
L'argent

악마의 배설물[1]

"한 사람이 두 주인을 섬기지 못할 것이니 혹 이를 미워하고 저를 사랑하거나 혹 이를 중히 여기고 저를 경히 여김이라. 너희가 하느님과 재물을 겸하여 섬기지 못하느니라."

—『마태오복음』6장 24절

돈이라는 기막힌 발명은 경악과 두려움을 불러일으키며 등장했다. 돈은 모든 것을 매체로 삼았다. 금속, 패류, 소금(여기서 봉급salaire이라는 단어가 나왔다), 가축(라틴어 '소pecus'에서 '금전의pécuniaire'라는 단어가 유래했다) 등등. 인도 화폐 루피rupee 역시 산스크리트어로 '가축'을 뜻한다.[2] 그러나 이러한 돈의 유연성에는 여러 가지 위험이 배어 있다. 3대 일신교에서 공통된 물질주의의 상징, 그 유명한 '금송아지' 신화는 이러한 파행의 잠재성을 여실히 드러낸다. 모세가 하느님의 말씀이 담긴 율법의 판을 받기 위해 40일간 자기 민족을 떠나 시나이산에 올라갔을 때의 일이다. 그를 따라 이집트에서 탈출한 백성이 의심에 사로잡히기 시작했다. 그들은 모세의 형 아론에게 "이보시오, 우리를 인도할 신을 만들어주시오"라고 요구했다. 그리하여 여자와 아이들의 금귀고리를 모두 모아들이고 그 금을 녹여서 송아지 모양의 상을 만들었다. 히브리민족은 이 금송아지 상 앞에 엎드려 절을 하고 제물을 바쳤다. 시나이산에서 내려온 모세는 자기 백성이 금송아지 앞에서 춤을 추는 모습을 보고 격분하여 십계명이 새겨진 율법의 판을 내던져 부숴버렸다(『출애굽기』 32장 1~14절 내용).

여기서 돈이라는 우상은 신이 부재할 때 느끼는 인간의 조바심으로서 등장한다. 인간은 신에게 버림받은 것 같으면 재빨리 신의 대체물을 만들어내고 그 대체물을 우러르느라 신을 등진다. 참 아이러니하게도, 2008년에 영국 출신의 예술가 데이미언 허스트는 「금송아지The Golden Calf」라는 조각 작품을 제작했는데 이 작품은 경매에서 1030만 파운드에 팔렸다. 포스트모던한 반항의 멋들어진 한 가지 예라고 할까. 금송아지를 비판하는 예술이 오히려 어마어마한 부를 축적하는 새로운 방법이 됐다!

풍요와 궁핍의 결혼

고대 그리스 신화에 등장하는 '부Ploutos'의 신 플루토스는 세상을 지배할 욕심을 부린 죄로 제우스의 벌을 받아 장님이 되었다. 플루토스는 앞을 못 보기 때문에 아무렇게나 특혜를 베푼다. 극작가 아리스토파네스가 쓴 『플루토스』에서는 두 행인이 세상에 '더러운 놈들'이 점점 늘어나는 게 플루토스 때문이라고 비난한다. 그들은 자기들처럼 정직한 사람이 보상받는 세상이 되기를 바라는 마음에서 플루토스가 다시 눈을 뜨도록 돕고 싶어 한다. 그들은 플루토스가 그렇게만 되면 자기들도 절제하는 삶을 살겠노라 약속한다. 플루토스는 동의한다. 그는 자기 눈이 먼 탓에 얼마나 큰 폐해가 있었는지 알고 싶어 한다. 두 친구는 플루토스의 눈을 치료할 약을 마련하려고 의사를 찾아다닌다. 이때 누더기를 걸친 여인 페니아가 등장한다. 페니아는 다름 아닌 '궁핍Penia'의 여신이다. 페니아는 사람들이 플루토스의 시력을 되찾아주려 한다는 사실에 분개한다. '궁핍'이야말로 인간이 노동을 하고 신에게 경의를 표하는 이유라고 생각하기 때문이다. 플루토스가 특별한 약을 써서 시력을 되찾자 수많은 가난뱅이가 '부의 신'의 귀환을 경배하고 제우스를 매몰차게 외면한다. 하지만 부자가 된 시민들은 모두 일을 그만두고 하릴없이 시간을 죽이며 다른 사람을 노예로 부리게 되고, 결국 세상에 가난이 돌아오고야 만다. 그래서 이 같은 놀라운 결론이 나온다. 만민이 똑같이 풍요를 누리면 사는 재미가 머지않아 시들해진다. 오직 궁핍만이 노동과 욕망에 지속적인 자극을 준다.[3]

플라톤은 돈을 엄격하게 멀리한 최초의 인물이라고 할 수 있다. 플라톤의 이상 국가에서 상업은 시민권이 없는 사람, 이방인이나 외국인이 몸담는 일이다. 그는 장사가 영혼을 타락시킨다고 보았다. 심지어 다른 일에 종사하는 인구에게 상인들이 "불안정하고 속임수가 많은" 풍속을 전염시키지 않도록 일종의 방역선을 세우고 싶어 했다. 또한 도시국가에 법정화폐가 도입되면 모든 면을 고려하건대 "최악의 재앙"이 도시국가가 "스스로를 믿지 못하고 야박하게 굴게끔" 몰아갈 것이라고 말하기도 했다.[4] 『소피스트』와 『테아이테토스』에서 플라톤은 웅변술에 능한 수사학자들이 급여제에 반대하고 자기네 입에서 나오는 단어 수를 헤아려 금값으로 친다고 비난을 퍼붓는다. 이 악랄한 장사치들, "부유하고 빼어난 젊은이들에게서 보수를 받는 사냥꾼들"은 대량생산 체인에서 논증들을 만들어낸다. 한편, 소크라테스는 철학자가 보수를 바라지 않고 가르쳐야 한다고 말한다. 소피스트는 매춘부가 몸을 팔듯 가장 비싼 값을 부르는 자에게 자기 재주를 팔고 "영혼의 일을 취급하는 도매상"이 된다.

희한하게도 지금 몇몇 프랑스 언론매체도 스타 지식인들이 이 방면으로 특화된 에이전시를 끼고 강연 장사를 해먹는다면서 비슷한 비판을 내놓고 있다. 그러면 그 지식인들은 저작권 수입도 거절하고 "정신의 가치"로 가득한 뜬구름 같은 세상에서 살아야 하나?[5] 유럽위원회도 미국 다국적기업의 영향을 받아서 디지털시대에 '반동'이나 다름없는 저작권을 폐지해야 한다는 식의 주장을 펴고 있다. 작품에는 누구나 무상으로 접근하되, 접근 채널 공급자에게는 당연히 돈을 내야 한다나.[6] 이 경우, 지적 창작은 문학이나 예술 콘텐츠를 유유자적 노략질하는 기업(구글, 애플, 아마존 패거리)에 종속된다. 요컨대, 앙시앵 레짐의 문화후원으로 돌아가고 말 것이다. 당시의 군주제가 민간대기업으로 대체될 뿐이다. 보마르셰 Beaumarchais*의 말마따나 "작품을 만들려면 일단 밥부터 먹어야지"라고 대꾸할 수 있겠다. 욕심 많은 사람은 사유와 글쓰기 분야의 일을 당장 때려치워야 한다. 대기업은 이쪽 일을 택한 자들은 잘 먹이고 입히지 못하면서 팔자 좋은 문화적 무산계급만 양산한다.(문인 활동에는 이와는 다른 만족이 있긴 하지만 말이다.)

소피스트들이 잘한 짓이 있다면 아마 저작권 개념을 고안한 것 아닐까. 그들은 자기 글과 말로 보수를 받았고 자유로운 사유의 수단으로 삼았다. "오늘날의 작가는 여느 노동자와 다를 바 없다. 일해서 먹고살기는 마찬가지다." 1880년에 에밀 졸라는 이렇게 말한다. 또 여기 덧붙여 "돈은 작가를 해방시켰다. 돈은 근대 문학을 만들었다"[7]라고 말했다.

경제학에서도 최초의 위대한 이론가라고 할 수 있는 아리스토텔레스의 등장으로, 화폐는 마침내 이론적 위엄을 갖춘다.[8] 돈은 "만물의 공통 척도", 상이한 물건을 구매하고 평가할 수 있게 하는 일종의 규약이다. 구두장이, 어부, 의사가 있다고 치자. 그들은 모두 서비스를 서로 교환하기를 원한다. 물론 물물교환을 채택할 수도 있다. 구두장이가 진료를 받고 구두 한 켤레를 내어주거나, 어부

---

* 『세비야의 이발사』『피가로의 결혼』을 쓴 프랑스의 극작가.

가 샌들을 가져가는 대신 물고기를 내놓을 수 있겠다. 그러자면 서로 원하는 바가 동시적으로 맞아떨어진다는 전제가 필요한데, 어쩌다 한 번은 몰라도 늘 그러기는 쉽지 않다. 이 세 사람이 제공하는 재화가 잡다한 이상, 그들의 거래는 돈의 중개를 거치지 않을 수 없다.

인위적이고 자의적인 돈은—프랑스어 '주화, 메달numismatique'의 어원인 그리스어 '누미스마numisma'에는 '법nomos'을 뜻하는 어근이 들어 있다—사람들 사이의 의존 관계를 나타낸다. 돈은 이질적 상품들 사이의 '공정한 비율'로서 정의된다. 아리스토텔레스는 공정함과 정확함을 구분하지 않기 때문에 그에게 돈은 어느 편에도 피해를 입히지 않는 노동재분배일 뿐이다. "불의를 저지르는 자는 자신이 가져야 할 것보다 많이 취하고 불의를 당하는 자는 자기가 받아야 할 것보다 적게 받는다."[9] 평등은 넘치는 자에게서 쳐낸 것을 모자라는 자에는 돌려줌으로써 최고와 최저 사이에 균형을 잡는 일이다.[10] "정의로운 것이란 어떤 이익과 손실 사이의 중간이다."[11]

아리스토텔레스는 부를 두 가지로 구별한다. 그리스어 '오이코노미아oikonomia'는 가계를 중심으로 하는 정당한 부로서 누구나 쾌적한 삶을 누리게 하는 데 초점이 맞춰져 있다.[*] 그러나 '크레마

---

[*] '집'을 뜻하는 '오이코스'와 '관리하다'는 뜻의 '노메오'가 합쳐진 단어로서 '경제학 economics'이라는 단어가 여기서 나왔다.

티스티케chrēmatistikē'**는 한계를 두지 않는 재화의 축적을 뜻하므로 문제가 있다.[12] 전자가 가족과 하인의 물질적 삶을 합리적으로 관리하는 것이라면, 후자는 언제나 더 많은 이윤을 남기기 위해 판매와 무관하게 상품을 투기 매수하는 것이다. 이때 모든 물건은 그 물건 고유의 사용가치와 교환가치로 나뉘어버린다.(이 구별을 마르크스는 다시 강조한다.) 화폐가 만물의 척도라면 어떻게 화폐가치가 말도 안 되게 뚝 떨어질 수 있단 말인가? 고대인들에게는 상상도 할 수 없는 일이었다. 화폐 그 자체가 목표가 되어 한없이 찍혀 나오면 그때부터는 브레이크를 걸 수가 없다.

그러나 지나치지만 않는다면 이윤과 명예를 추구하더라도 부끄러워할 필요 없다.[13] 아리스토텔레스가 돈을 바라보는 시선은 이후에 등장하는 그리스도교도의 시선보다 한결 관대하다. 미덕 그리고 우정과 어우러진 부는 삶에 꼭 필요하다. 친절한 사람은 자기 벗을 위해 일을 해주면서 외려 즐거워한다. 친애는 "삶에서 가장 필요한 것으로, 다른 모든 좋은 것을 가졌다 해도 친구가 없는 삶은 아무도 선택하지 않을 것이다. 특히 재산이나 지위를 가진 사람에게도 친구는 대단히 필요해 보인다."[14] 대단한 부를 누렸던 세네카와 키케로도 인생에서 건강과 '바람직한 사람'을 누릴 수 있을 때 누리지 않는 것은 어리석은 일이라고 말한다. 이런 것이 이성이나 지혜를 대체하지는 못하지만 일종의 준비나 보완은 된다. 스토아주의자도

** 여기서 '이재학chrematistics'이라는 단어가 나왔다.

헐벗고 병든 것보다 부유하고 건강한 것이 낫다고 했다. 그것이 신의 섭리가 바라는 바이기 때문이다.

가난하고 허약하게 사는 것이 섭리라면 물론 그렇게 살아야 할 것이다. 그러나 섭리는 인심이 후하다. 코스모스라는 고대 그리스의 닫힌 세계 안에 돈은 파괴력이 잠재된 일종의 분열을 몰고 왔다. 돈은 영원회귀라는 순환적 시간을 깨뜨리고 그 세계에 무제한성의 유혹을 심었다.

신은 마몬Mammon이다

그리스도교는 단박에 이윤을 단죄하고 나섰다. "다시 너희에게 말하노니 낙타가 바늘귀로 들어가는 것이 부자가 하느님의 나라에 들어가는 것보다 쉬우리라."(『마태오복음』 19장 24절) 지긋지긋할 정도로 반복된 예수의 이 유명한 비유는 전혀 여지를 주지 않는 듯 보인다. 이런 면에서 유대교, 그리고 좀 더 나중에 등장하는 이슬람교[15]는 다르다. 유대교와 이슬람교는 정직하게 재산을 모으고 자선을 베풀기만 하면 부를 신의 선물로 보기 때문이다.(예언자 무함마드도 원래 상인이었다.)[16] 최초의 주교들은 유대인이 돈벌이를 숭상하고 유다를 앞세워 돈 몇 푼에 메시아를 팔아넘겼다고 비판할 것이다. 로마 교회는 유대인의 고리대금업을 특히 비판했다. 단테는 고리대금업자를 신성모독자와 남색가가 가는 지옥보다 더 무서운 제

7원 제3옥에 집어넣는다.[17] 시간은 오로지 신의 소유이기 때문에 본디 새끼를 칠 수 없는 돈을 새끼 쳐 불리는 행위는 금지된다. 이미 아리스토텔레스도 이자를 받고 돈을 빌려주는 짓은 자연에 반하는 흉물스러운 임신과 같다고 했다.(그리스어 '토코이tokoi'에는 '이자'와 '자식'이라는 두 가지 뜻이 있다.)[18] 고리대금은 산통을 겪지도 않고 자신과 동일한 것을 낳는다. 성 아우구스티누스는 이 비유를 차용하여 고리대금을 "영적 간음"으로 규탄했는데, 이 표현은 시사하는 바가 있다. 간음은 자녀 출산을 염두에 두지 않은 육체적 행위, 즉 정욕의 결과일 뿐이다. 그러한 교접은 그 자체로 죄요, 사탄의 계획에 이용당하게 마련이다. 돈의 자기증식은 사생아를 낳는다.[19]

펄쩍 뛰어 마땅한 일이다. '애가 생기는 자위행위', 이 모순형용이 고리대금에 딱 들어맞는다. 고리대금업자는 밤이나 낮이나, 심지어 일요일에도 노력하지 않고 이윤을 거둬들인다. 그는 쿨쿨 자는 동안에도 채무자에게 폭리를 강탈한다.[20] 봉건시대에 리무쟁의 한 귀족은 마법처럼 돈을 수확할 수 있지 않을까 소망하며 자기 밭에 씨앗 대신 돈을 뿌리지 않았던가?[21] 이러한 비난은 불모의 세대를 바라보는 망연자실한 심정, 정자가 난자 없이 수태된 것을 본 듯한 경악스러움에 해당한다. 고리대금? 사탄의 앞잡이를 영원한 예속으로 이끄는 죄다.[22] 대부업자의 시신은 지옥의 저금통이 되고(대부업자는 교회 묘지에 묻힐 수 없었다) 똥으로 금화를 싸는 모습의 조각상으로 표현되곤 했다.[23]

유럽에서 고리대금업은 주로 유대인이 맡았다. 그들은 종사할 수 없는 직업이 워낙 많아서 이 업종에 몰렸고 1215년 제4차 라테란공의회에서도 확인되듯이 '유대인'은 '고리대금업자'와 동의어였다.[24] 이러한 이유에서 유대인은 박해와 모욕을 당했지만 지주나 상인 출신 그리스도교 대부업자는 재판에서 훨씬 온건한 처벌을 받았다.[25] 유대교 내에서도 이자를 받고 돈을 빌려주는 행위는 이방인을 대상으로만 허용되었고 같은 유대인끼리는 금지되었다.[26] 고리대금업자란 무엇인가? 창조주가 만인에게 나눠준 것을 제 것으로 삼는 시간 도둑이다. 사기꾼은 죄의 열매를 토해내든가 지옥에 떨어지든가 할 것이다.

따라서 돈은 신의 가장 주요한 경쟁자다. 그렇지만 가톨릭의 완고함은 두 가지 모순에 부딪힌다. 첫째, 달란트의 비유를 생각해보자. 이 비유는 마태오와 루카의 복음서에 자세히 나온다.[27] 한 주인이 여행을 떠나면서 세 종에게 그들의 역량에 따라 각기 다섯 달란트, 두 달란트, 한 달란트를 맡겼다. 주인이 돌아와서 보니 다섯 달란트를 받은 종은 다섯 달란트를 더 벌어 열 달란트를 내놓았고 두 달란트 받은 종은 두 달란트를 더 벌어 네 달란트를 내놓았다. 주인은 그들을 칭찬하였다. 그러나 마지막 종은 한 달란트를 땅에 묻어두었다가 그대로 내놓아 주인에게 호되게 질책을 당하고 쫓겨난다. 마태오는 이 비유에서 놀라운 결론을 끌어낸다. "누구든 있는 자는 더 받아 넉넉해지고 없는 자는 있는 것마저 빼앗길 것이다."

달란트의 비유는 적어도 두 가지 방식으로 해석할 수 있다. '달란트'에는 화폐 단위와 개선을 기하는 역량이라는 두 가지 의미가 있는 바, 신에게 받은 선물을 묵히지 말고 잘 계발하여 결실을 봐야 할 것이다. 자유로운 존재는 자기 능력이 보잘것없더라도 잘 계발하여 노동과 교육에 임해야 할 사명이 있다. 이 존재의 가치는 이제 타고난 것에 있지 않고 자연이 허락한 것으로써 이뤄낸 것에 있다. 가장 적게 받은 종을 가차 없이 벌하고 '돈을 잘 불린' 자들을 잘했다고 한 데서 이 비유는 투기를 칭찬한 것으로 볼 수도 있다.(두 종은 이자를 받고 돈을 빌려줬을지도 모른다.) 약삭빠른 자를 칭찬하고 딱한 자는 그나마 가진 것도 다 빼앗아 "슬피 울며 이를 가는" 어두운 곳으로 쫓아내다니, 이상한 교훈 아닌가? 모든 개인은 각기 다양한 투자(훈련, 교육, 보건 등)를 받고 이윤을 내야 하는 인적 자본이라는 노벨경제학상 수상자 개리 베커(1930~2014)의 시각이 이미 나타나 있지 않은가? 1935년에 이오시프 스탈린은 "인간이 가장 귀한 자본"이라고 했는데, 이 표현은 1860년에 프랑스 교육부 장관 빅토르 뒤리Victor Duruy가 이미 써먹었다.[28] 가톨릭 전통은 금송아지 비판과 더불어 세계를 수량화하는 시각을 함께 낳았다. 이 애매한 태도는 돈을 깎아내리면서도 떠받들었다.

또 다른 양가성에 주목하자. 천국에서 신이 커다란 장부를 들고 각 사람의 행위대로 심판하고 악인을 벌한다는 비유 자체가 금전적인 보상과 징계를 연상시킨다. 17세기의 캉브레 주교 페넬롱은 시간을 잘 사용하여 영생을 산다는 글을 썼는데—신은 우리에게 매 순간을 주시면서 이전 순간은 가져가신다—그가 구사한 어휘는 훗날 자본주의에서 십분 활용된다. 시간은 돈이자, 축적된 장점 혹은 우리 발목을 잡는 결점이다. 페넬롱은 구원관에 계산적 차원을 끌어들이고, 죄와 은총을 화폐화했다. 생은 죄의 대가인 죽음으로 갚아야 할 빚이다. **종교의 언어는 단숨에 경제의 언어가 된다.** 교회는 신자에게 속죄하고 재물을 바쳐 신의 분노를 가라앉히라는 설명으로 이 언어를 풀이할 것이다. 강자는 사제에게 땅, 은제품, 징수액을 바친다. 농부는 성직자에게 수확의 10분의 1과 세금을 바친다.[29] 고해조차도 '죄스러운 행위'의 성격에 따라 요금이 매겨진다.

종교는 장사다. 신은 영혼의 수장고 관리인이다. 신은 창조 전체를 냉철한 수학으로 파악하는 지고의 은행가다. 이미 성 아우구스티누스는 인간과 신 사이의 절대적 채무를 언급한 바 있다. "주님이 그러지 않아도 되는 일을 우리에게 해주셨으니 아무도 그 빚을 주님께 다 갚을 수는 없을 것이다."[30] 영국의 침례교 설교자이자 존 버니언(1628~1688)은 『천로역정Pilgrim's Progress』(1678)에서 그리스도교도의 지상 도시에서 천상 도시로의 여정을 우화적으로 그려냈다. 그는 인간과 신의 관계를 아무리 애써도 원금을 돌려줄 수 없는 거래 관계에 비유한다. 그리스도교의 천국이란 선행과 악행의 저울질에서 완전히 벗어나는 곳, 순수한 존재로 돌아갈 수 있는 곳 아닐까? 신은 수학자지만 받을 것을 어김없이 요구하는 회계 전문가이기도 하다. 인간은 그런 신을 달래기 위해 제물을 바친다. 가격을 따질 수 없다는 것은 회고적으로 만들어낸 개념이다. 모든 것에는 늘 가격이 있다. 가장 높으신 분과 구원마저도.

파스칼도 무신론자들에게 신의 존재를 납득시키고자 도박과 확률 이론을 동원했다. "신이 존재한다고 믿을 때의 이익과 손실을 따져보자. 이 두 경우를 생각해보라. 이기면 모든 것을 얻는다. 지더라도 잃을 건 없다. 그러니 주저 말고 신이 존재한다는 쪽에 걸어라."[31] 파스칼은 지복에 투기를 한다. 믿음보다 이익을 우위에 둔 것이다. 플러스와 마이너스를 따져보니 천국에서의 영원한 복락이 지상에서의 자잘한 쾌락을 이긴다. 계산적 사유의 승리다. 오늘 잃은 것을 나중에 100배로 쳐서 받는다는 작전이다. 그때까지는 자기가 갖되 소유하지 않고, 사용하되 즐기지 않는다. 그리스도교는 이러한 채무와 상환 모델 위에 신학적 구조물을 세웠다. 그리스도교는 서양에서 시장의 승리를 준비해두었다. 비록 훗날 시장이 교회에 등을 돌리게 될 터이지만 말이다.

그리스인에게는 사람이 죽으면 제우스의 형제 하데스가 지배하는 저승으로 간다고 믿고 시체의 입에 동전을 물려주는 풍습이 있었다. 죽은 자가 통행료를 내야 한다고 생각했던 것이다. 전문가들에 따르면 성찬에 쓰이는 면병도 원래는 정식 화폐 모양으로 만들어졌다고 한다.[32] 성인들의 후광도 금화를 연상시키지만 악을 몰아낸다는 의미가 더 강하다.[33] 신자의 언어 전체가 투자에 대한 기대와 보상의 언어다. 위스망스도 고통은 연옥을 한 번 물리침이요, 전능자에게 지급한 선금이라 하지 않았던가?[34]

구원의 주식시장

　신앙과 거래의 결속을 보여주는 또 하나의 상징은 대사大赦, indulgentia의 시행이다. 대사는 12세기에 천국과 지옥 사이에 제3의 공간인 연옥이 상정되면서 활발히 시행되었다. 연옥은 선하지도 않고 악하지도 않은 영혼이 지난날의 과오를 씻기 위해 머무는 곳이다. 이처럼 사후의 보충수업이 상정되면서 산 자는 죽은 자와 대화하고 벌을 감면받을 수 있게 되었다. 이로써 그리스도교에는 흐름이 계속 바뀌는 구원의 주식시장이 형성되었다.[35]

　원래 대사는 순례, 두둑한 현금 기부, 기도, 고행 등의 신앙 행위로 죄를 사면받는 것으로, 교황청 내사원에서 그 기준을 만든다. 내사원은 죄목별 가격을 정해서 봉헌함으로써 연옥에서 빨리 나갈 방법을 제시한다. 독일 도미니크회 수사 요한 테첼은 브란덴부르크 대주교 명의로 면죄부를 팔면서 이렇게 말했다고 한다.(교황청은 판매액의 50퍼센트를 수수료로 약속했다.) "봉헌함 속으로 돈 들어가는 소리가 울릴 때마다 영혼은 연옥에서 빠져나갑니다." 그는 "감형" 체계를 세우고 신앙에 상거래 개념을 도입했으며 다들 알다시피 심히 남용했다. 면죄부 판매에 루터파는 격분했다. 바티칸이라는 인간의 기관이 영생을 담보로 어음을 발행하고 신을 꼼짝 못하게 만드는 꼴이었으니까.

　12세기부터 회개의 가격 체계는 공고히 자리를 잡는다. 가령, 미사나 임종 성체 배령도 돈으로 살 수 있다. 면벌 신앙이 발달하면서 상거래는 매우 복잡해졌다. 신자들은 순례를 떠날 때, 자선수도회에 기부를 할 때, 시편을 암송할 때 연옥에서의 시간을 절약한다고 믿었다. "모 성소는 고해성사를 통하여 기부와 기도로 7년과 일곱 사순절을 얻겠노라 약속했고, 또 다른 성소는 40년씩 40번을 약속했다. 성지 순례 안내인은 우리에게 모든 성지를 빼놓지 않고 방문하면 7년과 일곱 사순절 43번에 해당한다고 가르쳐준다."[36]

이 같은 감형 체계는 오늘날의 온갖 복잡한 보석, 가석방 체계를 예고한다. 돈 많은 시골 사람이나 도시 부르주아, 귀족은 영혼의 안식을 비는 미사를 돈 주고 샀다. 그 양상은 금리가 점점 떨어지는 주택담보대출을 연상시킨다. 초년이 최대치이고 그다음부터 점근선을 그리며 하락한다. "도피네 지역의 돈 많은 과부는 (⋯) 18년간 1450번의 생生미사를 요청한다.(첫해에 120번, 그다음 3년간 110번, 4년간 100번, 4년간 75번, 마지막 6년간 50번.)"[37]

13세기부터 도시에 시계가 등장하고 일상생활에서 수학이 중요해지면서 숫자 강박도 나타났다. 실제로 이 시기부터 상징적 수점數占을 세계의 수량화가 대신했다.[38] 교회법 적용면제권도 판매되었다. 루앙 노트르담 대성당의 뵈르 탑은 사순절 기간에 버터나 기름기 있는 식품을 먹어도 좋다는 허가를 팔아서 마련한 재정으로 세웠다.* 로마는 이런 식으로 루터의 심기에 거슬리는 '영혼의 시장'을 수립했다. 청빈과 겸손을 설교하는 교황권이 사치, 통음난무, 허

---

* 탑 이름 자체가 '버터beurre'라는 뜻이다.

례허식, 성직과 성물 매매에 탐닉하니 억압된 자가 크게 일어났다. 1521년에 루터는 토마스 뮌처가 "바빌론의 음녀淫女"(『요한묵시록』에 나오는 매춘부)라고 부르게 될 로마에 정식으로 반기를 들었다. 로마 가톨릭은 지금도 전체적으로나 부분적으로 대사 시행을 한다. 신자가 양심에 거리끼는 대죄大罪가 없다면 금연이나 공해 배출을 줄이려는 노력이 다른 죄에 대한 벌을 탕감해준다는 것이다. 소액을 봉헌하여 죽은 자의 영혼을 위해 미사를 바칠 수도 있고, 그런 식으로 산 자와 죽은 자의 연대를 이어나간다. 돈에서 벗어나려던 로마는 그 의지가 무색하게도 돈으로 궁지를 면했다. 키르케고르의 비판대로 교회는 "여행객의 소식이 들리지 않기 때문에 신용 잃을 일이 없었던 영생으로의 유람선 운항회사"였다.

장식과 금욕

복음서들이 가난한 자들의 금욕주의와 위대함을 찬양하는데도 교회는 번쩍번쩍한 금붙이, 사치스러운 장신구를 뒤집어쓰기에 바빴다. 이러한 양상은 트리엔트 공의회(1562)가 루터파 개신교에 대항하여 성화聖畵의 적법성을 재확인하고 난 이후, 즉 반종교개혁 시기에 특히 두드러졌다. 교회는 그리스도의 신부라는 자격으로 보물을 모으고 장식품, 보석, 현금으로 들어온 선물을 관리했으므로 그 재산이 엄청났다. 교회는 고리대금은 아니어도 어쨌든 이자를 받고 돈을 빌려주는 사업도 했다.[39] 프랑스 교회는 수혼제媤婚制*와 불임 부부의 입양을 금지하여 상속인이 마땅치 않은 재산을 교회에 귀속시키는 세습재산 전략을 썼다. 그 결과, 7세기 말에는 프랑스에서 경작 가능한 땅 전체의 3분의 1이 교회 재산이 되었다.[40]

성직자들은 예술가들의 재능, 귀한 자재와 흘러넘치는 장식, 루비와 에메랄드가 박힌 성유물함을 동원하지 않고는 휘황찬란한 천국을 논하고 예고하지 못했다.[41] 황홀한 색채, 아찔한 천장화, 부드럽고 값비싼 피륙으로 신자들은 그들이 기대하는 천국의 경이로움을 미리 맛봤다. 신의 왕국은 지상에, 대성당에 있었다. 로마 교회의 청빈 예찬은 금칠을 두른 화려한 건물이나 한껏 멋을 낸 피둥피둥한 고위 성직자와 뚜렷한 대조를 이루었다.('책'의 3대 종교** 성직자들은 랍비, 사제, 목사, 이맘, 이슬람 율법학자를 막론하고 대부분 비만 체형이다. 신의 일을 하면 살이 찌는 모양이다.)

엄격한 교리도 부자들의 비위를 맞추는 데 오랫동안 협력했다. 이승에서의 특권은 건드리지 않고 내세에서의 천벌로만 위협하면 되니까. 주교, 추기경, 교황은 산해진미와 좋은 술을 즐기며 유례없는 호사를 누렸다. 화류계 여인, 청소년, 애첩 들과 놀아나 신도들에게 밉보이기도 했다. 비잔틴 정교에서도 그 비슷한 사치가 있었다. 러시아, 루마니아, 그리스에는 지금도 황금 성상, 상아 의자, 값

---

* 과부가 남편의 형제와 재혼하는 관습.
** 구약성서의 일신교사상에서 영향을 받은 세 종교, 즉 유대교, 그리스도교, 이슬람교를 가리킨다.

진 봉헌물, 번쩍번쩍한 전례용품이 남아 있다. 오스만제국과 무굴제국은 서양의 군주들이 상상한 것 이상으로 세련되게 향락을 과시했다. 왕궁, 거대한 이슬람 사원, 신전, 저 유명한 타지마할을 비롯한 영묘는 인간이 내세의 광휘를 어렴풋이 볼 수 있는 아름다움과 위대함의 오아시스였다.[42] 이슬람은 에덴을 풍부한 샘물, 울창한 숲, 지상의 모든 과일이 열리는 아름다운 동산으로, 천국의 속화된 형태로 그려냈다.[43]

종교는 보이는 무기로 보이지 않는 것을 암시한다. 유교는 부를 덕과 자기수양의 아군으로 보았고, 힌두교는 번영을 약속하는 유순한 코끼리 신 가네샤로 부를 의인화했다. 그러나 힌두교는 라자(왕)와 요기(수행자)를 대비시킨다. 전자는 세상의 허망한 향락에 빠져 살지만 후자는 그러한 생과 윤회의 고리에서 해방되고자 한다.

종교음악이 오페라의 탄생에 일조한 것과 마찬가지로 미사와 전례, 추기경들과 성가대도 왕궁 혹은 극장 무대를 연상시킨다. 적어도 호화롭기로 손꼽히는 교회들은 육체와 감각의 축제가 열리는 궁전과 마찬가지였다. 온 인류의 구원이라는 약속의 전조처럼, 만인을 위한 사치라는 혁명적인 생각이 전개되었다. 청빈 서원과 정신적 고행의 중요성을 환기하는 수도사들이 그나마 균형을 잡아주었다. 성화, 성상, 스테인드글라스에 질겁한 칼뱅주의자들은 우상파괴를 명분으로, 특히 스위스에서, 성상을 부수고 벽화에 새로 칠을 했다. 반종교개혁은 여기에 대응하여 민중을 위한 아름다움을 더욱 강조했다. 이로써 예술작품에서 교리의 엄격성은 누그러지고 화려한 바로크문화가 꽃을 피웠다. 한편, 이미지 숭배에 반대하는 개신교는 모든 감각적 쾌락을 음악에 집중시켰다. 루터가 시각적 표상을 그토록 엄격히 금하지 않았더라면 바흐 같은 천재는 나올 수 없었을지도 모른다.

교황 프란체스코는 "금융의 보이지 않는 지배"[44]와 사유재산을 명목상 규탄했지만 로마 가톨릭은 이러한 모순에서 여전히 벗어나지 못했다. 가령 그는 이렇게 주장한다. "나는 돈을 좋아하지 않지만 가난한 사람을 도우려면 돈이 필요하고 신앙을 널리 전하는 데에도 돈이 듭니다."[45] 바티칸의 은행 체제가 지난 30년간 온갖 추문으로 얼룩진 마당에, 교황의 이러한 태도는 일종의 정신분열(아마도 우리 모두의 정신분열)을 드러낸다. 2012년과 2015년의 바티리크스 스캔들Vatileaks scandal은 교황청 내 자금의 어마어마한 전횡과 횡령 네트워크를 드러냈다. 베르토네 추기경의 비리, 눈치오 스카라노 추기경이 바티칸 계좌를 이용해 마피아 자금세탁에 협력한 혐의[46]는 굳이 말할 필요도 없겠다. 비록 사제들 대다수는 청빈하게 산다고 해도, 돈을 비난하면서도 품을 수밖에 없는 교회는 이율배반적이다.[47] 교회가 표방하는 가치와 호화로운 허식은 맞지 않는다.

로마 가톨릭은 신의 완전함을 드높이기 위해 감각으로 느낄 수 있는 무기를 써야만 한다. 스탕달도 루터의 서글픈 이성은 대서양 저편에서 달러를 낳았을 뿐이지만 가톨릭과 예수회의 부패는 찬란한 예술품들을 빚어냈다고 찬양하지 않는가?[48] 무미건조한 개신교는 추상과 관념으로 기꺼이 빠져들지만 로마 가톨릭의 정서는 이미지, 조각, 회화에서 빛을 발한다. 실제로 이탈리아 왕족이 된 교황들의 파행은 충격을 주지만 여전히 매혹적이다. 관능과 준엄함의 싸움은 승리 혹은 패배로 끝나지 않는다. 이 둘은 얼마든지 공존 가능하다. 그런데 왜 모순이라고만 할까?

정교회에서도 동일한 갈등을 볼 수 있다. 황제교황주의, 즉 세속 권력과 종교권력의 밀접한 결탁은 이 갈등을 더욱 심화했다. 러시아, 루마니아, 불가리아, 세르비아, 그리스 교회는 현지 정권이 떠받들어주는 데다 세금도 거의 내지 않아서 어마어마한 부를 축적했기 때문이다.

가톨릭이 아무리 이승의 재물에 관심을 두지 말라 설교한들 소용없었다. 중세 이후로 대중은 쾌락과 생에 대한 욕망에 점점 더 사로잡혔고 교회는 이 대세를 막을 수 없었다. 반대로, 루터파와 칼뱅파는 신앙을 강조하면서 노동과 번영을 복권시키는 사업을 펼쳐나갔다.

종교개혁은 두 가지 동향으로 나타날 것이다. 강박적인 구원 추구와 지상에서의 삶을 개선하려는 태도, 이 두 흐름의 역설은 이미 많은 이들이 지적했다. 인간은 내세를 명분 삼아 이승에 투자를 하고 치장을 할 것이다. 숱하게 논박을 당했지만 여전히 울림이 있는 막스 베버의 지적대로,[49] 일부 지역의 경제적 번영이 교회에 혁명을 불러왔지(독일의 경우), 신앙이 자본주의의 탄생을 재촉한 게 아니다. 자본주의는 이미 이탈리아 도시국가에서 등장했고 페르낭 브로델에 따르면 7세기 이슬람의 등장도 "친자본주의적 성격"을 지넜다. 벤저민 프랭클린이 대중에게 널리 퍼뜨린 '시간은 돈이다'라는 발상도 실은 중세 말부터 있었다.[50] 15세기의 화가, 수학자, 암호학자인 레온 바티스타 알베르티가 이 말을 했다는데[51] 알베르티 이전에도 엄격한 시간표와 종소리에 맞춰 생활했던 수도사들은 그런 생각을 갖고 있었다.

로마 가톨릭이 타락의 도구로 보았던 돈이 어떻게 개신교에서 대속의 도구가 되었을까? 루터가 분뇨의 메타포*와 거짓 경건으로 근본적 혁명을 이뤄냈기 때문이다. 일단, 그리스도인의 의무는 그가 한 일이 아니라 그의 믿음으로 완성된다. "선하고 정의로운 일을 한다고 선하고 정의로운 인간이 되는 것이 아니라, 선하고 정의로운 인간이 그러한 일을 하는 것이다."[52] 그러니 순례나 기부로는 구원을 살 수 없다. 좋은 열매를 맺으려면 나무가 건강해야 한다. 그러나 신앙은 신자가 세속의 일을 하면서 자기를 실현하고 가난한 자들을 도울 것을 요구한다. 가톨릭은 기도하는 자와 일하는 자를 구분했고[53] 자선과 기도를 실용적인 노동보다 우위에 두었다.

루터 이후에 등장한 칼뱅은 이 명제를 뒤엎어 다음과 같이 다시 썼다. "노동은 기도다." 노동은 신의 선택에 대한 의심을 지우고 "구원에 대한 주관적 확신"(막스 베버)을 줌으로써 **근대인의 진정제**가 되었다. 노동은 단순히 하기 싫은 일이 아니다. 노동은 이 땅

---

* 루터는 공적 설교나 연설에서도 '악마의 배설물'이나 '남의 똥을 뒤집어쓴다'든가 하는 표현을 서슴없이 사용했다. 사실, 루터뿐만이 아니라 당시 성직자들은 이런 표현에 거리낌이 없는 편이었다.

을 가치 있게 만들고 모두가 상호보완적으로 관계를 맺게 한다. 직업은 소명이 되었다. 독일어 '베루프Beruf'에 '(신의) 부름'과 '직업'이란 의미가 모두 있는 것처럼 말이다. 세속의 일에 다시 가치를 부여한 것은 미래에 큰 역할을 한다. 농노, 천한 장사꾼이나 담당하던 밥벌이가 한층 고상한 것이 되었기 때문이다.

(성 아우구스티누스에게서 이미 엿보였던) 칼뱅의 예정설은 우리 운명을 오직 신의 손에 맡겼다. 우리가 뭘 어쩌든 누구는 주님의 뜻으로 구원을 받고 누구는 지옥에 간다. 의인이면서도 신의 은총을 입지 못할 수도 있고, 죄인이지만 은총을 입을 수도 있다. 그러나 신께 버림받은 자도 절망에 빠지지 않으려면 구원받을 사람처럼 행동해야 한다. 노동을 찬미하고 부를 획득하면서.(단, 부는 소박하게 사용해야 한다.) 구원은 자기 팔자라고 말하는 듯한 교리가 이렇게 예기치 못한 결과를 낳았다. 판결이 날 때까지는 이 낮고 천한 세상을 신의 영광을 위해 꾸며야 하는 것이다.

이제 개인의 거룩함을 뚜렷이 나타내는 표징은 없다. 단식, 기도, 미사, 수도원 기부금도 그 자체가 그리스도교적이지는 않다.[54] 구원의 조건은 답 없는 의문 상태로 남겨둬야 하고, 그 질문은 마지막까지 끌고 가야 한다. 노동과 재산 축적만이 최후의 심판을 기다리는 죄인의 불안을 달래준다. 이제 돈은 그 어느 때보다 신학적인 사안이 되었다. 돈은 신자의 상처를 어루만지는 위로다. 어디 그뿐인가, 금욕적인 종교 분파일수록 막대한 부를 축적하는 능력이 탁월하다. 미국의 모르몬교, 인도의 자이나교와 파시교, 세네갈의 무리드파를 보라. 신비주의와 돈 꿍치기 사이에 뿌리 깊은 관계라도 있는 것 같다.

지금 유럽 북부와 남부가 각기 채무를 대하는 태도도 다르지 않다. 가톨릭교도(그리고 일부 정교도)에게 결산이란 지불만기일에 따라 수정 가능한 것이다. 이렇게 융통성이 있으니 상환이 뭔가 말도 안 되게 이루어지기도 한다. 고해성사가 바로 이렇게 죄인들의 벌을 면해주는 기능을 한다. 가톨릭은 인간의 오류 가능성에 무게를 두고 우리의 잘못에 한없이 관대하다. 반면, 개신교에서는 갚아야 할 것이 끝까지 갚아야 할 것으로 남는다.(독일어 '슐트Schuld'는 '빚'과 '잘못'이라는 두 가지 뜻을 지닌다.) 건실한 절약정신은 나라 살림에서나 개인 경제에서나 과도한 채무를 용납지 않는다.(독일이 그 증거다.) 가톨릭교회는 기도와 고해성사를 매개로 최후의 심판 날까지 형을 꼬박꼬박 감해주는 친절한 은행 같다. 그러나 개신교도는 신을 홀로 마주하기에 개신교회의 관용을 입을 일이 없다. 그는 스스로에게 신심의 증거를 보여야 하고, 그의 신심을 정당화하는 것은 결국 이 땅에서의 성공이다. 물론 이 두 사고방식에는 예외도 있을 수 있다.

황금에 목마르다

블레즈 상드라르는 소설 『황금L'Or』[55]에서 스위스 탐험가 요한 아우구스트 수터의 기구한 사연을 이야기한다. 1820년에 수터는 가난을 벗어나려고 무일푼으로 캘리포니아로 갔다. 그는 온갖 시련을 겪고서 겨우 멕시코 정부로부터 상당한 토지를 매입했다.(당시는 캘리포니아가 멕시코 땅이었다.) 그 땅에 물을 대고 가축을 키우면서 과일과 채소 재배도 늘려나갔다. 수터 밑에서 일하는 사람만 수천 명이 되었고 세계에서 가장 큰 부자도 될 판국이었다. 그러던 와중에 그의 땅에서 금이 발견됐다. 이 소식을 듣고 양심도 없는 약탈꾼, 해적, 부랑자 무리가 몰려와 모든 것을 파괴했다. 수터는 쫄딱 망해서 그나마 자기 재산을 찾아보겠다고 소송을 거듭하다가 세상을 떠났다.

상드라르의 소설은 우리에게 형이상학적 우화로 읽힌다. 자본주의는 베르길리우스가 노래한 "황금을 향한 저주받을 갈증auri sacra fames"이 아니라 합리화된 탐욕, 부를 캐내기보다는 창출하는 과정이다. 그 두 가지를 혼동하는 것은 서로 차원이 다른 두 가치를 혼동하는 것이다. 사금과 금맥처럼 자연이 제공하는 가치와 노동이 만들어내는 가치는 다르다. 케인즈가 "오랜 야만의 유물"이라고 불렀던 금은 신화적인 힘을 결코 잃지 않을 것이다. 지금도 위기가 닥칠 때마다 사람들은 금을 찾는다. 실권을 빼앗긴 금의 복수일까. 어쨌든 이제 금은 경제가 아니라 환상과 숭배의 원동력이다. 보석 세공인이나 시계 장인은 로즈골드, 화이트골드, 그레이골드로 색을 달리 내기도 하지만 금은 그렇고 그런 돌멩이가 아니라 갇혀버린 태양, 시원적 힘을 상징한다. 성 보나벤투라도 "신은 말 그대로 빛이다"라고 하지 않았나?[56] 그러나 신의 빛은 눈을 멀게 할 만큼 찬란하기에 그 빛은 황금에 불투명할 정도로 응축되어 있다.

부의 두 상태를 아우르는 만화 캐릭터가 있다. 1947년에 칼 바크스는 도널드 덕의 삼촌으로 등장하는 스크루지 맥덕, 이 욕심 많은 오리를 만들었다. 스코틀랜드의 망한 집안 출신, 목재상, 구두닦이를 전전했던 이 오리 아저씨는 맨 처음 번 동전을 '행운의 동전'으로 삼는다. 그는 경계를 넘어온 이민자다. 그의 운명은 미국이다. 스크루지 맥덕은 어느 축제의 밤에 켄터키주 루이빌에 내려서 이렇게 외친다. "공기에서 번 돈, 잃은 돈 냄새가 나네!"[57] 한 보안관 철학자가 그에게 말한다. "부는 돈방석 그 이상의 것이지, 잊지 마시게. 부는 성취에 따르는 영광이라네."

몰리에르의 수전노와 달리 스크루지 맥덕은 부자가 되고 싶은 욕망을 정당히 여기는 시대에 태어났다. 사람을 싫어하고 불평이 많은 맥덕은 열심히 일한다. 구리 광산을 답사하고, 클론다이크 강 유역과 트란스발과 오스트레일리아까지 금을 찾으러 갈 만큼 위험을 무릅쓸 줄도 안다. 이미 전설적인 욕심쟁이로서 직원들에게 쥐꼬리만큼 월급을 주고, 가족도 착취하며, 총알 값이 비싸다는 이유로 그리즐리 곰 사냥도 마다한다. 악역 플린트하트 글럼골드와 순박한 후계자 로커덕이 나쁜 본을 보여줌에도 불구하고 억만장자 스크루지 맥덕은 금화, 금괴, 지폐로 수영장을 하나 가득 채우고 거기서 파묻혀 지내기를 즐긴다. 그에게 돈은 크고 아름답게 부푼 배, 새끼를 한없이 낳을 수 있는 배다. 그는 오리 의적단 비글

보이즈에게 수시로 재산을 털릴 위험에 처하지만 늘 돈이라는 태내胎內에서 다시 태어난다.

스크루지 맥덕의 독특한 점이 여기 있다. 그는 황금 속에서 뻔뻔하게 잘만 놀고 초월을 경험한 성인들처럼 거기서 황홀경에 빠진다. 세네카는 눈부신 빛과 부드럽게 비치는 빛을 구분했지만[58] 스크루지 맥덕은 그런 구분 따위 모른다. 빛나는 모든 것이 그의 눈에는 매혹적이다. 그의 빈정대는 웃음은 열광을 가라앉힐 수 없는 향락가의 웃음이다. 스크루지 맥덕은 즐기는 자다.

제2장 가난한 자들의 탁월한 위엄

"너희를 위하여 보물을 땅에 쌓아두지 말라. 거기는 좀과 동록
이 해하며 도둑이 구멍을 뚫고 도둑질하느니라. 오직 너희를 위
하여 보물을 하늘에 쌓아두라. 거기는 좀이나 동록이 해하지 못
하며 도둑이 구멍을 뚫지도 못하고 도둑질도 못하느니라. 네 보
물 있는 그곳에 네 마음도 있느니라."

—『마태오복음』 6장 19~21절

1659년에 프랑스의 사상가 보쉬에는 설교문 중 하나에 '가난한 자
들의 탁월한 위엄에 대하여'라는 제목을 붙였다. 그는 여기서 부동
사회에서 가난한 자들은 팔자를 고칠 기회가 없다는 시각을 견지
했다. 그럼에도 그들은 예수의 고통을 구현한다는 유일무이한 특
권을 누린다. 고로, 가난한 자들은 이미 지상에 거룩한 성읍을 이룬
것이다.[1] 모Meaux의 주교는 여기서 그리스도교가 자주 써먹는 수사
법, 다시 말해 가치의 역전을 구사한다. 이 세상에서 아무것도 없는
자들이 내세에서는 전부를 가질 것이요, 여기서 다 가진 자는 저세
상에서 다 잃을 것이다. "오, 가난한 자들아, 그러니 너희가 부유하

다. 오, 부자들아, 너희는 가난하구나."

모욕당하는 자들의 영광

보쉬에는 돈벌이, 사치, 음행이 강자들의 죄라고 말한다. 강자들은 정념, 야망, 탐욕, 향락, 사치, 태만에 늘 몸부림치며 언제나 굶주려 있기에 비참하다. 반면, 가난한 자들의 역경은 그들이 "교회의 첫 아이들"이 되고 하느님의 나라를 약속받게 되는 특혜다. "가장 낮은 백성들에게 오시고" 가장 멸시받는 길을 택하셨던 영광의 왕은 지배자들에게 명령한다. 가난한 자들이 그들에게 천국 문을 열어줄 수 있게 하라고. "그렇듯 은총, 긍휼, 죄 사함, 천국마저 그들의 손아귀에 있다. 가난한 자들이 받아주지 않으면 부자들은 그곳에 들어가지 못한다."[2]

엄숙한 설교 이면에 사회 질서를 뒤집어야 한다는 호소는 없다. 가난뱅이들의 구원은 내세에서만 약속된 것이다. 부자들의 못된 본보기에 휘둘리지 않도록 그들을 보호해야 한다. 사실, 부자들은 사회에 무서운 메시지를 보낸다. 현세가 유쾌할 수도 있고 고행은 아무 쓸모도 없다는 메시지를. 인류의 극히 일부라도 출신에 힘입어 생의 유혹을 즐긴다면 결국 모두가 체념의 교리를 내팽개칠 것이다. 한 나라 국민이 모두 다 부자들과 똑같은 혜택을 누리고자 한다면, 그들이 이승이 눈물의 골짜기가 아니라 에덴동산이 되기를 요구한다면 과연 어떻게 될 것인가? 그때에는 야망과 욕구가 마구 충돌할 것이요, 신을 망각하면서까지 모두가 쾌락을 무한정 갈망하리라.

그러므로 곡예와도 같은 논리로 그러한 위험을 미리 막아야 한다. 가난뱅이를 고귀하게 높이고 귀족을 "신의 평민"으로 강등시키는 방법으로 말이다. 가난뱅이가 당하는 모욕은 영광의 자격이 되고, 부자의 영광은 은총을 입지 못했다는 표시가 된다. 쓸 것 이상의 부를 바라서는 안 된다고 성 아우구스티누스가 이미 지적했기 때문이다.[3] 그는 "탐욕을 조금씩 버리는 것"을 슬퍼하지 말고 견디라고 권면한다. 세상의 풍요를 영적 풍요와 바꾸어야 한다. 필요한 것 이상을 소유한 부자는 풍요라는 짐을 지느라 허리가 꼬부라진다.

죽음은 계산서를 내민다

보쉬에는 그리스도인으로서 생에 죽음의 시각을 들이댄다. 다시 말해, 영원으로 점프를 하는 것이다. 이 세상 눈 감을 때 부자들은 평화의 심판자이자 검사인 하느님께 계산을 치를 것이다. 삭막하게 표현하자면 지극히 높으신 분은 그들에게 계산서를 내밀 것이다. 이 복수의 신은 빚을 받아내는 고리대금업자이자 벌을 주는 형리다. 그리스도교가 고리대금을 비판하는 이유는 그 일이 신의 소관이기 때문이다. 신은 우리에게 생을 주고 이자를 받는다. 최후의 심판 날에 가난뱅이들은 고소인과 변호사 역을 맡을 것이다. 자기를 멸시했던 부자를 질타하고 자기를 먹이고 입혀준 부자를 위해서는 선처를 호소할 것이다. 보쉬에가 보기에 가난은 그 자체로 선이었다. 가난은 자기가 후려친 자를 "영혼의 의사"로 만든다.[4] 못된 부자는 죽음을 맞이해서야 신의 분노를 누그러뜨리려고 황급히 자기 재물을 나눠주고 최후의 순간에야 인간미를 발휘한다. 하지만 그래 봤자 너무 늦었다. 반면, 착한 부자는 수시로 자선을 베풀어 연약한 자들을 품어두니 그들이 나중에 주님 앞에서 그의 편을 들어줄 것이다.

죽음에는 이러한 효력이 있다. 죽음은 좋은 밀과 독초를 나누고, 불멸의 영혼을 육체와 분리시킨다. 죽음은 내세에서의 위로를 약속한다. 의인들은 저세상에서 상석을 차지할 것이요, 악인들은 어둠으로 쫓겨날 것이다. 이 전개는 이중적이다. 인간의 운명 전체를 죽음이라는 아슬아슬한 정점에 집중시킴으로써 부자들에게 죽어서 지옥에 가고 싶지 않으면 넉넉히 베풀며 살라고 자극한다. **그러므로 부자는 천벌이 두려워 선하게 살 뿐, 선의가 있어서 관대한 것이 아니다.** 이타주의에의 호소는 아주 이기적인 근거, 즉 지옥에 대한 두려움을 십분 활용한다. 그리스도인은 재물의 헛된 약속을 멸시하고 오직 겸손과 자선의 덕에 매진해야 한다. 부자들은 죽음 이후에 "강력히 고통받는 강자들"[5]이 될 소지가 있으므로 그네들의 하찮은 허식으로 가난한 자들을 돌봐주는 편이 나을 것이다.

이 궤변은 우습다. 가진 것 없는 자들에게 너희가 세상의 소금이라고 감언이설을 속삭여봤자 이제 신자들에게도 통하지 않는다. 이미 보았듯이 개신교는 유럽에 생산적 노동이라는 새로운 가치를 도입했다. 자신과 가족의 생계를 책임지는 것은 체면을 아는 그리스도인의 의무가 되었다. 걸인처럼 살아가겠다는 가난에의 의지, 무소유 취향은 근대인의 눈에 비이성적으로 비친다. 가난한 자들의 탁월한 위엄 대신 노동의 탁월한 위엄이 자리를 잡은 것이다. 재물을 과시하지 않고 "만족의 지혜"(칼뱅)가 있기만 하다면 청빈 찬양보다 부의 회복이 바람직하다. 로마는 가난뱅이에게서 그리스도의 얼굴과 "천국의 문지기"를 보았지만 이제 나태한 자, 게으름을 청산하지 못한 거지를 꾸짖고 가난뱅이가 일을 해서 열악한 형편에서 벗어나는 것이 더 중요해졌다. 종교개혁가는 이러한 시각에서 채권자와 채무자가 공평하게 위험을 감수하기만 한다면 대부업도 허가했다.

이후로 역사학자들은 자본주의와 칼뱅주의의 유사성을 추적한다. 칼뱅주의는 오늘날 미국을 지배하는 성공의 윤리를 발달시켰다.[6] 칼뱅은 강자들을 신의 보호 아래 품어주고 안심시킨다. 신께서 그들을 택했기 때문에 그들에게 복된 만나를 내려주신다는 것이다. 이제 돈벌이는 아무 죄가 되지 않을 뿐 아니라 오히려 권장되었다. 한편, 가난은 신학적 가치를 보존했지만 신앙이 처하는 일종의 시험으로 간주되었다. 요컨대, 가난은 극복해야 할 시험이지 덕으로 추앙받을 일은 못 된다.[7] 가난이 거센 물살처럼 퍼져 도시의 근간을 무너뜨리지 않도록 경계선을 두는 것도 중요하다. 이처럼 칼뱅을 계기로 가난은 신성한 성격을 잃었고 오히려 인간의 품위를 떨어뜨리는 역병처럼 싸워 이겨야 할 대상이 되었다.

흡혈귀와 창녀

이 논쟁은 산업혁명 이후에 완전히 새롭게 부상한다. 19세기부터 금송아지는 새로운 고발에 시달렸다. 진보적 인사들은 돈이 지배계층이 피지배계층에게서 빨아먹는 고혈이라고 보았다. 졸라는 프랑스의 모든 노동과 수고가 피를 빨린다고, 행복한 자들은 불행한 자들에게서 취한 것으로 번영한다고 할 것이다. 단순하고 완전한 착취로써, 수백만 인구가 피를 빨리고 진이 빠진다.

돈은 칼 마르크스가 분석한 또 다른 과오도 드러낸다. 돈은 가치를 뒤바꾸고 가장 큰 것을 가장 작은 것 자리에 갖다놓는다. "돈은 정절을 부정으로, 사랑을 증오로, 미덕을 악덕으로, 하인을 주인으로, 주인을 하인으로, 어리석음을 지성으로, 지성을 어리석음으로 바꾼다." 이 기이한 비판은 어쩌면 찬사로 들릴 수도 있겠다. 돈은 위계질서를 존중하지 않는다. 원칙적으로 귀속되지 않은 미덕까지 쉬이 얻게 한다는 점에서, 돈은 미끼다. 돈은 사람들 사이에 끼어드는 유혹자다. 이 때문에 사람들은 위엄, 명예, 지식, 마음, 몸까지 돈으로 사게 된다. 마르크스는 이렇게 설명한다. 본연의 나, 내 존재의 능력과 장점은 결국 내 돈의 능력이다. "나는 못생겼지만 가장 아름다운 여인을 돈으로 살 수 있다. 그렇다면 추함의 효과, 즉 혐오감이라는 영향이 돈으로 상쇄되었으니 나는 못생기지 않은 셈이다. 나 개인은 불구일지라도 돈은 나에게 스물네 개의 수족도 마련해준다. 그러므로 나는 불구가 아니다. (…) 내가 재기(才氣)가 없어도 돈이 만물의 재기이거늘 어떻게 돈 있는 자가 바보스러울 수 있을까?"[8] 돈은 세상사를 뒤엎고 나의 가장 작은 서원도 현실로 이루어준다. 그래서 마르크스는 셰익스피어를 인용하여 돈은 "만인의 매춘부, 온 세상 사람과 민족을 상대하는 뚜쟁이"라고 말한다.

비슷한 고발을 에마뉘엘 무니에가 그리스도교의 인격주의와 유사한 시각에서 1933년에 제기한다. 돈은 인간을 그 자신에게서 축출한다. 이 몰인격적인 기계가 정부, 조국, 가정을 덥석 잡아챈다. 돈은 내면성을 이익으로 대체함으로써 각 사람이 영적 소명에서 벗어나게끔 몰아간다. 돈은 사회생활을 변질시키고 단순한 손익 계산에 종속시키기 때문에 결국 개인생활마저도 이기적 계산의 힘에 변질되고 만다.

이어서 무니에는 자본주의가 낳은 인간의 세 유형을 부자, 프티부르주아, 가난뱅이로 나누어 기술한다. 부자는 편의의 체제에 따른다. 어떤 것도 여기에 저항할 수 없다. 모든 것이 욕망의 거역할 수 없는 힘 앞에서는 속수무책이다. 부자는 물질적 수단으로 질병, 죽음, 심지어 사랑과 우정마저도 겉모습 정도는 살 수 있다. 부유한 자는 타자를 잊은 자다. 그는 세상을 소유한다고 생각하지만 실상은 세상을 빈곤하게 만든다. 프티부르주아는 이러한 모델에 매혹된 자, 그러나 자기 야심만큼의 재력은 갖지 못한 부실한 부자다. 진짜 부자는 존경을 원하지만 프티부르주아는 발전을 원한다. 한편, 과 거와 같은 가난뱅이는 이제 존재하지 않는다. 실업, 술, 생계에 시 달리다 못해 이제 몇 푼만 얻을 수 있다면 천박한 짓도 서슴지 않 는 극빈층이 있을 뿐이다. "예전에는 서민이 있었다. (…) 서민은 돈 은 없어도 (…) 어떤 영혼에 연대감을 가질 수 있었다."[9] 역사적 근 거 없이 과거를 이상화한 주장일지 모르지만, 돈을 애당초 모든 악 의 근거로 보는 시각은 정당화된다.

돈이 그렇게나 공분을 사는 이유는 돈이 근대성, 해방의 정신, 이 동성의 본질을 구현하기 때문이리라. 돈은 영속성 대신 유동성을 나타낸다. 경직성의 악마 대신 순환성의 화신으로서 인간에게 자기 팔자를 개척하라고 등을 떠민다. 더욱이 돈은 인간 조건을 온갖 음 울한 계산으로 소급시켰다. 돈에 대한 비판을 그대로 받아들이자면 '양적 윤리'가 도처에서 질적 의미를 대체하고 이제 개성 없는 잿빛 숫자의 무리가 생을 깔아뭉갠다고 할까. 우리는 재어보고 헤아려볼 뿐, 음미하지는 않는다. 마지막으로, 단순히 재화 획득을 보조하는 교환 도구였던 돈이 이제는 "그것 자체로서, 그 자체에 의하여 욕 망되는"(존 스튜어트 밀) 최고의 재화가 되었다. 돈은 폭풍우를 품은 구름처럼 무한을 향한 인간의 욕망을 품고 있다. 수단이 목적이 되 고, 도구가 사용을 초월했으니 이제 무조건 더 많이 갖고 싶어진다.

이때 돈을 대하는 두 가지 태도가 갈린다. 은밀하게든 노골적으로든 돈을 숭상하는 아첨꾼이 있는가 하면, 돈을 심히 미워하고 경원하는 자도 있다. 이 두 입장이 뒤바뀌어 금욕가가 탐욕에 빠지고 욕심쟁이가 금욕주의로 전환할 가능성도 얼마든지 있다. 1989년에 공산주의 사회가 붕괴된 후 구소련에서 최악의 부패와 공공재 약탈이 문제가 되었던 것은 절대 우연이 아니다. 자본주의를 향한 공식적 증오가 정반대의 모습, 즉 저열한 방법으로 부를 획득하려는 의지로 변했던 것이다. 우리가 지혜를 말할 수 있다면 이 비루한 금속을 숭배하지도 말고 미워하지도 말고 그저 소박하게 향유함이 지혜롭지 않겠는가.

◇◇◇◇◇◇◇◇◇◇◇◇◇◇◇◇◇◇◇◇◇◇◇◇◇◇◇◇◇◇◇◇◇◇◇

화폐 폐지의 꿈

1975년 4월 17일, 크메르루주[*]는 프놈펜에 입성하면서 불과 며칠 만에 온 도시 주민을 몰아내고 미군의 공습이 임박했다는 핑계로 병원의 환자들까지 몰아냈지만 거기서 만족하지 않았다. 그들은 전대미문의 현기증 나는 타임워프를 결심했다. 과도기 없이 자본주의에서 공산주의로 바로 뛰어넘어가기 위하여 착취의 상징인 돈을 아예 없애기로 한 것이다. 그들은 재산 압수를 선포하고 사유재산을 폐지했다. 은행을 폭파하고 중국에서 갓 찍어낸 지폐를 길에서 마구 뿌렸지만 아무도 그 돈을 주우려 하지 않았다. '진짜'

---

[*] 1975년부터 1979년까지 캄보디아를 통치한 급진적인 공산주의 세력.

삶에서 군중은 현금수송차량 습격도 불사하는데 말이다. 이제 그런 일은 없다. 캄보디아 화폐 리엘화는 아무 가치도 구현하지 못하고 백주대낮에 썩어났다. 그러니 누가 목숨을 걸고 화폐를 손에 넣으려 하겠는가. 옛 세계는 성상파괴적인 몸짓 속에서 죽어가는 듯했다. 그들은 돈을 파괴하기 시작하더니 학교, 병원, 사원까지 파괴했고 결국은 인간을 지불수단으로 삼는 일종의 노예제를 복원했다.

영국의 신학자이자 철학자 토마스 모어는 그의 책『유토피아』 (1516)에서 화폐가 폐지된 재산공유제에 기반한 완벽한 사회를 기술했다. 1918년에 재무부장 이반 스테파노프Ivan Stepanov가 끔찍한 인플레이션을 유발하고 부자도 가난뱅이도 없는 사회를 만들겠다면서 미친 듯이 화폐 발행을 남발할 때 볼셰비키는 이 유토피아를 표방했을 것이다. 케인즈는 레닌이 한때나마 화폐 타락에 의한 사회 전복을 이론화했다고 말한다. 레닌의 동지 예브게니 프레오브라젠스키Yevgeni Preobrazhensky는 실제로 화폐 남발을 "부르주아 체제의 꽁무니를 쏘아댈 재무위원회의 따발총"으로 여겼다.[10] 당시 일부 식품 가격은 2억 배까지 치솟았다. 가난과 굶주림이 만연했다. 결국 화폐는 복구되었고 국가는 "사회주의의 원시적 축적"과 신경제정책으로 나아갔다.

레온 트로츠키는 1936년에 이 일을 돌아보면서 이렇게 쓴다. "돈에 대한 물신숭배는 사회적 부의 부단한 성장이 인간을 탐욕에서 해방시킬 때, 그리하여 일을 더 하는 시간과 불안에서도 해방시킬 때 비로소 최후의 일격을 당할 것이다. 돈은 행복을 가져다 주거나 인간을 비참한 상태에 빠뜨리는 그 힘을 잃음으로써 회계, 통계, 계획의 수단으로만 쓰일 것이다. 그 후에는 아마도 이 지불 증서의 한 종류가 사라질 수도 있을 것이다. 그러나 이런 생각은 분명히 우리보다 훨씬 더 현명할 우리 후손에게 맡겨도 좋겠다."[11] 당시 유배 중이었고 곧 사형당할 운명이었던 붉은 군대의 창설자는 임금제와 화폐 폐지라는 모토에서 변증법이지 않은 기계적 사유의 징후를 보았다.

1932년에 디트로이트에서 포드 공장 벽화를 작업하던 멕시코 화가 디에고 리베라는 벽화에 이렇게 써넣었다. "제국주의 전쟁을 타도한다." 그는 "무상의 돈"[12]이라는 멋들어진 모순어법도 구사했다. 1934년 에스파냐 북서부 오비에도에서는 아스투리아스 광부들이 집단봉기하면서 잠시나마 노동자와 농민의 공화국이 수립됐다. 그들은 재산공유제와 화폐 폐지를 주장했으나 머지않아 진압군에게 무참히 짓밟히고 말았다. 마오쩌둥도 1958년부터 1960년까지 대약진운동과 농업의 강제집단화를 앞세워(이 때문에 기근으로 죽은 인구만 2000~4500만 명으로 추산된다) 일부 지역에서 화폐 폐지를 잠시 시험한 바 있다. 내친 김에 프리드리히 하이에크와 그 제자들이 돈은 지나치게 집단주의적이기 때문에 개인주의 차원에 적합한 사적 지불수단으로 대체되어야 한다고 주장했다는 사실도 알아두자.[13]

이제 반례를 들겠다. 이슬람 게릴라 다에시Daech는 자기네가 쥐고 있는 원유 판매이익의 상당 부분을 할애하여 전사들에게 엄청난 보수를 지불한다. 이 무리의 수장 알 바그다디Al-Baghdadi는 그의 모습이 나타난 몇 안 되는 동영상에서 화려하고 야단스러운 롤렉스 손목시계를 차고 나온다. IS는 번쩍번쩍한 공포정치의 칼리파인가.

제3장 프랑스에서 돈은 금기다

"우리 집에서 돈에 대한 관심은 그 무엇보다 저열하고 천박한 것으로 간주되었다. 돈 얘기를 수치스럽게 생각했다고나 할까. 돈은 서글프게도 나름의 역할이 있기 때문에 어쩔 수 없이 필요로 하는 것, 그렇지만 절대 입에 담아서는 안 될 것, 말하자면 변소 비슷한 것이었다."

—스탕달, 『앙리 브륄라르의 생애La vie de Henry Brulard』

"내게 역겨운 것은 다름이 아니라, 여러분 모두가 '유복함'이라는 불쾌한 단어로 지칭하는 바를 간절히 원하고 자랑스러워한다는 것이다. 유복한 삶, 편안해진다는 것, 변소는 서로 맞닿아 있다. 그렇다, 내가 하고 싶은 말은 이거다. 우리는 변기에 앉아서만 편안해진다."

—조르주 베르나노스, 『모욕당한 아이들les enfants humiliés』

내가 어릴 적인 1960년대 초, 리옹시 외곽 도시에서는 지역 유지들도 교구 신도들 사이에서 튀어 보이지 않으려고 칙칙한 회색 옷차림에 소박한 경차를 몰고 일요일마다 성당에 갔다. 미사가 끝나면 그들은 얌전히 물러나 성을 방불케 하는 그들의 저택, 부자 친구, 수많은 하인, 고급 스포츠카의 세계로 돌아갔다. 프랑스 부르주아는 돈과의 관계가 건전하다는 티를 내기 위해 **검소한 겉모습**을 연출하는 습관이 들어 있다.

프랑스에서는 가난한 자들에게 부러움과 시기를 사지 않으려면 소박한 척해야만 한다고 생각한다. 미국인은 프랑스인과 반대로 부를 과시한다. 집안 대대로 물려받은 호화 저택이 담장도 없이 만인의 시선에 노출되어 있다. 프랑스에서는 그런 저택이 겹겹이 둘러싼 키 큰 나무, 높다란 창살문으로 꼭꼭 감춰져 있는데 말이다. 미국은 성性에 대한 금기가 우세하지만 프랑스는 돈에 대한 금기가 우세하다. 이 두 나라를 순도 100퍼센트 상태로 상상해보면 완전히 상반되는 두 원형이 나올 것이다.

배설물과 진흙

"탐욕은 선이다Greed is good." 이것이 미국의 신조다. 반면, 프랑스는 쾌락을 숭배한다. 미국은 기혼자의 불륜에 매우 엄격하시만 프랑스는 '물질주의'의 승리에 치를 떨면서도 육체적 타락에는 관대한 태도를 보이면서 그것이 삶의 기술이려니 생각한다. 라마르틴은 함께 상원위원을 지냈던 빅토르 위고가 궁정화가의 아내와 놀아나는 현장을 헌병대에 들킨 일을 두고도 이렇게 말했다. "프랑스는 탄력성이 있다. 프랑스인은 어떤 상황에서도 다시 일어날 수 있다. 불륜의 침상에서라고 못 일어날까." 영미권 사람들은 내숭이 좀 있는 대신 이익 추구에 재미를 붙이는 반면, 프랑스인은 돈을 비판하는 척한다. 봉건성, 그리스도교, 공화국이라는 프랑스의 3대 정신적 유산은 상호강화 효과가 있다. 문학의 나라 프랑스는 상인에 대한 귀족의 멸시와 혁명의 평등주의를 교묘하게 결합한다.

라브뤼예르는 자기 방식대로 이 변화를 예고했다. "아름다운 영혼이 영광과 미덕에 목말라하듯 이득과 이익에 열을 올리는 배설물과 진흙으로 똘똘 뭉친 더러운 영혼도 있다. (…) 그들은 부모도 아니고 친구, 시민, 그리스도인도 아니며 심지어 인간조차도 아니다. 단지 돈 있는 자들일 뿐이다."[1] 무서운 심판이다. 돈을 가졌다는 이유로 존재의 왕국에서 쫓겨나고 인간임을 부정당하다니. 이 선고에서 신흥 부르주아 세력에게 권력을 박탈당한 귀족 세력의 공포도 읽어내야 할 것이다.

돈을 대하는 우리의 태도는 볼테르와 장자크 루소의 대립에서 고스란히 기원한다. 루소는 사치가 가난뱅이를 벗겨먹고 풍속과 취향을 타락시킨다고 격렬하게 비판하고 금욕적이고 덕스러운 시민의 삶을 권장한다. 반면, 호화로운 사륜마차를 타고 다니는 볼테르는 상업과 진보와 관용을 지지하는 세속적 인물로서 예를 갖춘 명석한 인간을 꿈꾼다. 『고백록』에서 젊은 날의 장자크는 이렇게 말한다. "나의 지배적 취향 가운데 돈으로 살 수 있는 물건과 관련된 것은 하나도 없다. 나는 순수한 쾌락만을 필요로 하는데, 돈은 모든 쾌락을 망친다."[2] 그러나 볼테르가 생각하기에는 필요 이상의 것도 "매우 필요한 것"이다. "좋은 침대가 있는데 어떤 바보가 바깥에서 자겠는가?"[3] 『캉디드』의 저자에게 안락과 용기는 얼마든지 양립 가능한 것이요, 그는 자기 생애로 그 점을 증명해 보였다. 프랑스인은 언뜻 보기에 볼테르 편 같지만 자질구레한 실상에서는 여전히 루소 식으로 생각한다. 풍요는 '낮은 목소리로만', 애석하지만 세상이 이 모양이니 어쩔 수 없다는 식으로만 용납된다. 루소와 볼테르는 돈에 대한 프랑스의 갈등을 잘 보여주는 두 지성이다.

그런 면에서 루소의 후계자는 넘쳐난다. 「분노한 자들의 선언Manifeste des enragés」을 쓴 혁명의 붉은 사제 자크 루Jacques Roux(1752~1794)는 "부자들, 다시 말해 악인들"은 기존의 귀족보다 더 고약한 놈들이니 서민의 피를 빼는 투기꾼은 단두대로 보내야 한다고 주장했다.[4] 혁명 당시의 약탈과 야만적인 부의 이동을 목격한 19세기 작가 발자크는 『고리오 영감』에서 보트랭의 입을 통해 이렇게 말한다. "명백한 근거 없는 큰 재산의 비밀은 망각된 범죄라네. 바로 그렇게 비밀이 생겨났던 것이지." 거짓 파산, 계정 위조, 유산의 착복, 가난한 사람들 등쳐먹기, 위대한 소설가에게 당대의 탐욕만큼 영감을 준 깃은 없었다.

1854년에 무정부주의자 프루동은 파리 증권거래소와 유대인들이 "학교, 아카데미, 극장, 정치회합, 의회보다도 우선시되고 군대보다, 법원보다, 심지어 교회보다도 우선시된다"고 강하게 성토했다. 19세기에는 반유대주의 가톨릭 투사 레옹 블루아Léon Bloy라는

인물이 그리스도의 순수한 피와 고름처럼 구역질 나는 돈의 흐름을 대립구조로 제시했다.[5]

보쉬에보다도 엄격했던 블루아는 착한 부자란 없기 때문에 그와 반대되는 개념의 나쁜 부자도 없다고 보았다. 겉으로 신앙이 돈독해 보이는 부자도 모두 남의 고통으로 제 배를 채우기는 마찬가지요, "가난한 자들을 잡아먹는 자"다. 그들은 법적으로든 사실상으로든 범죄자다. "그들의 눈을 도려내고 더 이상 괴물을 낳을 수 없게 거세한다고 해도 그다지 비인간적이지만은 않을 것이다."[6] 블루아는 1908년에 메시나에서 지진이 일어나 수천 명의 부자를 비롯해 7만 5000명에서 20만 명 사이의 인구가 죽은 일을 두고도 "지옥의 입구에서 부의 달콤함과 공고함을 깊이 묵상할 수 있는" 기회였다고 기뻐했다.[7]

또 다른 열혈 그리스도인 샤를 페기Charles Péguy에 따르면, 돈은 구체제에서 살아남은 유일한 실체로서 역사상 처음으로 홀로 신과 대결한다.[8] 세상을 측정하는 데 사용되어야 할 도구가 "이 세상의 질료이자 목적이 되었으니 시계가 시간 그 자체가 된 것처럼 흉물스러운 변화"다. 돈의 죄목은 각기 다른 것들을 등가 관계로 만든 것이다. 이 등가성이 "근대 세계의 대대적 매춘"을 촉진했다. 그러한 매춘은 육욕이 아니라 "보편적 상호교환성"에서 비롯되었다.[9] 페기는 한 걸음 더 나아가 임금제를 폐지하고 노동자가 도시에 자기 노동을 바치는 일종의 물물교환제를 추구함으로써 궁극적으로 현금 화폐를 없애야 한다고 주장했다.[10] 하지만 이 주장은 본의 아니게 노예제도, 즉 대가 없는 노동을 다시 제도화할 위험이 있다.

폴 클로델은 1950년에 발표한 『이스라엘을 말하다Une voix sur Israël』에서 상업과 돈을 존재론적 범주에 올려놓고 거기서 어떤 영적 삶의 전조를 분별해냈다.[11] 클로델은 인간에게 불화를 초래하는 거짓된 돈을 규탄하고 "자선의 숭고한 돈"을 망각하지만 훗날 자기 희곡의 등장인물 토마 폴록 나주아를 통하여 이렇게 말하리라. "인간에게 달러를 주신 주님께 영광을."[12]

시기 어린 증오

돈에 대한 독설은 좌파와 우파의 구분을 초월한 문화유산이다. "나의 유일한 적수, 프랑스의 적은 어떤 식으로든 늘 돈이었다"고 1969년에 드골 장군은 말한다. 프랑수아 미테랑도 1971년 에피네 전당대회에서 "돈이라는 왕"을 규탄한다. "나는 진정한 적은 하나뿐이라고 말하려 했습니다. 어차피 모든 공격이 그 적을 통해 들어오니까요. 그 진정한 적은 독점입니다. 여기서 독점은 돈의 힘을 말하는 겁니다. 부패시키는 돈, 매수하는 돈, 죽이는 돈, 망치는 돈, 사람들의 양심마저 타락시키는 돈의 역량 말입니다." 타산적 본능은 늘, 심지어 상위 부르주아에게조차도 분노를 산다. 따라서 가면을 쓰고서 아닌 척 움직여야 한다. 이 부분에 있어서만큼 프랑스인들은 종교적 표시를 착용할 때만큼 신중하기 그지없다. 프랑수아즈 베탕쿠르-메예르Françoise Bettencourt-Meyers는 노령의 억만장자 모친*이 사기꾼들에게 이용당할까 봐 소송을 하는 거라는데, 과연 "우리 집에서는 돈 얘기 한 적이 없습니다. 절대로요"라는 그녀의 고백이 가당키나 한가?

프랑스인이 가장 목소리 높여 성토하는 것은 소득불균형이다. 하지만 프랑스인은 성공도 경계하고 의심스러워한다. 그들은 성공의 이면에 늘 수상한 합의가 있다고 생각한다.[13] 세금, 특히 재산에 부과하는 세금은 이런 시각에서 특권층이 자기네들의 성공에 양해를 구하기 위해 납부해야 하는 벌금인 셈이다. 프랑스에서 성공한 사람은 늘 높은 사람이 끌어줬든가 속임수를 썼을 거라는 편견에 부딪힌다. 이 나라에서는 '다문화 출신'이 명문대 학위를 쌓고 높은 자리에 오르면 화젯거리가 된다. 이민자 집안 아이들에 대한 편견과 숨 막히는 관료제의 압박이라는 이중의 장애물을 넘었기 때문이다. 그렇지만 미국에서 성공은 과장이 심한 미국인을 만드는 바로 그 요소다.(중국과 인도도 사정이 비슷하다.)

2008년의 금융위기는 이 분노를 더 부채질했다. 어느 탈성장 경제학자는 돈을 지나치게 많이 버는 사람에게는 프랑스 시민권을 주면 안 된다고 하지 않았던가? 그는 임금상한제를 도입해서 '교만'에 찌들어서 동포와 똑같은 대우를 받기 거부하는 억만장자는

---

* 모친 릴리안 베탕쿠르는 화장품 기업 로레알의 대주주이자 프랑스에서 가장 부유한 여성이다.

국적을 빼앗아야 한다고 말했다.[14] 또 다른 철학자는 돈에 대한 도덕적 접근을 비판하면서도 2007~2008년 서브프라임 위기 이후 일부 주식중개인과 신용평가기관을 족치지 않은 것을 안타까워한다.[15] "모든 면을 고려하건대(적어도 인명피해라는 점에서는) 정신 나간 주식중개인들도 지하디스트들 못지않게 위험하다." 한 좌파 기자가 완곡하게 쓴 글이다.[16]

장뤼크 멜랑숑Jean-Luc Mélenchon의 책 『그들은 다 가버리기를!Qu'ils s'en aillent tous!』(2010)은 더도 덜도 아니고 부자들을 모두 프랑스 영토 밖으로 몰아내자고 제안한다. 이 책 뒤표지의 소개 글은 그야말로 청산유수다. "내일은 수백만 인구가 강자들의 머리채를 잡으러 가리라. 우리 국토를 수탈하고 세계 5위의 경제대국이었던 우리 나라를 모든 사회적 수준에서 뒷걸음치게 한 그들을 더는 봐줄 수 없으니. 대통령과 정부뿐만 아니라 터무니없는 돈을 받는 사장들, 인간의 모든 것을 상품으로 둔갑시키는 마법사들, 기업의 피를 빠는 금융인들, 민중을 지워버린 미디어 거물들의 과두정치에 이르기까지, 이 돈의 벗들의 교만한 소행에 속이 뒤틀려 더는 참을 수 없다. 자, 어서 빨리 싹 쓸어버리자! 환기를 하자! 나는 프랑스에서 '시민'혁명이 일어나 과두정치, 제왕적 대통령제, 돈이라는 왕에게서 권력을 다시 빼앗아오기를 소망한다."[17]

멜랑숑은 연간 35만 유로라는 고액을 상한연봉으로 제시하고 그 이상은 100퍼센트 세금으로 환수해야 한다고 말하지만 이 대담한 주장은 급진 좌파가 프랑스의 문제를 현실적으로 해결할 능력이 없음을 드러낸다. 이러한 논쟁은 쇼비즈니스 업계까지 사로잡아 프랑스 국민배우 제라르 드파르디외가 2012년에 고액 납세를 피하려고 벨기에에 정착하고 러시아 국적을 취득했을 때 좌파 성향 배우 필리프 토레통Philippe Torreton이 『리베라시옹』에서 "닥쳐라, 당신 돈을 가지고 꺼져라"라고 드파르디외를 성토하기도 했다.[18] 이건 억만장자들 들으라고 하는 말이다. 2012년 9월 10일자 『리베라시옹』도 벨기에 국적을 신청해놓고 거짓말을 한 LVMH 그룹 회장 베르나르 아르노Bernard Arnault를 비난하면서 "꺼져, 멍청이 부자야"를 헤드라인으로 뽑았다. 이 헤드라인은 니콜라 사르코지 대통령이 파리 농업박람회에서 악수를 거부한 시민에게 퍼부은 폭언("꺼져, 멍청아")을 연상시킨다. 양심 투철한 좌파는 텔레비전에 부자가 등장하기만 해도 구역질이 난다. "부자들의 매혹, 라가르데르, 부이그, 피노, 볼로레, 그 외 여러 거물들의 모험이 신문 지상에 넘쳐난다. 이런 식으로 돈에 대한 리비도에 대중의 숭배를 제공하는 것은 뭔가 외설적이다."[19]

프랑스 세금의 4분의 3을 소득 상위 20퍼센트가 떠맡는다 한들, 그게 뭐가 중요한가.[20] 달리 말해, 대중선전과는 정반대로 부자들이 이 나라의 세수稅收 기반을 떠받치고 있다. 우리가 무시한 요소를 어떻게 받아들여야 하나? 누구나 그렇듯 심리적 분열이 일어날 수밖에. 오른손이 지탄한 일을 왼손이 하는 격이다.

이 금을 내가 못 보게 감추시오

금기는 실제로 완전히 금지된 것이 아니라 욕망과 쾌락을 재조직하는 것이다. 덕망 넘치는 이 모든 선언은 '여우와 신포도' 식의 원통함을 드러낸다.[21] 6500만 우울증 환자들이 살아가는 코냑의 나라 프랑스는 피에르 라비Pierre Rabhi 같은 인물의 강도 높은 비난에 맞장구를 친다. 이 청빈의 투사, 이 소박한 행복의 도인은 "황금이 인류를 미치게 했다"고, "황금만능의 이데올로기"가 "지구의 아름다움과 고귀함을 천박한 금융에" 종속시켰다고 비난한다.[22] 참 아이러니하게도 바로 그 피에르 라비가 쇼비즈니스, 마리옹 코티야르, 리어나도 디캐프리오, 파리 증권거래소 상장회사 사장님들의 총애를 받는 몸이 되었다.

올랑드 대통령이 2006년 6월 8일에 "그래요, 난 부자가 싫습니다. 부자를 좋아하지 않아요. 인정합니다"[23]라고 했던 일을 떠올려 보라.(비록 나중에 이 노골적 발언을 후회했다지만.) 그는 부르제에서 대선 운동 첫 미팅을 하며 이렇게 말한 덕분에 2012년 대통령으로 당선되었다. "나의 적, 진정한 적을 말해드리지요. 그 적은 이름도 없고 얼굴도 없고 소속 정당도 없습니다. 그 적은 절대 입후보하지 않을 것이고 따라서 당선되지도 않을 테지만 그럼에도 프랑스를 지배합니다. 나의 적은 금융계입니다."

하지만 그는 그 후로 이 원칙을 잊고 이해하기 어려운 정책을 펼쳤다. 세금 때리기에는 금세 제동을 걸었고, 프랑스에 이로운 조건을 제공하는 거물 금융인들을 열심히 좇았으며, 기업인들에게 애정을 고백하고 감싸주기까지 했다. 중요한 것은 올랑드가 그런 발언으로 좌파 유권자들의 표를 받아 대통령이 됐고 그 유권자들은 부자들이 처형되리라 기대했다는 것이다. 어쩌면 올랑드는 거짓말을 했는지도 모른다. 하지만 프랑스가 듣고 싶어 하는 말을 했다는 점에서 그는 프랑스인을 완벽하게 파악하고 있었다. 이미 드골도 1970년에 『희망의 회고록Memoires D'espoir』에서 프랑스에서 사회관계들 사이에 얼마나 쓰라린 앙심이 많은가를 보여주었다. "저마다 자기가 가진 것보다는 자기에게 없는 것을 더 크게 느낀다"는 드골의 설명은 토크빌을 연상시킨다.[24] 그리고 니콜라 사르코지는 돈 좋아하는 태를 노골적으로 냈기 때문에(베를루스코니마저 충격을 받을 정도로) 프랑스인들과의 연결고리를 잃고 말았다.

경제위기가 심화됨에 따라 프랑스에서 돈에 대한 비난은 더욱 강경해졌다. 이데올로기의 정의가 원래 그런 것이다. 세상을 거꾸로 보는 것, 결과를 원인으로 착각하는 것, 시장경제로부터의 가설적 탈출을 꿈꾸어보는 것. 우리 동포 가운데 일부가 이제 인간답게 살아갈 도리가 없으니 이제 우리는 번영은 그들을 타락으로 이끈다고, 진정한 부는 재화가 아니라 관계에 있다고 설명할 것이다. 위기의 시대에 금송아지를 실컷 욕하면 기분전환이 된다. 부자들을 규탄하는 소책자들은 이렇게 '영리적 목적의 분노' 산업을 먹여 살린다. 미셸Michel과 모니크 팽송샤를로Monique Pinçon-Charlot는 15년째 재계 거물 부르주아들의 생을 낱낱이 뒤져가면서 책을 계속 내고 있다. 그들의 취재조사 자체는 교훈적이지만 어쨌든 책 장사다. 그들이 부자의 풍속을 상세히 검토하고 진단하는 이유는 그냥 욕을 하기 위해서다. 그것도 반쯤은 위선적으로, 반쯤은 매혹을 느끼면서 말이다. 마치 파렴치한 행위에 분노하기 위해서 대주교가 매일 밤 어느 유곽을 찾는 것처럼. 다음 기준으로 보면 틀림이 없다. 누구든 금송아지에 대한 멸시를 보란 듯이 떠드는 자는 내심 돈을 애지중지한다. 그러한 거짓 경멸은 부끄러운 열광의 또 다른 이름이다. 돈에 정말로 무심한 사람은 굳이 혐오를 과시할 필요도 없다.

또 어떤 언론인은 리오넬 조스팽에서 프랑수아 올랑드까지 모든 좌파정부가 사회당의 약속과 공약을 깨뜨리고 돈이라는 적과 타협했다고 지적한다.[25] 그리고 이러한 좌파의 급선회를 마르크 블로크의 『이상한 패배L'étrange défaite』, 즉 1940년에 프랑스가 독일에게 어이없이 패배한 사건과 동일시한다. 경제 현실에 대한 국가원수의 고려가 프랑스 군대의 항복에 비견될 일인가 보다!

부자들은 사회의 모든 분노를 자기 자신에게 응집시키기 위해 존재한다. 부자들이 떠나든, 귀화를 하든—프랑스는 부자와 인재를 국외로 내치는 기술로는 에스파냐, 그리스와 더불어 유럽에서 선두를 다툰다—그들이 합법적으로 거둔 수익마저 용납할 수 없는 특혜처럼 묘사되기 일쑤다. 그래서 2013년 가을에 사회당 정부는 중등교사 일자리를 늘리기 위해 그랑제콜* 준비반 교사들의 월

---

* 엄격한 선발 과정을 거쳐야 입학할 수 있는 프랑스 고유의 고등교육기관.

급을 삭감할 생각을 했다. 이 제안은 불같은 항의에 부딪혀 금세 취소되었다. 그러나 이 시도 자체가 의미심장하다. 가급적 소득을 하향평준화할 것, 가장 작은 공통분모 찾기라고 할까.

부자 혐오는 차츰 대상 기준이 낮아지고 있다. 억만장자들을 큰소리로 비판하더니 어느새 백만장자, 그만그만한 부자까지 비판대상이 되고 급기야 자기보다 고작 몇백 유로 더 버는 같은 층 이웃마저 욕을 먹는다. 교육부 장관직에 잠시 머물렀던 브누아 아몽Benoit Hamon은 2014년 7월에 '내부자거래 교사들'이 자기 자녀를 학교체계에 잘 편입시키기 위해 특정 루트를 가시적으로, 혹은 암암리에 활용한다는 것을 조금도 용납할 수 없었나?** 이리하여 교양, 공부, 지식이 법정에 끌려갈 수도 있는 경제적 범법행위 비슷해졌다.(교사 자녀의 바칼로레아 합격률은 92퍼센트에 달한다. 교사회 전체가 판사 앞에 불려가야 하지 않을까?)

올랑드 대통령은 월 소득 4000유로가 넘으면 프랑스에서 부자로 통한다고 말하지 않았던가? 그렇지만 대통령 본인의 자산은 117만 유로, 부유세 납부 기준인 130만 유로에 아슬아슬하게 못 미친다. 더욱이 2014년 가을에 엘리제궁에서 밝힌 대로 은퇴 후에는 매달 1만 5000유로의 연금을 누리게 될 터이니 부자의 적 치고

** 프랑스에서 교사 자녀의 학업 성취도가 지나치게 높다는 이유로 '내부자거래'라는 표현이 나오기에 이르렀는데 브누아 아몽은 새로운 성적평가 체계를 도입하여 이러한 상황을 해결하겠다는 의지를 피력했다. 그러나 아몽은 교육부 장관직에 다섯 달도 채 머물지 못했다.

는 참으로 안락한 삶이 보장되겠다. 보건복지부 장관 마리솔 투렌 Marisol Touraine은 본인도 대단한 멋쟁이 부르주아면서 수입이 적은 "덕망 있는 의사들"과 노력에 합당한 보상을 받는 "점잖지 못한 의사들"을 구분하지 않았나?

더 잘살아서는 안 돼

프랑수아 올랑드의 전_前 동거인 발레리 트리에바일러Valérie Trierweiler가 그들의 결별에 대해서 쓴 책은 베스트셀러가 되었다. 이 책에서 올랑드가 가난뱅이를 고약한 농담으로 "상덩sans-dents(치아 없는 사람)"이라고 불렀다고 발레리가 폭로하자 언론이 한바탕 들끓었다. 저 옛날 상퀼로트들의 시위처럼 전국 여러 도시에서 상덩들의 시위가 조직되었고 국민전선FN은 물론, 좌파 내 여러 집단도 그들의 분노를 표출했다. 2014년 당시 이미 뚝 떨어져 있던 대통령의 인기는 이 일로 더욱 바닥을 쳤다.[26] 온 나라가 치아 관리 상태를 농담거리로 삼고 명실상부한 사회적 지표로 취급했다.

프랑스에서 왜 이토록 '빈자에 대한 사랑'이 뜨거운지, 이 또한 저소득층을 그들의 운명에 내맡기는 또 하나의 방식은 아닌지 의문을 가져봄직하다. 가난한 자들을 거의 신성화함으로써 그들을 가난한 채로 내버려두고 있지는 않은가. 프랑스는 시장경제에 늘 마지못해서, 욕을 하면서, 절대로 손을 잡지 않겠다고 장담하면서 들어간다. 이러한 비난은 반드시 기업들의 행보, 자본과 노동의 관계에 영향을 미치기 때문에 그냥 모른 체한다면 실수하는 거다. 오래된 유럽의 매력은 낡은 풍속, 기묘한 예의범절, 이제는 통용되지 않는 의례들로 이루어진 자본주의 이전 시대에 뿌리를 두고 있다. 프랑스의 매력은 귀족주의적 가치를 문화 영역으로 이전했다는 데 있다. 책, 연극, 회화, 영화, 음악, 건축에서 이 나라는 탁월성을 열렬히 추구했고 빼어난 위업을 숭배했다. 창작과 자기구축을 결합하고 자기 재능으로 명성을 쌓는 예술가적 직업이 매혹적인 이유가 여기에 있다. 이 엘리트들은 비록 소득은 적지만 오만한 하나의 카스트를 구성하고 더러는 자기 명성에 국가 이미지를 활용한다. 그러나 이 문학과 언어 취미, 무대와 미술 감각은 상업에 대한 멸시와 보조를 맞춘다. 프랑스는 은근히 경제자유화로 나아가면서도(비록 공공지출이 국내총생산의 57.3퍼센트에 달하여 핀란드에 뒤이어 세계 2위 수준일지언정) 다른 한편으로는 상거래를 천박한 일로 여긴다. 사람들의 심기를 건드리지 않으려면 이러한 언어적 위장이 필요한 것이다.

"부자가 되십시오." 루이필리프 왕의 재상이었고 1840~1848년까지 국정자문회의 의장을 지냈던 기조François Guizot가 이 유명한 말을 남겼다고 한다. 이 말은 지금도 과격한 비판의 대상이자 부르주아적 탐욕의 증거로 통하고 있지만 어떤 이들은 정치로 부를 축적하기는커녕 더 가난해질 정도로 금욕적인 칼뱅주의자 기조가 정말 이런 말을 했을까 의심한다. (피에르 비앙송-퐁테Pierre Viansson-

Ponté가 1968년에 언급했듯이) 라마르틴은 7월 왕정 당시 이런 독설을 뱉었다. "프랑스는 지겨워한다." 혁명과 나폴레옹의 시대가 지나간 당시, 실제로 프랑스는 권태에 빠져 있었다. 기조는 이러한 상황에서 새로운 모토를 제시한 것이다. "노동과 절약으로 부자가 되십시오."

역사학자들은 이 말을 두 가지로 해석할 수 있다고 본다. "프랑스의 물질적, 정신적 조건을 풍요롭게 해주십시오." 혹은 "열심히 일하고 잘 아껴서 부자가 되면 선거권이 생길 겁니다." 당시엔 선거권이 일정 금액 이상의 납세자에게만 한정되었기 때문에 비교적 형편이 넉넉한 사람만 유권자가 될 수 있었다.[27] 어쨌든, 놀라운 것은 정말로 기조가 한 말인지 아닌지도 모를 이 명령이 기조에게 일종의 불명예처럼 따라붙었다는 것이다. 사실, 이 말 자체만 놓고 보면 비난할 여지가 없다. 정반대로 "가난해지십시오"라고 말했다면 외려 더 문제 아닌가. 덩샤오핑은 고통스러운 마오쩌둥 체제를 벗어나는 1978년에 이렇게 말한다. "부유하다는 것은 영광스러운 일입니다." 실제로 중국에 부는 행복의 원천이고 거의 한 세기 전에 알베르 롱드르Albert Londres가 증언한 대로 상하이에서 돈은 "원자재이자 최후의 재료"다.[28] 그런데 기조는 돈을 많이 벌라는 권유에 만족하지 않고 부를 사회적, 정치적 권리 획득과 국가의 문화적, 정신적 발전의 전제조건으로 제시했다. 부자 비판은 그냥 넘어간다 치자. 더 잘살고 싶은 가난한 자들의 바람은 왜 죄악시하는가?

반反금융 수사학의 애매성은 여전하다. 이 수사학은 부자들에게 소득의 75퍼센트를 세금으로 걷겠다고 협박하지만 그들을 처벌하기보다는(좌파는 늘 진보적 세제와 처벌적 세제를 혼동해왔다[29]) 부자가 되려는 서민층과 중산층의 야망을 부끄럽게 만들려는 목적이 더 크다. 힘없는 사람들의 욕구를 빼앗는 것보다는 부자들을 저주하는 게 더 쉽다. 그러면서 가난뱅이들에게 경고하는 것이다. 분수에 맞지 않는 꿈은 꾸지도 말아라, 사회적 허상을 맹목적으로 좇지 말라. 그렇다면 이상적 사회란 구소련처럼 (호화 별장과 전용 상점까지 있는 공산당 내 특권계급은 제외하고) 가난뱅이들밖에 없는 사회일 것이다. 부자가 되고 싶은 타당한 욕망과 부패 혹은 투기 성향을 혼동하지는 말자.

그러나 이 물렁한 볼셰비키주의—프랑스는 아직도 공산주의가 매력적인 이념으로 통하는 몇 안 되는 국가들 중 하나다—는 논리적 궁지에 처했다. 시장과 자유기업에 경계심을 늦추지 않는 프랑스인들이 치욕스러운 '자유주의'와 타협하지 않은 채로 선진경제, 신속한 교통수단, 효율적인 무상의료, 확실한 거주지, 소득 보장을 누리고 싶어 하니 말이다. 학설로는 레닌을 지지하면서 결실은 애덤 스미스를 원한다. 프랑스는 소비에트연방이 성공한 형태라는 말도 있지 않았나? 그만큼 프랑스 경제가 공공부문은 비대하고 민간부문은 위축됐다는 뜻이다. 자본주의와 부의 창출은 좋지만 자본은 안 된다. 프랑스에서 돈은 여전히 냄새를 풍긴다. 돈은 여전히 사람 똥구멍의 수학적 형상화 같은 것이다. 졸라도 소설 『돈』에서 돈이란 없어서는 안 될 진흙이자 똥거름이라고 하지 않았던가?

로베스피에르의 나라에 떨어진 타르튀프[*]

　모름지기 모럴리스트는 혐오의 대상, 자기가 성토한 악덕에 덜미를 잡혀 어느 날 갑자기 자가당착에 빠질 위험이 있다. 심지어 떠벌리는 미덕과 짓밟힌 미덕 사이에 동질적 관계가 있다. 진정한 도덕은 소박하고 잘 드러나지 않는다. 미국의 정치사교계 기사에는 잘못을 들추는 자들이 넘쳐난다. 포르노그래피, 매춘, 간음, 약물을 규탄하던 목사, 설교자, 정치가가 어느 날 콜걸이나 미성년자와의 부적절한 관계, 코카인 흡입으로 발각되곤 한다. 그들은 평생을 회개하고 다시는 그런 죄를 저지르지 않겠노라 성경에 맹세한다. 모니카 르윈스키 사건은 거짓을 규탄하는 모양새로 위장된 성적 신경증을 잘 보여준다. 비록 북미의 청교도주의가 풍속의 자유에 따른 성애의 파산을 막고 언제 고갈될지 모르는 성욕을 북돋우는 미끼에 지나지 않을지라도 말이다.[30] 모든 것이 허용되면 어떤 것도 욕망할 만하지 않다.

　마찬가지로, 프랑스의 부자 알레르기는 수많은 비리 사건이 보여주듯 돈이라는 우상에 끌리는 속내를 감춰주지 못한다. 올랑드 정부를 비롯해 제5공화국의 어떤 정부도 예외가 아니었다. 올랑드

---

[*]　타르튀프는 몰리에르의 동명 희곡에 등장하는 인물로서 물욕, 식욕, 음욕이 왕성하지만 겉으로는 이를 교묘하게 감추는 위선자다. 공포정치의 주역 로베스피에르가 강박적인 청렴을 상징한다면 타르튀프는 돈에 대한 프랑스인의 이중적 태도를 상징한다고 하겠다.

정부는 이런 면에서 모범이 되기를 바랐지만 금융 스캔들(사기, 돈세탁 등)은 결코 없지 않았고 그중에서도 제롬 카위작Jérome Cahuzac 사건은 충격적이었다. 전 예산부 장관 카위작은 국민의회에서 자신은 어떤 해외계좌도 없다고 맹세까지 했지만 2013년에 스위스 비밀계좌가 있다고 자백했다. 잠깐이나마 통상국무부 장관직에 있었던 토마 테브누Thomas Thévenoud는 탈세자들에게 "본때를 보여주겠다"고 엄포를 놓았지만 정작 본인은 세금, 집세, 벌금을 전혀 납부하지 않은 것으로 밝혀졌다. 이 때문에 올랑드 정부는 '정부혐오증'에 시달려야 했다. 그래도 무에 대수랴, 사람이 죽은 것도 아닌데. 하지만 돈을 받아들이고 제대로 쓰는 법을 가르치는 대신 무조건 나쁘게만 말하면 돈은 부끄러운 욕망처럼 몰래몰래 등장하며 은밀한 지배를 펼 것이다. 사실, 프랑스에서 고위 공직자 계급은 거의 제왕적인 특권을 누리며 종종 자기가 법보다 위에 있는 줄 안다.

스웨덴이 1766년부터 장관, 국회의원, 시민의 소득 투명화를 원칙으로 정립했지만 횡령이나 비리 스캔들이 사라지지는 않았다는 점을 생각해보라. 1995년의 그 유명한 토블론 사건을 모두가 기억하고 있을 것이다. 스웨덴 사회당 정부의 2인자는 토블론 초콜릿을 법인카드로 계산했다는 이유로 본인의 의지와 상관없이 사임해야 했다. 스칸디나비아 사람들의 완고함에서 우리는 일종의 액막이 행위, 즉 바늘 도둑이 소도둑이 될 수 있으니 애초에 싹을 뽑겠다는 강경한 의지를 읽을 수 있다.

가톨릭의 유령이 여전히 프랑스인과 돈의 관계에 깃들어 있다.

프랑스인도 다른 나라 사람들과 마찬가지로 돈을 좋아하면서 이를 부정한다. 미셸 로카르는 1988년 주간지 『쥬르날 뒤 디망쉬』에서 "프랑스는 돈 때문에 병을 앓는다"고 했다. 희한한 실언이다. 당시에도 프랑스는 오늘날처럼 과도한 부채와 치솟는 실업률과 결부된 돈에 대한 증오심으로 병들어 있었으니까. 현대 국가에서 그런 말은 정치적으로 아무 역할도 하지 못할 것이다. 이 나라는 안락한 생활과 각종 수당에 익숙해서 그런 제도가 사라지면 상당한 손해를 입지 않을 수 없다. 돈의 제왕적 지배를 규탄할 때일수록 돈은 모자라서 문제다. 유럽, 특히 남부는 곤궁, 실업, 경기 후퇴, 적자와 싸우느라 몸부림치고 있다. 돈은 개인에게만 부족한 것이 아니라 정부에도, 공공재정에도 부족하다.

프랑스인은 주로 자기 계급에서 낙오될까 봐 두려워한다. 그래서 우리는 우리가 부의 장점을 누릴 수 있는 한에서, 부를 형식적으로 비판한다. 전직 축구선수 에리크 캉토나Éric Cantona는 2010년 12월 7일에 프랑스 전 국민이 은행계좌를 싹 비워서 체제를 뒤엎자고 선동하여[31] 한바탕 난리를 일으켰다.(당시 캉토나의 아내 라시다 브라크니는 크레디리요네 은행의 광고모델이었다.) 소련에 재정을 지원한 기업인도 있었고, 부자들을 욕하면서 자기 밥그릇을 지키는 백만장자도 있었다. 어떤 체제 안에서 좋다고 뒹굴면서 그 체제를 강도 높게 욕하는 건 쉽다. 미디어의 입장, 미디어의 기만이다.

프랑스인은 절대로 사치를 역겨워하는 금욕적인 민족이 아니다. 그들은 불편을 사랑하는 척하는 향락주의자들이다. 쾌락주의의 조국은 엄격한 장세니즘의 수도복으로 제 몸을 감싼다. 마오주의 철학자 알랭 바디우는 볼테르를 두고 "방탕한 모리배, 돈 많은 투기꾼, 회의주의자이자 향락가"라고 비난하지 않았던가?**32** 이건 볼테르의 재산에서 악행을 추론해내는 격이다.

어느 한 나라 국민이 돈과 거기서 얻을 수 있는 유익을 포기하는 척한다면 그 이유는 역사를 포기하고 싶어서다. 그 나라는 더 이상 자기를 믿지 못하는 것이다. 프랑스는 다른 여러 나라와 마찬가지로 혁명의 복음서와 자본의 냉혹한 법 사이에서, 서로 정반대되는 두 가지 가치체계 속에서 살아간다. 전자가 우리가 보고 싶은 방식이라면 후자는 우리가 적응해야 하는 현실이다. 겉으로 그 둘 사이에 타협이 없는 것 같지만 실상은 모두가 매 순간 타협을 한다.

공화국 프랑스는 정신의 위대함을 드높임으로써 평등의 에토스를 강화한다고 주장한다. 이 나라는 상업적 부보다 문화, 문학, 예술의 부를 옹호한다. 그래, 그건 좋다. 하지만 다소간의 안락을 정신적 삶의 원수처럼 볼 필요가 있을까?

은행권의 현상학

심리학자들이 이런 의문을 품었다. 왜 우리는 20유로 지폐는 잘만 쓰면서 100유로 지폐는 깨기 아까워하는 걸까? 같은 금액을 소비하더라도 후자가 더 상실감이 크기 때문이다. 우리는 숫자를 위계화하기 때문에 똑같은 금액도 액면가가 낮은 지폐 여러 장보다 고액권이 더 가치가 큰 것처럼 느낀다. 잘 차려입은 장교 한 사람이 군대 전체를 대표하듯, 고액권에는 거기에 찍힌 숫자의 위엄이 있다.

모든 지폐는 걸레처럼 너덜너덜하거나 빳빳하게 다려놓은 새 셔츠처럼 말끔하고 잉크 냄새를 풍기든가 둘 중 하나다. 지폐는 접혀 있을 수도 있고 둥글게 말려 있을 수도 있다. 지갑에 가지런히 들어가 있는 지폐도 있고 주머니에 아무렇게나 처박혀 구겨진 지폐도 있다. 우리는 빳빳한 새 지폐보다 헌 지폐를 더 빨리 써버리는 경향이 있다.[33] 이 경우, 더러운 돈은 오래된 돈, 아무렇게나 다뤄진 돈, 여러 사람을 거친 돈이다. 반면에 깨끗한 돈은 은행에서 갓 찍혀 나왔기 때문에 소유주에게 뭔가 특별한 느낌을 준다. 이 깨끗한 느낌, 첫 번째 소유주라는 특권의식은 비합리적이지만 오래 갖고 있고 싶다는 기분을 주기 때문에 빨리 써버리지 않게 된다.

소지품이나 다른 사물과 달리, 돈에는 형식으로든 내용으로든 소유주의 영혼이 깃들지 않는다. 돈은 원칙적으로 중립적인 무생물이다. 하지만 우리는 큰 금액에 애착을 느끼고 그 금액을 유지하려고 한다. 돈을 소지할 때의 기분(속어로 '현금 빨fraîche'), 그 촉감이나 든든한 느낌을 좋아하는 사람은 많다. 우리는 돈에 별명이나 애칭을 붙인다. 블레즈 파스칼은 과거의 500프랑 지폐를 뜻했다. 에스파냐에서는 500유로 지폐를 빈 라덴이라고 부른다. 돈의 물성物性에는 우리가 마음을 둘 수 있는 여지가 남아 있다. 구체적으로 물성을 띠는 돈은 우리 손가락 사이에서 숨을 쉰다. 그리고 이렇게 말한다. 내가 여기 있잖아, 걱정할 거 없어.

신용카드가 두둑한 지갑과 달리 동전지갑은 자기 정체를, 없는 자들의 소굴을 단박에 자백한다. 비잔틴 세계에서 아기 예수는 성모의 태내라는 주형鑄型에서 찍혀 나온 화폐로 비유되곤 했다. 성모의 자궁은 황금으로 가득 찬 틀이었다.[34] 동전은 가볍게 써버릴 수 있는 현금에 해당한다. 동전이 저금통의 작은 신이다. 이 신이 도자기나 금속 저금통에 임할 때의 쨍그랑 소리는 감미로운 음악이다. 푼돈을 차곡차곡 모아 제법 큰 금액을 만지는 희열. 저금통을 뒤집을 때 촤르르 떨어지는 동전 소리가 따발총 같다. 잔돈으로 지불을 할 때에는 동전이 부담스러운 짐의 의미를 지니기도 한다.

인플레이션이 일어나면 지폐는 쓰레기, 색깔 있는 휴지조각으로 전락한다. 1920년대에 오스트리아와 독일에서는 '화폐가치의 하락'이 얼마나 심각했는지 달걀 한 알이 40억 마르크에 거래될 정도였다. 소설가 슈테판 츠바이크는 똑같은 신문이 아침에는 5만 마르크였는데 저녁에는 10만 마르크가 되었고 외환거래도 오전 10시와 오후 5시의 환율이 10~20배 차이가 났다고 전한다.[35]

수백 명의 손을 탄 낡은 지폐는 언젠가 폐기된다. 누더기가 다 된 지폐는 더 이상 우리에게 마법을 걸지 못한다. 결국 돈다발이란 "원래부터 내재하는 가치는 전혀 없는 종이뭉치"(J. K. 갤브레이스)인 것이다. 스케일 큰 도둑놈, 가상금융 해커가 아무리 활약한들 부는 결코 모니터상의 숫자로만 소급되지 않을 것이다. 부는 언제까지나 금괴, 돈다발, 보석, 고급 시계, 다이아몬드로 구체화될 것이다. 악당들은 틀림없는 육감으로 여전히 현금수송차량과 보석상을 노리지 않는가. 그들은 순수한 생각을 버리지 않을 것이다! 동전이 우리 주머니에서 짤랑거리고 지폐다발이 지갑을 두둑하게 불리는 한, 돈은 안경, 전화, 보철장치와 마찬가지로 그 물성을 계속 간직할 것이다. 축소된 동시에 다루기 쉬운 '현금화폐'*는 돈에 남아 있는 물질적인 부분이다. 돈은 우리가 만져야만 믿을 수 있는 허구다.

---

* espèce, 이 프랑스어에는 '종류, 놈, 녀석' 등 여러 의미가 있다.

제4장 미국의 영혼은 돈이다

"신앙은 소망에 대한 믿음이자 눈에 보이지 않는 것을 의심하지 않음이다."

—마르틴 루터

대서양 저편에서는 사정이 정반대인 것처럼 보인다. 미국에서 신은 부자들을 사랑하고 가난한 자들은 사랑하지 않는다. 이 제국주의적 공화국은 거리낌 없이 돈을 포용한다. 어디 그뿐인가. 모든 지폐에 '우리는 신을 믿는다In God we trust'라는 저 유명한 문구가 들어가 있다는 점에서 이 나라는 국가와 달러화 사이에 거의 종교적인 관계마저 수립해놓은 듯 보인다. 이 문구를 어떻게 이해해야 할까? 우리는 이 문장이 남북전쟁의 트라우마에 대응한다는 것을 안다.

1864년에 2센트 동전에 처음 새겨진 이 문장을 1907년에 시어도어 루즈벨트 대통령은 불경하다는 이유로 삭제케 했다. 일부 국회위원은 신이 세속적인 거래에 개입해서는 안 된다면서 이 조치를 환영했고, 또 다른 위원들은 안타까워했다. 조지아주의 한 의원은 정부가 "신앙 없는 화폐"를 찍어내선 안 된다고 주장했다.[1] 결국 아이젠하워 대통령이 1950년대에 이 신성한 문구를 모든 지폐와 주화에 다시 넣게 했다. 미 대선이 화폐 발행을 숭고한 행위로 둔갑시킨 아주 특별한 경우다! 신과 그 백성이 계약을 맺은 나라, 미국은 "세상에 자유와 정의를 줌으로써 대속을 이루기 위해"(우드로 윌슨) 역사를 새로운 토대에서 다시 시작하기 위해서 등장했다.

지갑에 거하시는 신: 유로와 달러

미국의 특별한 운명은 달러에서도 나타난다. 역대 대통령의 얼굴이 새겨져 있고 재무부 인장이 찍혀 있는 이 초록색 지폐는 종류에 따라 금액만 바뀔 뿐 돈을 일종의 공정한 제재로서 제시한다. '금만큼 좋은as good as gold' 국제통화로서 1971년에 재무부 장관 존 코널리의 표현에 따르면 세계 나머지 나라들을 곤란하게 만든다. "달러는 우리 통화지만 여러분의 문제입니다." 달러는 미국의 패권을 증명한다. 밀턴 프리드먼이 1988년에 설명했던 대로다. "[미국이 빚으로 굴러간대도] 왜 걱정을 합니까? 적자는 파운드화나 프랑화가 아니라 달러화로 표시됩니다. 하다하다 정 안 되면 달러화를 찍어내면 됩니다."[2] 이 때문에 미국은 20조 달러나 되는 빚을 지금 당장은 크게 불편해하지도 않고 떠안을 수 있다. 채무자와 채권자가 동일인이나 다름없다고 할까.

달러 지폐는 왜 종류를 막론하고 크기가 모두 같은지 의문이다. 대부분의 통화 지폐는 액면가에 따라서 크기와 색상을 달리한다. 달러는 액면가가 얼마가 됐든 지불수단의 거룩함은 동일하다는 것을 의미하는 걸까. 신은 어디에나, 가장 액면가가 낮은 지폐에도 임하시니. 단조로운 초록색, 전쟁과 평화를 발톱에 거머쥔 제국의 독수리라는 대칭적 문양, '여럿이 모여 이루어진 하나E Pluribus Unum'라는 라틴어, 프리메이슨의 상징으로 알려진 피라미드와 그 위 삼각형의 눈.[3] 이것은 그림이 아니다.(앤디 워홀에게는 작품이 될 터이지만.) 이것은 한없이 반복된 정초定礎의 행위다. 돈벌이는 저열한 기분전환과 다르다는 것을 의미하는 엄숙하고 금욕적인 행위. 돈을 번다는 것이 세상 그 무엇보다 중요하다. 영혼의 보완은 전혀 필요치 않다. 어차피 영혼은 '은행권'에 있으니까. 달러는 종이로 구현된 성찬이다.

크기, 문양, 색상이 제각각인 유로화와는 얼마나 대조적인가. 유로화는 이제 구대륙의 위대한 인물들을 내세우지 않는다. 과거 에스파냐의 페세타에는 세르반테스의 초상이 있었다. 이탈리아 리라에는 레오나르도 다 빈치가, 독일 마르크에는 괴테가, 프랑스 프랑에는 파스칼이나 리슐리외가 있었다. 그러나 유로화에는 유럽 지도 위의 교각과 아치가 있을 뿐이다. 온 세상 사람들이 국경 없는 공간에서 만나는, 정처 없는 발길들이 미치는 광장이 있을 뿐이다. 유로화에는 이러한 추상화, 다소 흐릿한 잡색, 그리고 각 나라 국민의 구체성 삭제로 하나의 정치적 전체를 구축하겠다는 의지가 보인다. 비록 주화 뒷면에는 각 나라의 상징이 남아 있지만 그럼에도 유로화는 친절한 환대를 전형화하려는 시각적 모순형용이다. 유럽은 국가들의 시너지가 아니라 국가 제거를 바탕으로 우뚝 서기를 원한다. 그렇기 때문에 유로화는 수립된 지 16년이나 됐지만 권위를 세우지 못하고 반대파들만 집결시킨다.

화폐는 자기를 발행한 사회, 그 사회의 영광과 열망을 말한다. 가령, 스위스에는 유명한 건축가와 음악가 들이 있다. 그래서 스위스 프랑화에는 아르튀르 오네게르와 르 코르뷔지에의 초상이 들어간다. 영국 파운드화에는 엘리자베스 여왕, 찰스 다윈, 애덤 스미스, 그리고 19세기에 죄수들의 생활 여건을 개선하고자 힘썼던 박애주의자 엘리자베스 프라이가 있다. 이렇게 돈은 한 문화의 위대함을, 역사의 위업을 기린다. 달러는 신이 선택한 화폐라는 수직성과 온 세상을 이 초록색 지폐로 뒤덮는다는 통합을 겸비했지만 유로는 거대한 광장과 다리만 보여주는 얼굴 없는 화폐, 인류의 통합을 호소하지만 전 세계 차원에서는 그러지 못하는 화폐로서 수평성과 억류를 나타낸다.

독일 사회학자 울리히 베크는 유럽을 '실체 있는 공허'로 규정한다. 공항과 기차역의 공허한 활기, 이런 것을 국제성이라고 부른다. 초국가적 주권이 없는 상태에서의 공통 화폐, 정치 행위 없는 경제 행위는 실패할 수밖에 없다.[4] 발행기관은 있지만 그것을 보장할 1인자는 없으니까. 유럽은 강성해지기를, 미국이 안달할 정도로 힘을 갖기를 원한다. 그러나 유럽은 역사를 벗어나고자 하면서(이 시점에서 억지로 역사로 돌아가고 있긴 하지만) 지불수단의 신성한 권위를 박탈했다. 유로화 탄생을 기념하는 공식 행사의 부재는 상징적 손실이라는 지적도 백번 옳은 얘기다.[5] 유럽은 집단소속감의 위엄을 간과하고 순전히 기술적인 이익에만 신경을 썼다. 유로는 국가 고유 화폐를 폐지했기 때문에 일종의 박탈감을 도처에 몰고 왔다.

반대로 달러에는 과거(역대 대통령 초상)와 하늘(하느님에 대한 환기)이라는 두 가지 근거가 있다. 사소한 거래조차 신의 기름 부음으로 대속될 만큼. 미국에서 경제는 신학의 한 갈래다. 1971년에 리처드 닉슨이 브레턴우즈 협정에 종지부를 찍고 금본위제를 폐지한 이유도 미국에는 이미 신이라는 또 다른 금본위제가 있었기 때문이다. 북미에서는 기도와 번영이 얽혀 있다. 전능자의 손으로 축성된 물질주의는 영적이다. 그곳에서는 깐깐한 신앙인도 사업가가 될 수 있고 그 반대도 얼마든지 가능하다.(대형교회 목사들은 아무 거리낌 없이 예배 도중에 사업을 한다. 목사의 출장기도, 즉 '테이크아웃 기도'를 돈으로 살 수도 있다.) 달러의 패권은 국가의 폐지를 주장하는 무정부주의자나 자유주의자의 헛된 믿음과 달리 크건 작건 국가라는 단위만이 최종 주권을 쥘 수 있다는 증거다. 돈은 정치를 폐기하지 않으며 오히려 정치로부터 도출된다. 미국은 달러를 **진정한 영적 화폐**로 만들었다.

달러의 즉각적 초월성은 여전히 위엄을 찾으려 애쓰는 유로의 내재성에 상응한다. 달러는 종교의식적인 성격이 아주 강한 화폐다. 유로는 미완성 건축물처럼 삭막한 화폐다. 유럽을 구성하는 국가들은 그들의 자의로 주권의 일부를 브뤼셀에 양도했다. 그러나 유럽 28개 국가는 또 하나의 연방 주권을 수립하지 못했다. 유럽은 정치적 계획, 정부, 군대가 없는 하나의 시장일 뿐이다. 28개 국가에서 바나나 가격이나 초콜릿 성분 비율은 결정할 수 있어도 진짜 힘다운 힘은 강대국들의 정부가 쥐고 있다. 힘없는 유로는 이러한 어정쩡함을 그대로 반영한다. 프랑스, 나아가 유럽 대륙 전체가 미국, 중국, 인도, 러시아, 브라질처럼 역사를 만들 수 있다는 확신을 갖고 집단 차원에서 미래를 사유하지 못하는 것도 이 때문이다. 미국은 잠재력으로서 여전히 존재하지만 유럽은 노스탤지어에나 존재한다. 미국에는 계획이 있지만 유럽에는 후회가 있을 뿐이다.

새로운 번영의 교회

1913년에 프로이트는 돈과 성性의 관계를 분석했다. 이중적 성격을 띠는 이 두 대상 때문에 정신분석가는 단호한 태도를 취해야 한다. 분석가는 환자가 성과 관련하여 표현하지 않는 부분을 들춰내는 대가로 반드시 돈을 받아야 한다는 것이다.[6] 이 주장은 미덥잖게 보일 수도 있다. 어느 한 분야에서의 진솔함이 다른 분야에서의 진솔함까지 보장하지는 않기 때문이다. 그 증거로, 프랑스인은 성적인 내숭은 별로 없지만 금전 문제에는 폐쇄적이다. 미국인은 자기 연봉이 얼마라는 얘기는 잘만 하면서 사적이고 은밀한 사안은 입을 다물든가 곤충학자처럼 상세하지만 냉철한 자세로만 말한다. 지난 30년간 미국 대학 캠퍼스 내에서의 섹스는 걸핏하면 성추행이나 성폭력 의혹부터 제기할 정도로 범죄시되었다. 서로 합의한 성관계, 성년들끼리의 섹스라는 점도 제대로 고려되지 않았다. 모든 삽입섹스는 잠재적 살인으로 간주되고 그 덕분에 거짓 고발과 사기가 들끓었다. 남성과 여성이 언제라도 전쟁에 돌입할 수 있기 때문에 커플은 판사, 변호사, 제3자를 반드시 동반해야 하는 듯했다. 그래서 이슬람교는 남자들이 부덕하고 배신 잘 하는 여자들을 조심해야 한다고 가르치고 미국에서는 여자들이 폭력적이고 과격한 남자들을 조심해야 한다고 가르친다.

미국인은 에로티즘에 대한 의혹을 무절제한 이익 추구로 대체했다.[7] 이익은 조물주가 그들에게 표하는 호의를 나타낸다. 칼뱅주의의 중대한 의문이 여기에 있다. 구원받기로 예정되어 있지 않다면 선행이 무슨 소용 있나? 어차피 지옥에 갈 신세라면 군이 악행을 삼갈 필요가 있을까? 신앙은 그 자체로 입증되지 않고 결과로써 입증된다. 그런데 결과는 답을 딱 떨어지게 주지 않고 어렴풋하게만 보여준다.

루터나 칼뱅은 예상도 못한 방식으로, 미국에서 부자들은 거의 확실하게 구원을 입증해주는 과시적인 교회를 건설했다. 스탠더드 오일의 창업주이자 세계적 부호 존 록펠러(1839~1937)는 20세기로 접어드는 시점에서 이런 말을 했다. "신은 나에게 돈을 주셨습니다. 돈을 벌 수 있는 능력을 신께 받았으니 잘 계발해서 세상에 이롭게 쓰는 것이 마땅합니다. 나는 그런 재능을 타고난 이상, 돈을 더 많이 벌어들이고 양심이 허락하는 대로 내 동포를 위하여 잘 쓰는 것이 이 세상에서 다해야 할 의무라고 여겼습니다."[8] 프랑수아즈 지루는 1987년 11월 27일자『누벨 옵세르바퇴르』에서 이렇게 말하지 않았던가. "미국에서는 원숭이들이 성기를 보여주듯 자기 재산을 과시한다. 누구 것이 제일 큰가?" 지루는 그런 면에서는 차라리 프랑스의 위선이 낫다고 말한다.[9]

반면, 대서양 저편에서 소위 흙수저들은 신의 호의를 입지 못한 이들이다. 미국은 아마도 이 때문에 비록 인구의 12퍼센트에게 공적 지원을 하고는 있지만 유럽식 복지국가 수립에는 소극적인 듯하다. 신의 명령으로 부자가 되었다는 설명과 가난뱅이는 그런 팔자로 정해졌다는 설명은 별개다. 가난한 자들은 누구를 탓하지도 못하고 그저 자기 잘못이려니 생각해야 한다는 건가. "우리가 가난한 자들을 위해서 해줄 수 있는 가장 좋은 일은 그들을 그냥 내버려두는 것이다." 밀턴 프리드먼의 말이다. 전 월드챔피언 복서 래리 홈즈Larry Holmes가 강조했듯이 미국은 아직도 가난을 인종 문제를 통해서 바라본다. "흑인으로 사는 건 힘듭니다. 흑인으로 살아본 적 없지요? 나는 가난했던 옛날에는 흑인이었습니다."

앞에서 보았듯이 개신교도는 궁핍을 소망하는 것은 삐뚤어진 태도라고 생각한다. 양초 제조업자의 아들로 태어나 미국 자본주의의 정신적 아버지가 된 벤저민 프랭클린도 "고행을 하는 수도승들은 부조리하게 자기 자신을 괴롭히는 자들"[10]이라고 비난하지 않았던가? 수도승과 걸인은 신의 영광을 모욕하고 이웃 사랑의 의무를 침해하는 자들이다. 미국에서 부를 축적하는 것은 애국적 의무다. 20세기 초에 쿨리지 대통령은 "미합중국의 가장 중요한 사안은 비즈니스"라고 말한다. 돈벌이는 창조주께 영광을 돌리고 그분이 지으신 것을 열매 맺게 하는 유일한 방법이다. 루터의 주장은 뒤집혔다. 이제 돈이 덕의 보상이 아니라 돈을 드러내는 것이 덕이 되었다. 19세기 말에 노략질이나 다름없는 돈벌이를 하던 악덕 자본가robber baron[11] 중 존 록펠러 같은 사람은 허세 때문에, 앤드류 카네기 같은 사람은 양심에 가책을 느껴서 박애주의로 전향했다지만 말이다.

로마 가톨릭이 사람의 행실을 중시한다고 비난하던 북미 개신교는 이리하여 자가당착에 빠졌다. 재산과 지상에서의 행복은 그러므로 특별한 삶의 방식을 보상한다. 부자들의 자기 선택은 본질적으로 종교성을 띠기 때문에 오만하지 않을 수 없다. 이 놀라운 역전을 지리적 예로 설명해보자. 뉴욕 맨해튼에는 보안이 철통같은 월스트리트와 트리니티 성공회교회가 있다. 우리는 여기서 사업을 돌보시는 주님, 세속의 은행가들을 보호하시는 영혼의 은행가의 상징을 볼 수도 있다. 그러나 뉴욕 증권거래소가 과거에 섬기던 신을 거리 끄트머리 작은 교회에 맡겼고 달러가 구체적인 성사聖事로 등극했다는 증거도 볼 수 있다. 둘 중 어느 쪽이 진짜 답인지는 모른다. 아무도 단정 지을 수 없는 일이니까.

금수저 정자 클럽

상속자는 세상에 태어나느라 수고한 것밖에 없다. 이것이 상속자의 비극이다. 그는 '금수저 정자 클럽'에 속해 있다.[12] 그는 이미 잘 다져놓은 인생을 떠먹여주는 대로 먹기만 하면 된다. 봐주기 힘든 '부잣집 애새끼'들이 여기저기서 교만을 떨고 자기는 남들과 다르다는 듯 법도 무시한다. 행여 궁지에 빠져도 잘난 부모가 구해주러 올 거라는 확신이 있으니까.

기회의 땅인 미국, 사람들이 말하는 '아메리칸 드림'은 어쩌면 신이 허락한 축복으로 마땅히 누릴 가치가 있는 운 좋은 자에게 부가 분배된다는 오래된 믿음에서 기인한 것이리라. 이 때문에 일부 금수저들은 행운이 되레 저주가 된 듯 약물중독이나 범죄에 빠지기도 한다. 저 유명한 로스차일드 남작부인이 20세기 초에 말했듯이 금수저들은 "더 많이 가지고 태어난 죄를 용서받아야 한다". 앤드류 카네기는 막대한 유산은 감당하기 힘든 짐이기 때문에 신중하게 사용되는 경우가 드물다고 했다.[13]

백만장자들은 자식에게 재산을 몇 퍼센트나 물려줄까? 솔직히 1, 2퍼센트만으로도 한평생 다 쓰기 벅찬 금액이다. 2014년 기준으로 자산 규모 10억 달러 이상의 부자는 2325명이었지만 2019년에는 5300만 명이 될 것이라고 한다. 후손들의 시장이 그만큼

어마어마하다. 따라서 상속자는 어릴 때부터 이 막대한 재산에 적합한 교육을 받아야 한다. 이 때문에 재산을 자녀에게 주지 않고 자선재단에 기부하려는 부자들도 많다(스팅, 빌 게이츠). 우리는 상속과 관련된 클리셰에 익숙하다. 기회를 엿보는 맹금처럼 유언장 공개만 기다리는 형제자매의 추악한 암투 같은 것 말이다. 유산을 기다린다는 것은 부모의 죽음을 기다린다는 것 아닌가.

파우스트는 뭐가 부족해서 메피스토펠레스에게 영혼을 팔고 모든 쾌락을 얻었을까? 과정의 아름다움, 치열한 노력, 경이로운 결과―바로 이것이다. 돈은 자기가 노력해서 벌어들였을 때만 값지다. 우리의 모든 바람이 이루어지고 예상되기까지 한다면 제대로 살아보기도 전에 죽은 거나 다름없다. 싸워보지 않은 자, 굶주리고 목마른 적 없었던 자는 승리의 달콤함도 모를 것이다. 어느 왕조에라도 속했다면 모를까, 누구의 아들딸로 태어난 이상 조상을 상대로 가문의 이름을 자기 것으로 만들기 위해 평생을 바쳐야 한다. 유일하게 가치 있는 세대 간 계승은 정신, 지식, 인류애의 계승이다.

하지만 상속자가 꼭 부를 재생산해야만 하는 것은 아니다. 그는 진로를 바꿀 수도 있고, 조상 대대로의 수지맞는 사업을 정리하고 떠날 수도 있다. 철학자 루트비히 비트겐슈타인이 그랬다. 그는 철강업으로 일가를 이룬 부잣집에서 태어났지만 1913년에 재산을 형제자매에게 양도했다. 상속이 분리를 뜻하는 경우는 많다. 그래서 반항아는 압제를 깨뜨린다고 생각하면서 본의 아니게 압제를 연장시킨다. 자기는 절연했다고 생각하지만 기존 체제를 답습하거나 더 악화하기도 한다. 그래서 너무 많은 혁명이 이 독재자를 저 독재자로 대체하는 수준에서 그치고 만다. 불복종을 원했건만 어느새 순응해 있고 충실하기를 원했는데 어느새 본의 아니게 새로운 역사를 열기도 한다. 아무리 넉넉한 유산도 불확실성의 여지를 남기니 그것이 곧 자유의 여지이기도 하다.

◇◇◇

국가적 신경증을 넘어서

모든 나라는 편견을 유보해도 좋을 만큼 크다. 프랑스 전체가 금욕적인 나라라면 돈 얘기를 쉬쉬하는 태도도 이해가 간다. 그러나 파리는 스파르타가 아니라 패션과 사치의 수도다. 물질주의보다 더 높고 귀한 가치가 있다고 떠들어봤자 경험의 실상에는 배겨나지 못한다.

미국인은 재화와 안락에 대한 욕구를 쉽게 인정하지만 프랑스인은 이 욕구를 점잖게 포장한다. 프랑스의 공공건물은 구체제의 왕궁들이었고 우리네 장관들은 황금과 대리석에 휩싸여 루이 16세의 안락의자에 앉는다. 황금을 비루한 금속이라고 깎아내리려면 공로, 노동, 형식 취향, 멋, 미식을 다 깎아내려야 할 것이다. 요컨대, 모든 국가적 유산을 찢어발기고 프랑스와 거리가 멀어도 한참 먼 금욕의 유토피아를 드높여야 할 것이다.

미국인이 돈을 숭상한다지만 월스트리트 점령 시위로 알 수 있듯이 그들도 한 줌 부자들의 독식에 분개한다. 오바마 대통령이 지나친 불평등 때문에 아메리칸 드림이 끝날 것이라고 경고한 이유도 다르지 않다. 미국은 유럽의 봉건제를 자본주의만의 방식으로 답습할 위험이 있다. 금융계 거물들은 혈통과 격식이 없는 신新귀족들이다. 유럽인은 좌파와 우파를 막론하고 형편 넉넉한 사람들만 접근 가능한 미국의 보건과 교육 체계를 이해 못 한다. 유럽인에게 월스트리트와 의회와 백악관의 근친상간적인 결탁은 이해할 수 없는 수수께끼이자 스캔들이다.

미국에서 이기적인 물욕을 제어하는 것은 국가가 위기에 처할 때마다 빛을 발하는 메시아적인 애국심과 종교심이다. 미국은 총기 소지가 허용되는 국가이기 때문에(개인 소지 총기가 3억 개 가량으로 추산된다) 언젠가 이 국민적 유대가 깨진다면 어마어마한 폭력 사태를 피할 수 없을 것이다. 그러한 신학적·정치적 틀을 제거하면 미국은 무너진다. 토크빌은 미국인은 부자든 가난뱅이든 물질적 향유를 추구하고 그러한 것을 잃을까 봐 불안해한다고 지적했다.[14] 하지만 토크빌이 잊은 게 있다. 미국인들의 탐욕은 국민 개인을 초월하는 조국애로 제어되고 있다. 그래서 미국 국민은 여차하면 나라를 위해 싸우는 군인이 된다. 프랑스나 미국이나 그렇게 단순하지 않기 때문에 자기 나라 고유의 신경증은 극복할 수 있을 것이다.

프랑스에 돈 문제를 멸시하는 전통이 있다지만 몽테스키외, 볼테르, 생시몽, 토크빌, 프레데리크 바스티아(1801~1850)로 이어지는, 상업과 산업을 찬양하는 전통도 있고 샤를 푸리에는 마르크스 이전의 유토피아주의자임에도 불구하고 사회주의 전통에 맞서서 부를 찬미했다. 푸리에는 복된 돈이 뜨거운 열광을 나타낸다고 생각했고 "황금과 노다지를 향한 갈망"에 상당한 지면을 할애했다.[15] "사유재산은 도둑질"이라는 유명한 말을 남긴 프루동조차도 역설적으로 투기를 찬양하는가 하면 증권거래도 집단의 부를 증강한다면 좋은 것이라고 했다.

그렇다면 왜 프랑스는 돈을 죄악시하면서 마지못해 인정하고 미국은 돈을 찬양하면서 부수적으로 제한을 두는가? 각 사회를 지배하는 가치관을 강조하기 위함이다. 프랑스는 문학과 정신 예술에 헌신하는 보편적 국가로 보이기를 원하지만 미국은 누구나 자기가 원하면 부자가 될 수 있는 기회의 땅으로 보이기를 원한다. 여기서는 국가적 정체성이 언어를 우러르고 관념을 사랑하는 자세, 온 세상에 말을 걸려는 의지를 중심으로 하지만 저기서는 미국이라는 테두리를 중시하고 자기를 뛰어넘으려는 욕구가 중심에 있다. 그곳에서는 열심히 돈을 버는 것이 자기가 태어난 미국, 혹은 자기를 받아준 미국에 대한 보답이라고 믿어 의심치 않는다.

대서양 이편과 저편 모두 서로 모순되는 둘을 한꺼번에 원한다. 모든 국민의 사회보호를 원하면서도 사회이동, 직업이동, 완전고용이 보장됨으로써 잘살 권리도 누리고 싶어 한다. 미국인은 '자수성가한 사람'이라는 신화를 만들었다. 이 프로메테우스적 인간은 과거를 버리고 선택으로써 스스로를 만든 자, 스스로 자기가 한 일의 결과가 된 자다. 따라서 돈은 전통을 감내하지 않고 자유를 획득했다는 표시다. 미국은 종교성이 국민을 통합하고 결코 시장의 법칙으로만 좌우되지 않는 나라다. 우리는 미국에서 도덕적 보수주의가 최첨단 현대성과 잘만 맞물려 돌아간다는 점에 매혹되기도 하고 두려움을 느끼기도 한다. 아직도 미국의 여러 주에서 존속되고 있는 사형제는 양심적인 법률만능주의와 보조를 맞추고, 사회계약을 구성하는 폭력성에도 불구하고 감상주의가 넘쳐나며, 청교도주의가 풍속의 자유와 공존한다. 끔찍한 불평등과 벤처정신이, 가족 중심의 전통과 새로운 것에 대한 매혹이 공존한다. 시대에 뒤진 듯한 그런 부분이 미국을 하나로 결속해준다. 반면에 유럽은 사회주의와 공산주의의 고향이요, 정치적 계획 없는 상업공간에 불과하다. 유럽은 손발이 꽁꽁 묶인 채 쾌락적 소비에 몰두할 뿐, 위로 치고 나오지 못한다. 프랑스는 돈의 양가적 성격에 특히 더 민감하다. 미국은 돈을 숭상하되 엄격한 종교적·애국적 한계선을 그어놓는다. 달러는 미국의 번영과 칼뱅주의자들의 근면하고 침울한 신의 영광을 위하여 일한다.

돈에 대한 프랑스인의 지탄은 크게 두 갈래다. 한 갈래는 케이크를 더 잘 나누기 위해서라고 하고, 다른 한 갈래는 금송아지의 존재 자체를 비판하고 돈이 아예 사라져야 한다고 말한다. 우리는 그 두 갈래에서 계속 왔다 갔다 한다. 돈이 마구 넘쳐날 때에는 그 저열한 물질성을 주로 비난한다. 그러다 위기가 닥치고 돈에 쪼들리면 시스템 전체를 욕한다.[16] 이러한 탄원은 이중적이다. 자본주의가 번영하면 더럽고 천박한 냄새가 진동한다고 코를 틀어막으면서 자본주의가 비틀거리면 불공평하다고 또 들고일어난다. 우리는 물질적 부가 자유의 필수불가결한 전제밖에 되지 않는다고 비난한다. 물질적 부가 만인에게 주어지지 않는다고 비난한다. 이렇게 왔다 갔다 하는 태도는 우리의 양가적 감정을 뚜렷이 드러낸다.

대다수가 개신교(혹은, 미국에서 발생한 청교도주의 개신교의 한 분파)에 몰려 있는 세계에서는 돈의 미덕을 믿고 돈을 덕으로 여긴다. 덕으로서의 돈은 정치적 차원과 무관하지 않다. 정치가 화폐의 적법성을 마련하고 국력을 화폐에 투영하는 것이다. 유럽에 진짜 주권이 있었다면 유로화는 그런 위기를 겪지 않았으리라. 루소는 이렇게 물었다. "사치와 안락이 인간의 마음속에서 자유를 향한 열망을 제거하는가?" 미국은 그렇지 않다고 대답한다. 때로는 악수惡手가 되지만 때로는 필수불가결한 미국의 전방위적 개입주의, 그리고 국제질서의 "내키지 않는 보안관"(리처드 하스Richard Haas) 역할이 이를 증명한다.

토크빌은 미국인을 두고 잘살기 위해서라면 자주성도 내던질 수 있는 노예들이라고 했지만 그 판단은 틀렸다. 미국인은 상황이 요구하면 늘 사업 취미를 잠시 접고 해야 할 일에 참여했다.(비록 그 일에서 경제적 이익을 볼 때도 있긴 했지만.) 그들은 세계의 자유를 적어도 세 번 구했다. 1917년에 한 번, 1944년에 나치즘을 상대로 또 한 번, 1948년에 소련을 상대로 또 한 번. 그리고 지금도 프랑스, 러시아, 영국과 손잡고 지하디즘을 상대로 싸우고 있다. 미국에서 시장 경제의 팽창은 무절제에 휩쓸릴 위험이 있다고는 하나, 압제당하는 이들에 대한 관심과 예속에 대한 증오를 제거하지 않았다. 여기서 우리는 이 공식을 도출할 수 있다. 돈을 저주하는 나라는 신용을 쌓지 못한 나라, 자신의 미래를 더 이상 믿지 못하는 나라다. 원래 목표를 장악할 가능성이 안 보일 때 연장 탓을 하는 법이다. 그리고 목표란 늘 사적 계산을 넘어선 것, 문명의 목표다.

신중한 종의 콤플렉스

돈은 못된 주인인가, 착한 종인가? 호라티우스에게서 유래했다는 이 표현은 알렉상드르 뒤마 피스를 위시해 수많은 이들에게 인용되었다. 이 물음은 우리의 불편한 심경을 고스란히 드러낸다. 헤겔의 주인과 노예의 변증법에서처럼, 돈은 우리를 함부로 휘두르지 못하게 잘 부려야 하는 고집 센 하인과도 같다. 아리스토텔레스가 맨 처음 기술한 이 역할 도치의 과정이 마르크스의 『자본론』으로 유명해졌다. 마르크스는 자본주의에서 상품-돈-상품이라는 고전적 순환 다음에 돈-상품-돈이라는 순환이 와서 돈 그 자체가 구매 가능한 상품과는 별개로 목적이 되어버린다고 보았다.

돈은 목적에도 가깝고 수단에도 가까운 것으로서, 불확실한 위치에 놓인다. 그냥 도구라고 보기엔 너무 중요하고 가치로서의 위엄을 지니기엔 하찮다. 돈은 인간관계를 원활히 할 임무가 있지만 제 역할을 박차고 완고한 주인 노릇을 하고 싶어 하기도 한다. 돈은 언제라도 우리를 몰지각하게 만들 수 있다. 돈이 우리의 욕구를 바람직하지 않은 방향으로 완전히 풀어놓을 수 있기 때문이다.

우리 잘못을 돈에게 책임 전가하기는 쉽다. 이 악마 앞에 머리를 조아리기로 했다면 그건 어디까지나 우리 결정이다. 사악한 영이 우리를 조종한 게 아니란 말이다. 형법상, 주식중개인이 미친 짓을 저지른다면 그의 행위로 심판을 받아야지, 제정신이 아니었다든가 초고속 알고리즘에 피해를 입었다든가 하는 변명은 할 수 없다. 돈은 우리가 구상하지 않은 것을 명령할 수 없다. 인간이 돈을 만들어내서 참 다행이다. 돈을 욕함으로써 자기혐오를 웬만큼 피할 수 있으니까. 인간은 자기를 뒤흔드는 모든 정념, 즉 시기, 탐욕, 인색, 육욕, 교만을 모두 돈에 뒤집어씌워 미덕으로 둔갑시킨다. 장점을 결점으로 만들기도 하고, 결점을 장점으로 만들기도 한다. 돈은 보편적 부패고 광기다. 그러나 돈 없이 살기를 바라는 것이 더 큰 광기다.

목적으로서의 돈과 수단으로서의 돈을 구분하는 선은 아주 미세해서 눈에 확 들어오지 않는다. 이 선을 계속 흐릿하게 만드는 것이 소비지상주의와 광고가 하는 일이다. 필요할 때 이 선을 복원하는 것은 우리의 지성이다. 요컨대, 돈을 우리 밑에 잘 잡아두는 것은 우리 소관이다. 하지만 돈이 그렇게 바람직한 상태에 머물려면 일단 풍부해야만 한다나.

"우리가 가진 돈은 자유의 도구요, 우리가 좇는 돈은 예속의 도구다."(장자크 루소) 이 추론은 잘못됐다. 돈을 가지려면 일단 벌어야 하고 좇아야 하지 않나? 돈이 하늘에서 만나처럼 떨어지기라도 하나? 돈은 우리 하인이지만 이 하인은 이러이러한 조건에서만 복종하겠다고 미리 선포를 한다. 키케로 같은 사람은 재물에 관심을 두지 말라고 했지만 그는 굳이 돈 생각을 하지 않아도 될 만큼 큰 부자였다. 영화 「마가렛 여사의 숨길 수 없는 비밀Marguerite」에서 여주인공은 "돈 자체는 중요하지 않아. 돈이 있다는 게 중요하지"라고 말한다.[17] 돈은 우리가 잊을 때만 자유가 된다. 돈은 우리를 가난에서 해방시키지만 돈의 필요성에서 해방시켜주지는 않는다.

2

PART TWO

◇
◇
◇

금송아지를 둘러싼
세 가지 신화

La
Sagesse
de
L'argent

제5장 돈이 세상을 지배한다는 믿음

"문명이란 궁극적으로 전쟁에 대한 탐욕의 승리일 뿐이다."[1]

— 이언 모리스

나폴레옹 제국이 무너져갈 무렵, 투기욕에 사로잡힌 어느 가톨릭 은행의 파산을 그려낸 에밀 졸라의 소설 『돈』에는 코냉 부인이라는 인물이 등장한다. 이 "사랑스러운 금발의 포동포동한 장밋빛" 여인은 페도 거리에서 문구점을 운영하는 남편이 있지만 숱한 남성과 바람을 피운다. "사람 좋은 남편이 장부를 붙들고 일하는" 오후에 이 여인은 집에 필요한 물건들을 사러 간다는 핑계로 밖에 나가 남자들과 놀아나지만 절대로 한 남자를 두 번 만나지는 않는다. 소설의 주인공인 부자 금융인 사카르는 코냉 부인이 호텔에서 젊은 남자와 나오는 모습을 목격하고 자기도 접근한다. 코냉 부인은 예의 바르게 거절을 하지만 사카르는 상당한 금액을 제시하면서 계속 들이댄다. 코냉 부인은 자기는 남편을 사랑한다고, 자기네 부부도 은퇴할 즈음에는 한 재산 있을 거라고, 정말로 자기 마음에 들기만 하면 "찢어지게 가난한 남자"도 상관없다고 딱 잘라 말한다. 사카르는 충격을 받는다. "뭐라고! 그렇다면 돈이 전부가 아니었단 말인가? 다른 사내들은 별 대가도 치르지 않고 가질 수 있는 여자를 그는 말도 안 되는 금액을 부르고도 갖지 못했다! 그녀는 싫다고 했고, 그건 그 여자의 뜻이었다. 그는 승리 속에서 가혹한 괴로움을 맛보게 되리라. 자기 능력에 의심이 일어나듯이, 지금까지 절대적이라고 굳게 믿었던 황금의 힘에 남몰래 환멸을 느끼듯이."[2]

낭만주의의 마지막 환영

모든 존재에는 가격이 있다. 프랑스에서는 발자크 이래로, 영국에서는 제인 오스틴 이래로 문학은 등장인물에게 값을 매기는 습관을 들였다. 인간은 돈 세는 기계이자 계산의 대상이 되었다. 기술의 발전과 시대를 같이하는 이 숫자 강박은 18세기부터 수점과 함께 나타났다. 로마 숫자에서 아라비아 숫자로의 전환, 0의 사용, '보편측량술'의 지배. 만국공통의 척도는 천문학, 탄도학, 시계 제작, 무엇보다 수많은 인간을 싸움터에서 운용하는 전술에서 진가를 발휘했다.[3] 계몽주의는 쾌락과 고통의 계산이라는 관념을 전파했고 인간 활동을 이익과 비용이라는 관점으로 평가하기 시작했다. 이 같은 시간과 공간의 수량화는 19세기에 산업혁명으로 정점에 도달한다. 이제 신체와 영혼은 구매 가능한 것이 되었다.

"이 문명은 사방에서 명예를 돈으로 대체했다."⁴ 발자크는 프랑스대혁명에서 귀족과 성직자의 재산이 약탈당하고 사회질서가 무너지는 모습밖에 보지 못했다. 그는 신인류의 현자의 돌을 발견하기라도 한 것처럼 "전지전능하고 모든 상황에 잘 들어맞는 돈"⁵ 앞에서 경이감을 감추지 못한다. '인간희극La Comédie humaine'*에 작용하는 가장 중요한 두 원리는 쾌락과 돈이다. 이 두 원리는 도둑질, 유괴, 살인 등의 온갖 추악한 짓거리를 감추고 있다. 부자는 존경할 만한 도적놈이다. 발자크는 문학에 공증문서 비슷한 측면을 도입했다. 발자크 문학에서 "가산家産 범위가 크지 않은 운명"(브뤼노 테사레크Bruno Tessarech)은 허구적 가치가 없다.

『사촌 베트』의 작가는 평생 빚을 갚느라 죽도록 일했다. 그런 점에서 발자크는 자기 시스템의 산 증거였다. 만약 돈 걱정이 없었더라면 그토록 위대한 작품이 나오지 못했을 거라고 말해도 좋을 정도다.(물론 헨리 제임스, 이디스 워튼, 앙드레 지드, 마르셀 프루스트 등등 예외적인 작가도 많다.) 그렇지만 발자크는 곧잘 계산착오를 일으켰다. 세계의 수학화는 자주 탈선을 일으키고 숫자들은 말도 안 되게 엇나간다. 수학의 광기를 확인하고 싶다면 국가 예산 혹은 파산 장부

---

* 발자크가 약 90편에 이르는 자기 소설 전체에 붙인 총서명.

에 수십억짜리 구멍이 얼마나 많은지 보라. 소박하고 단순하게 돈을 다룬 위대한 소설은 그리 많지 않다. 돈은 이러저러한 정념과 얽히고설킬 때에만 소설적이기 때문이다. 돈은 단지 정념을 거울처럼 비추거나 확장시키는 역할만 한다. 돈을 말하는 것은 늘 돈 아닌 다른 것을, 정절과 배신을, 벼락출세와 전격적인 몰락을 말하는 것이다. 노동자계급의 부상, 생산적 노동의 중요성에 무관심했던 발자크는 세계의 자본화를 내다보고 예고했다. 그는 시장에 내놓을 신상품을 준비하듯 책을 썼고(브뤼노 테사레크) 잉크를 소득으로 전환했다.

잃어버린 환영. 프랑스 낭만주의는 젊은 날의 영웅적인 꿈과 돈 만지는 나이의 범속함이 반드시 대립된다고 여긴다. 프랑스대혁명과 나폴레옹 이후의 삶이 분명 소망에서 환멸로 나아가는 여정이기는 했다. 제조업과 상업의 회색 하늘 밑에서 꿈은 두들겨 맞고 시는 짓밟혔다. 영광은 오지 않았고 숭고한 사랑은 가정에서 끓인 수프 속에 처박혔다. 어떤 기도도 이루어지지 않았고 어떤 열망도 인정받지 못했다. 그러나 낭만주의가 프랑스 문화에 확실히 심어놓은 믿음이 하나 있다. 그건 바로 돈의 전능함이다. 마르크스주의자, 좌파, 그리스도인, 보수주의자, 자유주의자를 막론하고 누구나 떨치지 못하는 이 클리셰를 여기서 재고해보기로 하자.

가톨릭 전통의 기초를 닦은 성 아우구스티누스는 타락한 인간의 세 가지 큰 죄를 지목한다. 첫째 죄는 권력욕libido dominandi이요, 둘째 죄는 육욕concupiscentia이며, 셋째 죄는 탐욕 혹은 소유욕

avaritia이다.[6] 그러나 아우구스티누스는 각각의 악에는 다른 악을 저지하여 폐해를 막을 수 있는 힘도 있다고 덧붙여 말한다. 영광, 권력, 돈은 비열하지만 중립적일 수 있다면 유용하게 쓰이기도 한다. 우리 현대인은 그러한 정념의 균형 잡힌 식이요법을 망각하고 오직 이익이라는 차원만 생각하게 되었다.

우리의 임상의적인 재능은, 특히 칼 마르크스 이후로 인간이라는 기계의 모든 면을 가동해 이익을 찾아낸다. 이익은 어디에나 존재하는 매개체로서 승승장구하고 만물을 자기 발밑에 둘 것이다. 『허영의 불꽃』(1987)에서 톰 울프Tom Wolfe가 쓴 표현을 빌리자면, 은행가, 금융인, 중개인이 "세계의 주인"일 것이다. 그러한 생각은 차라리 위안이 된다. 세계의 주인이 없다면 역사는 눈 가린 채 나아갈 것이요, 우리는 그 역사 안의 꼭두각시가 될 터이니. 그러므로 도덕, 신앙, 지식, 교육, 권위도 세상에 군림하는 금송아지가 좌지우지할 것이다.

하버드대학교 교수 마이클 샌델은 돈으로 살 수 있는 활동의 영역이 급증하고 있음을 조목조목 입증해 보였다. 예를 들어 지금은 사람을 사서 자기 대신 빵집이나 병원 접수처에 줄을 서게 할 수도 있고(이러한 관행은 공산주의 유럽 국가에도 있었다), 국회 자유출입증이나 관람권을 돈 주고 살 수도 있으며, 노숙자나 환자에게 대가를 지불하고 동의를 얻어 신약을 임상 시험할 수도 있고, 시험을 잘 보거나[7] 책을 읽으면 아이들에게 돈으로 보상을 주기도 한다.[8](인도에서는 이런 보상이 없으면 극빈층 가정에서 아이들을 학교에 보내지 않고 일을 시키기도 한다.[9]) 중국에는 당사자를 대신해 사과나 양해를 구하는 일만 전문으로 하는 업체가 있고,[10] 독일에는 본인이 하기 힘든 이별 통보를 대신해주는 업체도 있다.[11] 집주인이 죽을 날이 얼마 안 남았대서 죽는 날까지 연금을 지급하는 조건으로 그 집을 샀더니 그 노인네가 갑자기 팔팔해져서 집 산 사람이 먼저 죽었다는 우스갯소리도 있지 않은가.[12] 혹은, 종신보험 회사에서 고객이 일찍 죽을 줄 알았는데 아무리 기다려도 '때가 안 되어'[13] 화를 낸다는 농담도 있다. 돈만 있으면 멸종 위기에 있는 검은코뿔소나 사자를 죽일 권리를 얻을 수 있다는 사실도 충격적이기 그지없다.

추악하거나 우스꽝스러운 이 예들이 진짜 문제를 제기한다. 재화의 상품화는 그 재화의 가치를 얼마만큼 파괴하는가? 학교의 선전 활동은 공교육의 사명을 탈선시키는가? 가령, 아이들에게 돈을 주고 고마움을 표시하게 하는 것은 교육적으로 맞지 않을뿐더러 훗날의 사회생활을 힘들게 만든다. 아이들이 학교에 출석하면 돈을 주고, 좋은 성적을 받으면 돈을 주고, 댈러스처럼 학력이 낮은 지역 학교에서 아이가 책을 한 권 다 읽을 때마다 돈을 준다고 치자. 아이들은 '부모가 나를 이 정도로밖에 생각하지 않는구나'라고 믿기 때문에 되레 사기가 떨어질지도 모른다.[14] 어떤 보상은 가치척도를 바꿔버린다. 잘 알려진 사례를 들어볼까. 이스라엘의 한 어린이집 원장이 부모들이 제 시각에 아이를 데리러 오지 않아서 골머리를 앓다가 결국 한 번 늦을 때마다 10달러씩 벌금을 매기기로 했다. 원장의 기대와 달리, 아이를 늦게 데리러 오는 부모는 오히려 늘어났다. 그 정도면 베이비시터를 한두 시간 부르는 금액이나 마찬가지이므로 부모들은 이제 돈만 내면 늦게 데리러 가도 된다고 생각한 것이다.[15]

길가에 늘어선 스크린과 광고판, 심지어 사람 이마나 팔에도 붙어 있는 광고전단은 참을 수 없게 느껴진다. 샌드위치맨은 한 세기 전부터 있었고 이러한 현상은 그리 새롭지 않다. 여기서 문제는 돈이 아니라 가난이다. 어머니가 아들의 학비를 대려고 자기 이마에 카지노 이름을 문신으로 새기는 이유는 가난이다.[16] 돈 그 자체가 아니라 돈의 분배가 문제인 것이다.

◇◇

벤저민 프랭클린 혹은 자본 속의 미덕

보스턴의 양초 제조업자 집안에서 17남매 중 막내아들로 태어난 벤저민 프랭클린은 계몽주의 인간이었다. 그는 여행을 대단히 많이 했고, 1766년에는 프랑스 대사로서 영국을 상대로 한 미국의 전쟁에 프랑스의 지원을 요청하면서 뷔퐁, 흄, 볼테르, 미라보, 로베스피에르를 직접 만나기도 했다. 피뢰침, 열효율이 높은 난로, 이중초점안경의 발명가이자 열렬한 노예폐지론자였고, 독립선언문 공동작성자였던 그는 덕, 부, 교육을 하나로 조화시킬 수 있다고 생각했던 그 시대의 전형과도 같은 인물이다. 그를 돈의 윤리를 새로운 사회의 토대로 제안한 최초의 인물로도 볼 수 있을 것이다.

그는 글에서 자신을 고대 로마인이 사용했던 의미대로의 '모범'으로 소개하는데, 이는 공동체와 국가에 헌신하고자 노력하는 '자수성가한 삶'의 모델을 뜻한다. 프랭클린은 젊은이들에게 게으름, 방탕, 육욕, 식탐, 빚을 멀리하라는 내용의 경제적 조언을 곧잘 남겼다. 여성에게는 경리 및 회계 일이 음악이나 무용보다 유익하니 잘 배워두면 못된 자들에게 속아 넘어가는 일을 피할 수 있다고 말했다. 프랭클린은 부자가 되라고 말한다. 그 이유는 노동, 검약, 성실을 통해서 좋은 시민이 되기 때문이다. 그는 자신의 재능을 남을 위해서 사용했고 매일 저녁 '나는 오늘 어떤 좋은 일을 했는가?', '오늘 나는 어떤 면에서 쓸모 있는 시민 노릇을 했는가?'를 스스로에게 물어보면서 하루를 마무리했다고 한다. 프랭클린은 자기가 가난한 집안 출신이라고 부끄러워하지 않았으며 오히려 차근차근 그 위치까지 올라갔다는 사실을 자랑스러워했다.

그는 일종의 경제적 자서전, 즉 성공기라는 장르를 만들었고 인생의 이러저러한 일을 신중히 처리하는 데 도움이 되는 규칙을 수립했다. 그의 책 『가난한 리처드의 달력Poor Richard's Almanac』은 "일찍 자고 일찍 일어나면 건강, 재산, 지혜가 더한다"[17]는 식의 단순한 아포리즘을 나열한다. 이제는 거의 잊힌 이 선량한 미국인의 성경과도 같은 책은 너무 밋밋해서 지금 보면 좀 우스꽝스러울지도 모르겠다. 프랭클린은 부에 미칠 수 있는 위험을 경계했다. 사치, 무절제, 그리고 우리를 타인의 판단대로 살게 만드는 허영심 말이다. "남들의 눈은 우리를 망치는 눈이다."[18] 하지만 그는 이러한 악덕을 소박한 기강, 절도, 저축으로 억누르기 바랐다. 벤저민 프랭클린에게 돈은 윤리와 떼려야 뗄 수 없는 것이었다. 하지만 그 후로 돈과 지혜는 아마도 영원히 분리되었을 것이다. 이제 다시 그 둘을 이어줘야 할 때다.

◇◇

돈은 늘 다음 문제다

돈은 기적을 일으킨다는 점에서 경이로운 데가 있다. 돈은 불가능을 가능케 한다. 하지만 돈의 이 구체적인 힘과 돈이면 다 된다는 환상은 하늘과 땅 차이다. 재력가 안에는 일단 우화, 전설 속의 정령을 믿는 어린아이가 있다. 아주 유치한 꿈에 사로잡혀 사리분별을 잘 못하는 자아가 있다고 할까. 엔론 사 최고경영자까지 지냈지만 2013년 6월 21일에 사기, 공모, 내부자거래로 14년 형을 선고받은 제프리 스킬링Jeffrey Skilling의 고백이 그 증거다. "내가 깊이 생각을 해봤습니다. 중요한 건 돈밖에 없어요. 돈으로는 충성도 살 수 있습니다. 감정은 별로 중요하지 않아요. 성과도 돈으로 내는 겁니다." 이 고백이 충격적인 이유는 너무 뻔뻔해서가 아니라 외려 너무 순진한 감이 있어서다. 돈으로 충성과 정절을 살 수만 있다면! 돈을 통해서 인간 조건을 벗어나고 싶다는 소망은 돈의 아첨꾼들과 돈의 적들이 공유하는 신기루다. 돈의 역할을 과소평가하든 과

대평가하든, 두 입장 모두 돈을 단단히 잘못 알기는 마찬가지다.

돈은 많은 것을 할 수 있지만 뭐든지 할 수는 없다. 돈은 언제나 우리의 기분에 휘둘리지, 엄밀히 말해 그 자체가 출처는 아니다. 돈이 나르시시즘, 힘을 쥐려는 의지, 종교적·정치적 선전, 계급불평등, 자존심의 원동력을 빚어내는 게 아니다. 명예, 재주, 온갖 위대한 감정의 순결한 땅을 돈이 침범할 거라고? 장난하나! 돈은 기껏해야 액셀러레이터 노릇을 할 뿐, 절대로 제1원인이 아니다. 시장이 우리 삶 속에 들어왔다면 우리가 그렇게 공모했기 때문이다. 돈이 우리 영혼을 정복한 게 아니라 우리 영혼이 돈을 해방자로서 맞아들인 것이다. 처음에는 돈으로 세상을 마음대로 할 수 있을 것 같다. 돈은 우리에게 즉각적이고 편리한 경험과 생활양식을 제공한다. 우리가 바라기만 하면 거대 조직이 머리를 조아리는 것 같고, 심지어 알아서 기는 것 같다.

돈의 재미는 이중적이다. 돈은 시간을 절약해주고 귀찮은 과정을 생략해준다. 무엇보다도 과거에는 마부, 운전기사, 집사, 요리사 같은 하인들이 주인에게만 제공하던 서비스를 모두가 민주적인 형태로―경비원, 수위, 코치 등의 직종을 통해서―누릴 수 있다는 이점이 있다. 게다가 아무도 억지로 그런 일을 시키는 게 아니기 때문에 정신적·감정적 부채를 느낄 필요도 없다. 민주주의 시대에, 서비스란 무엇인가? 보수를 지급받은 예속이다. 그래서 가끔은 몰상식하게 사람을 부리는 경우도 없지 않다. 그러나 과거와 중대한 차이가 하나 있다. 서비스를 제공하는 사람이 언제라도 싫으면 그만둘 수 있다는 것이다. 서비스는 계약이고, 그래서 사유재산에 대한 권리와는 다르다. 행정적인 처리, 가사, 육아, 노인 돌봄 등 어떤 기대나 위계질서에 종속된 사안은 전문가들에게 하청을 맡기면 된다. 모두가 어떤 재화에 접근할 수 있는 민주적 세계에서 돈은 남들보다 먼저 원하는 것을 얻게 하는 지불수단이다. 합선 혹은 짧은 회로의 쾌감. 돈은 공급을 수요에 맞춰줌으로써 우리가 바라는 바를 즉각 만족시킨다.

우리 사회는 경쟁과 절충이라는 두 요인을 합한다. 경쟁은 개인이나 기업 간의 관계를 지배하며 성공 아니면 실패로만 귀착된다. 절충은 모든 종류의 관계에 유효한, 매력적이고 단순한 계약 모형을 암시한다. 전자에는 악착같은 수고와 경쟁의 고통이 있다. 후자에는 너무 힘들지 않게 욕구를 충족시키는 편의성이 있다. 그런데나 자신이 하나의 작은 기업이 되는 시장에서는 문제가 복잡해진다. 자기계발을 통하여 재능을 최대치로 끌어올리는 개인은 경제학이 제시하는 것과 동일한 합리성과 유용성의 원칙을 따른다. 각 개인이 결실을 거둬들여야만 하는 자본이 되고, 토양으로서의 자본주의가 개인주의를 더욱 자극하고 끌어들인다. 개인주의는 자기 리듬, 자기 유연성과 탄력성을 몰고 온다. 극단적인 예를 들자면 제이지Jay Z, 비욘세, 오프라 윈프리, 마사 스튜어트, 마돈나, (1997년에 '보위 채권'을 발행하기까지 했던) 데이비드 보위 같은 쇼비즈니스 업계의 스타는 자기 브랜드를 창립하고 생활양식을 제안한다. 돈은 이처럼 단지 우리에게 딸린 부담을 덜어줄 뿐 아니라 우리마저도 팔리거나 거래되는 경제적 실체로 만든다. 나도 타인과 똑같이 어떤 가치가 되고, 가치는 올라갈 수도 있고 내려갈 수도 있다.

그럼에도 이러한 현상을 희석시켜야 한다. 산업의 활기나 침체는 그 사회의 문화가, 넓은 의미에서의 사회관계가 결정한다. 그렇기 때문에 순전히 경제적 차원에만 국한된 위기는 없다. 위기는 늘 정신적 혹은 영적 위기인 것이다. 슘페터는 보이지 않는 손의 역설을 이렇게 다시 썼다. 이기적 이익이라는 납덩어리가 금덩어리로 변하려면 제도와 개인(법조인, 경찰, 정치가, 공무원)이 기강을 잡아야 한다. 이러한 제도와 개인의 동기는 '호모 에코노미쿠스'의 동기와는 완전히 무관하게 공공선을 지향할 것이다. 계몽주의 시대의 용어를 빌리자면 실제 관행, 특정 유형의 인간과 풍속, 한 나라의 정신이 우선이고 경제적 차원은 늘 파생되는 것이다. 자본주의는 국가가 유도할 때에만 작동하고 전통이나 관습은 다른 차원에 속한다.

사회를 100퍼센트 시장으로만 볼 수 없기 때문에 경제학이 있는 것이다. 사회와 시장이 완전히 일치된다면 결국 둘 다 파괴되고 말 것이다. 예를 들어 병원은 직원들의 헌신적 태도 없이 의료 시장에서 살아남을 수 없다. 의료진은 환자에게 쏟는 자기 시간이나 정성을 헤아리지 않는다. 오직 돈을 벌겠다는 생각만이 간호사의 손을 인도한다면 어떻게 환자의 회복을 기대하겠는가.(간호사 월급은 심하게 적은 편이다. 푸리에주의적 시각에서 임금 체계를 뒤집어야 할 필요가 있지 싶다. 수고에 비해 보상이 적은 직종의 임금을 확 올려야 할 것이다.) 이렇듯,

이 세상 어느 곳도 손익 법칙만이 지배하지는 않는다. 우리가 이미 보았듯이 자유로운 기업 활동을 찬양하는 골수 자본주의 국가 미국조차도 걸핏하면 확 타오르는 애국심과 보편적으로 존재하는 종교심과 예리한 연대의식으로 균형을 맞추고 있다. 돈은 무신無神의 기계로, 뭐든지 거래하게 해주긴 하지만 사람들 사이를 잡아주지는 못한다. 진짜 유대는 운명을 함께하며 개인을 뛰어넘어 집단적 창조를 이루어내는 시민의 공동체 안에서, 오랜 시간에 걸쳐 구축된다.

경제자유주의와 정치적 우파의 보수주의에는 모종의 동질성이 있다. 기술과 혁신이 위세를 떨칠수록 엄격한 규칙, 가족제도, 도덕성, 종교로 기강을 잡으려는 태도가 그렇다. 시장의 법칙을 다스릴 수는 없으니 개인의 본능을 다스리자는 것인가. 좌파의 계산은 정반대다. 좌파는 경제적 욕구를 제한함으로써 개인의 욕구를 해방시키려 한다. 만인에게 부를 고루 분배하여 각자 자기만의 에덴동산에서 뛰어놀면서 모든 쾌락을 즐기라는 식이다. 두 진영 모두 근본적인 모순에 붙들리기는 마찬가지다.

움직이는 경계선

앙시앵 레짐 이후로 바뀐 점이 있다. 이제 아무것도 당연하지가 않다. 우리는 자유와 평등의 이름으로 의례, 생활방식, 예법을 재고

했다. 우리의 가치관 자체도 옛날에는 신이 내려주신 것, 전통으로 정해진 것이었지만 이제는 격렬한 토론 대상이 된다. 법으로 금지되었거나 관습으로 제한되었던 개인 혹은 집단의 욕구에 기적처럼 해답을 제시한 것이 바로 시장이다. 인간의 가장 민감한 사안에까지(대리모, 입양, 장기매매 등) 시장이 들어왔다면 그 이유는 시장이 우리의 치기 어린 욕망에 동맹군처럼 나타나 아무것도 포기할 필요 없다고 속삭여주었기 때문이다. 시장은 언제나 아주 근본적인 열망에 찰싹 달라붙어 자유의 깃발을 흔들면서 법을 피해 그 열망을 만족시켜주겠노라 제안한다.

비난해야 할 것은 그릇된 열망이지 돈이라는 매개체가 아니다. 심사숙고, 합의, 투표로도 개인의 요구사항이 좌절될 때 시장은 최후의 보루로서 개입한다. 경제라는 면만 생각한다면 낙태를 원하는 여성은 세상에 불임 부부가 많으니 일단 아이를 낳은 후 입양을 보내야 할 것이고, 건강하고 똑똑한 여대생은 자기 난자를 5만 달러에 팔 수도 있을 것이다.[19] '베이비 비즈니스'는 성별, 인종, 눈동자 색깔, 지능까지 옵션으로 달고 급성장했다. 또한 자식을 갖고 싶다는 바람은 우리 사회에서 가장 돈이 많이 드는 욕망 중 하나가 되었다. 돈은 그런 절차를 가속화했고 예비 부모들에게 풍부한 옵션을 펼쳐 보였다. 그러나 돈은 장차 부모와 자식이 맺게 될 관계를 해결해주지 않으며, 장차 인간이 누리게 될 삶의 질도 예측해주지 않는다. 돈은 매번 시동장치는 되지 못한 채 촉진장치 역할만 하고, 정당성을 따지지 않은 채 우리 탐욕을 이용한다. 우리는 돈이 기적적인 해결책인 것처럼 여기지만 이 해결책은 그 자체가 문젯거리다.

민주주의 체제는 전반적으로 약 1세기 전부터 금지의 영역을 줄이고 자유의 영역을 그만큼 넓혀왔다. 그러나 무제한적인 확장은 무정부상태나 와해를 몰고 올 수 있다. 민주주의라는 세계에서 진리로 통하던 것들은 분명히 철회되거나 재고될 수 있지만 그것도 어느 선까지다. 살인, 근친상간, 폭력, 노예제 등의 근본적 금지를 제외하면 합법성이란 순전히 우리가 정한 것이다. 얼마나 아찔한 일인가. 용인되는 것과 그렇지 않은 것을 언제 어느 때라도 우리가 결정할 수 있지 않은가. 우리 눈을 밝혀줄 궁극의 구원자는 이제 없고 다소 예의를 지킨 관념들의 충돌이 있을 뿐이다.

개인 혹은 사적 집단의 비합리적인 요구에 대해서는 돈이 지배하더라도 치명적인 폐해는 없는 영역을 한정해두는 것이 중요하다. 돈이 지배하면 안 되는 영역이란 학교, 법의 심판, 정치, 출산, 공공 서비스, 나아가 해양, 땅, 우주까지 들 수 있겠다. 각 세대는 거래될 수 있는 것과 그렇지 않은 것을 논의하고 고민해서 집단으로서 결정해야 할 것이다. 어떤 사람들이 원하는 바와 사회가 거부하는 것의 경계선은 움직일 수 있지만 어쨌든 이 경계선은 대단히 중요하다. 이 선을 폐기하면 우리가 죽는다. 이 경계선만이 지켜야 할 금기, 정신 나간 개인과 로비 단체의 요구에 대한 저항을 결정짓는다. 데카르트의 말마따나 "세계의 질서보다는 자기 욕망을 제압하는" 편이 낫기 때문이다. 자유의 구렁텅이란 그런 것이다.

모든 것이 돈으로 팔리진 않는다. 시장이 정치, 교육, 애정의 관계를 대체할 수 없으며 공적인 삶의 모든 영역에 적용될 수도 없다. 그 점은 두말할 필요 없이 자명하다. 심지어 그렇게 될 수 있다 해도 우리가 바라지 않을 것이다. 하이에크 식의 유토피아는 이런 면에서 공산주의자들의 유토피아 못지않게 순진해빠졌다. 하지만 위험의 위계는 파악할 수 있어야 한다. 돈을 주고 새치기하기, 돈을 내고 공중화장실 광고판 사기, 투표권 매수, 재판 담당 판사에게 뇌물 주기 등을 전부 동일선상에 놓을 수 있는가? 혹은 정권을 조종하거나 영향을 미칠 가능성을 돈으로 살 수 있다면? 가령 미국 대법원은 2010년 1월 21일 부로 기업이나 노조가 선거운동자금을 자유로이 지원할 수 있다는 판결을 내렸다. 불멸 산업이 최고 부자들을 더 오래 살게 하려고 그들의 장기를 복제하고 뇌를 냉동보관해주는 '주차장 자리 맡기' 비슷하게 흘러가고 있다는 사실도 잊지 말자. 이런 것들은 위대한 위업이지만 사회계약 전체를 위태롭게 한다.

무엇이 충격적인가? 많은 것이 돈으로 거래될 수 있다는 사실이? 아니면 나라 전체가 가난, 굶주림, 폭력에 시달린다는 사실이? 운전자들이 차량 흐름이 원활한 왼쪽 차선을 타기 위해서 캘리포니아의 일부 고속도로에서는 일부러 매춘부를 차에 태운다는 사실이 놀라운가?[20] (차량에 탑승한 인원이 최소 두 명은 되어야 그쪽 차선을 탈수 있기 때문이다.) 혹은, 젊은 날의 중요한 시기를 돈이 없어서 공부를 제대로 못하고 날려 보낸다는 사실이 놀라운가? 이것이 모럴리스트들의 문제다. 그들은 정말로 가증스러운 일에 분노하지 않기 위해 자잘한 일을 붙잡고 성을 낸다. 그들은 세부사항에만 완고하고 정작 최악은 외면한다.

잊을 만하면 고개를 드는 반자본주의

지금의 반자본주의에는 통찰, 비난, 예언이라는 세 가지 이론적 유익이 집중되어 있다. 반자본주의로 모든 것을 설명할 수 있고, 모든 것을 비판할 수 있고, 모든 것을 예고할 수 있다. 반자본주의를 설파하는 사람은 한 수 위의 혜안과 전략적 시각을 겸비했다는 장점을 누린다. 이 사상은 이제 환경을 비롯해 새로운 여러 명분을 통합한 덕분에 수세대에게 명실상부한 인생 프로그램이 된다. 기후 위기와 시장 비판을 연결 지을 수 있으니 꿩 먹고 알 먹기요, 탐색의 장을 전 지구 차원으로 확대하기도 용이하다.

자본주의는 지금 중세 유럽에서 사탄이 담당했던 역할을 맡고 있다. 자본주의의 죄목이 하루가 다르게 늘어난다. 뭐가 좀 잘 안 풀리면 다 자본주의 때문이다. 심지어, 자본주의의 적진에는 부족이 많기도 하다. 일단 공산주의에 향수를 버리지 못한 족속(프랑스에서만 꼽아보자면 알랭 바디우Alain Badiou, 에티엔 발리바르Étienne Balibar, 자크 랑시에르Jacques Rancière), 현대성을 비판하는 족속(슬로베니아 출신의 슬라보예 지젝Slavoj Žižek, 이탈리아의 안토니오 네그리Toni Negri), 반자유주의 보수파(장클로드 미셰아Jean-Claude Michéa), 대재앙을 경고하는 메시아주의자(미국의 이매뉴얼 월러스테인Immanuel Wallerstein), 탈성장을 부르짖는 급진적 환경주의자 족속(나오미 클라인Naomi Klein, 니콜라 윌로Nicolas Hulot, 장피에르 뒤피Jean-Pierre Dupuy), 신앙인(교황 프란체스코, 이슬람 정통주의자 타리크 라마단Tariq Ramadan), 극우-극좌 족속(마린 르 펜Marine Le Pen의 국민전선, 장뤼크 멜랑숑Jean-Luc Mélenchon의 좌파전선, 올리비에 브장스노Olivier Besancenot의 반자본주의신당) 등이 있다.

　이 사상가, 경제학자, 종교인 들은 자본주의를 열렬히 미워한 나머지 자기가 없애려는 체제에 꽤나 집착하는 듯 보인다는 점에서 특히 인상적이다. 그들은 무조건 반대하고 본다. 자본주의를 고발하는 쾌감을 빼앗기지 않으려고 자본주의를 유지하기 원한다. 지성깨나 있다는 사람들이 자본주의는 망할 거라고 설명한 지 2세기가 다 됐다. 이매뉴얼 월러스테인은 2013년 7월 『뤼마니테』와의 인터뷰에서도 "[자본주의의] 끝이 임박했다"고 했다. 하지만 그 끝은 아직도 완결되지 않았다. 어떤 이들은 메시아를 기다리듯 그 끝을 기다린다. 자본주의의 끝은 내년으로 보류되고, 또 그다음 해로 보류된다. 이 믿음에 대한 반박은 자본주의의 몰락을 다시금 확신하게끔 부채질하는 수단이 된다. 자본주의자와 자본주의를 성토하는 자의 떼려야 뗄 수 없는 관계를 경계하자. 그들은 피차 분노로 찰싹 달라붙어 있고 한쪽이 다른 쪽을 죽어라 욕하는 것 같으면서 힘을 불어넣어준다. 과격함은 무력함의 증거다. 희망이 아예 없는 자만이 죽기 살기로 덤빌 수 있다.

돈의 독재는 과거에 최악이었다

세상에 공짜는 아무것도 남지 않을 거라는 생각은 현대사에서 지배적이었다. 많은 거물이 그런 생각을 퍼뜨렸다. 18세기부터 영국에서는 신흥 부자와 은행가 세력이 부상함에 따라 돈이 "명예, 우정, 가족관계, 혈족관계, 애정관계보다 더 지속적인 관계"(볼링브로크)[21]가 될지 모른다는 우려가 일어났다. 이때부터 애덤 스미스를 위시한 자유주의의 이론가들은 몽테스키외의 온화한 상업doux commerce 이론에 맞서서 군인정신의 실추, 지성의 위축, 교육지도에 대한 멸시를 고발했다.[22] 요컨대, 사회를 장사로만 엮는다는 것은, 장사가 모든 관계를 침범한다는 것은 그 시대에도 이미 모래 위에 집짓기로 여겨졌다. 그렇지만 몇 가지 빤한 얘기를 상기하기 바란다. 과거에도 그렇고 오늘날도 그렇고, 사랑이나 우정은 돈으로 살 수 없다.(몸 쓰는 일에 사람을 동원하거나 충직한 서비스를 구매할 수는 있지만 그런 것이 사랑이나 우정은 아니다.) 공직, 명예, 욕망, 공적인 평가도 돈으로 살 수 없다.

돈의 독재에 관해서라면 오히려 이전 시대에 더 문제가 많았다. 노예제도나 강제혼인의 경우, 빠져나갈 구멍 하나 없이 사람이 통째로 팔려나갔다 해도 과언이 아니다. 솔론 이전 시대 그리스에서는 빚을 갚지 못한 사람을 완전히 상품으로 간주했다. 카를 5세 같은 일부 황제는 제후들의 선거에서 돈으로 표를 샀다. 중세시대의 몸값 관행은 귀족의 주요한 자금원이었고 노략질이나 전리품은 전사의 구미를 당겼다. 적을 죽여 그의 무구와 검을 되파는 일은 예사였고, 적군의 가족을 포로로 잡아 몸값을 받고 풀어주기도 했다. 아예 그리스도교 포로를 이방인 도적에게서 되사오는 일만 전문으로 하는 성직 위계가 있었을 정도다. 14세기 영국 왕 에드워드 2세와 에드워드 3세는 빚진 것을 반환할 때까지 자기 친구들을 볼모로 보냈다. 캔터베리 대주교는 1340년에 국왕의 빚에 저당 잡혀 브라반트로 가야만 했다.[23] 1356년 푸아티에 전투에서 패배한 장 르 봉은 수백만 에퀴를 지불하고서야 석방되었다. 이 보상금이 프랑스 왕국의 재정을 말아먹은 탓에 프랑이라는 새로운 화폐가 등장했다.

단테도 트레첸토, 즉 14세기 이탈리아의 도시 부르주아, 귀족, 성직자의 탐욕에 파문을 내린 바 있다.[24] 모럴리스트들은 17세기 암스테르담의 무서운 도박 열풍을 고발한다. 도박장, 사창가, 왕궁을 가리지 않고 내기 판이 벌어졌다. 곧 태어날 아기의 성별, 무모한 원정대의 운명, 어느 거물이 곧 죽을 확률, 심지어 본인이 몇 살에 죽을 것인가, 페스트가 전염될 것인가 등등을 두고도 모든 계급에서 내기가 판을 쳤다.[25] 같은 시기 네덜란드의 튤립 파동, 라브뤼예르가 프랑스에 도착해서 조롱했던 이 일종의 에로틱한 폭주는 온 국민을 튤립 구근 몇 개에 가산을 탕진하게끔 몰아갔다. 모두가 동양에서 들여온 이 꽃을 수집하고 싶어 했기 때문이다. 튤립은 국제적 광풍을 일으켰다.[26] 그때 이미 어떤 물건이든, 일개 꽃의 구근조차도—예술의 반열에 올라 있던 꽃이긴 하지만—황금이나 다이아몬드보다 더 값이 나갈 수 있고 특화된 거래와 집단의 열광을 불러

올 수 있었던 것이다.

　현재도 비자본주의, 비민주주의 국가에는 가장 추악한 지배의 형태가 남아 있고 아이들이라고 해서 예외는 아니다. 노예제도가 폐지된 지 한 세기가 넘었고(노예제도의 대용품인 농노나 연계봉공[27] 계약도 포함하여) 시장경제가 수립된 지도 대충 그쯤 됐다. 그러나 20세기 들어 1917년 볼셰비키 혁명은 재교육수용소와 강제수용소에서 수백만 명을 죽음에 몰아넣었고(중국의 마오쩌둥주의와 캄보디아의 폴포트주의가 이를 본받았다) 1933년에는 독일의 국가사회주의가 집단수용소에서 수많은 이들을 처형하거나 죽도록 부려먹었다. 1970년대 말 니콜라에 차우셰스쿠도 연방 독일에 수만 명의 독일계 루마니아인을 '팔아넘기고' 10억 마르크 이상을 공산주의 정권에 끌어오는 짭짤한 장사를 했다. 아무리 먼 조상이라도 독일인의 피를 이어받은 루마니아인은 국가가 제공한 공교육 비용을 상환해야 한다는 핑계로 세금을 내야 했다. 마지막으로, 2014년 이후로 이슬람 국가는 자기 영토 내에서 다음과 같은 기준을 정해놓고 있다. 그리스도교나 예지드교 여자의 몸값은 9세 이하 138유로로, 열 살부터 스무 살까지 108유로로, 스물한 살에서 서른 살까지는 69유로로, 쉰 살 이후는 가치가 없는 것으로 책정되었다. 그리고 여자의 눈동자 색깔이 파란색이면 값을 더 받을 수 있다.[28]

문명의 요인

세계의 상품화에 대한 비판은 자본주의만큼이나 오래되었다. 그러나 돈이 문명의 한 요인이기도 하다는 사실에는 이론의 여지가 없다. 로마법에서 전쟁 범죄나 인륜을 저버린 범죄 피해자에게 지급하는 보상금은 잔인한 복수가 꼬리에 꼬리를 물고 이어지지 않도록 대비하는 수단이었다. 로베르트 무질의 작중인물 아른하임은 신에게 이렇게 말한다. "[돈은] 정신화된 폭력입니다. 아주 특별하고 유연하며 세련되고 창조적인 폭력의 한 형태랄까요. 영리사업은 사기와 착취, 책략과 속박에 바탕을 둔다기보다는 아예 자유의 탈을 쓴 채 문명화되고 인간의 내면으로 이전되었습니다. 자본주의는 부자가 될 수 있는 가능성의 위계에 따르는 이기심의 조직화로서 가장 완벽한 질서이면서도 우리가 당신의 영광에 대하여 설정할 수 있었던 가장 인간적인 질서입니다."[29]

돈은 빚을 수량화함으로써 제한하고, 심각한 피해를 입은 사람들에게 보상하는 역할을 한다. 돈은 회유하고 달래는 요소다. 돈은 복수심을 부의 재분배에 대한 열망으로 우회시키는 효과가 있다. 인명의 희생을 예고하고 어느 정도의 금액으로 증류해내는 바로 그 역할을 한다고 할까. 아무리 큰 금액이라도 피를 흘리는 것보다는 돈으로 때우는 게 낫다. 돈이 각기 다른 상황과 존재에 적용될 수 있는 등가물로서의 위상을 지녔기 때문에 이러한 조치가 가능하다. "인간은 목숨을 빼앗을 수 있는 공격을 문명 질서의 소송이나 분쟁으로 환원할 수 있는 한에서만, 처벌을 보상 가능한 것으로서 보상하고 악인을 교화할 수 있는 한에서만 인간으로서 태어난 것이다."(에마뉘엘 레비나스)[30]

부상, 장애, 파손된 신체기관을 보상할 수 있는 것은 없다. 특히 동일성의 훼손은 무엇으로도 보상되지 않는다. 그러나 금전적 보상은 손상당한 신체기관이나 기능을 대체하지는 못할지언정 적어도 대용물을 제안하기는 한다. 칸트가 뭐라고 했던가. "목적의 왕국에서 모든 것은 가격이 있거나 존엄성이 있다. 가격이 있는 것은 동일한 가격의 다른 것으로 대체될 수 있다는 상대적 가치를 지닌다. 그러나 존엄성이 있는 것은 가격을 초월한 것으로서 대체 불가능한 가치를 지닌다."[31]

그러나 인간은 존엄성을 지니는 한에서만 가격이 있다. 여기서 존엄성은 가격의 조건일 뿐, 가격을 배제하지 않는다. 우리는 모든 인간이 존엄하다고 생각하니까 (비록 도덕적인 처사는 아닐지라도) 사람의 목숨 값을 매기려 드는 것이다. 살 가치가 없다고 판단되는 자들은 타자에게 예속당하거나 죽음을 당한다. 계산적인 노예폐지론도 불법적인 계약을 부추겼다. 가령, 중농주의자 피에르 사뮈엘 뒤퐁 느무르Pierre-Samuel du Pont de Nemours(1739~1817)는 노예를 부리는 비용과 자유노동 가격을 비교해서 플랜테이션 농장주나 식민국가 입장에서는 오히려 흑인들을 노예제도에서 해방시키는 편이 더 실속 있다고 주장했다. 더러운 계산속이지만 미덕에도 플러스가 되는 이러한 생각이 대대적인 노예제 폐지 운동에 수반되었다.[32]

수는 아름답다. 플라톤은 신비로운 수점이 순수한 이데아를 관조하게 해준다고 보았다. 수를 통해 우리 정신은 물리적인 세계와 독립적으로 존재하는 원, 사각형, 삼각형 등의 도형처럼 완벽한 추상에 미친다.[33] 수는 각 사물을 교환 가능하게 할 뿐만 아니라 환하게 비춰준다. 르네상스 이후로 수는 신의 표상 방식으로 통하기도 했다. 갈릴레이의 말대로라면 "수학은 신께서 우주를 쓰신 언어의 알파벳"이기 때문이다. 수로 표현할 수 없는 가치를 수호하는 기사들은 세계의 수학화가 얼마나 큰일을 해주었는지 망각한 채 반기만 든다. 헤겔의 말마따나 어느 수준까지는 양이 질로 변환될 수 있다. 양화가 우리의 지각과 극도로 비슷해지면 우리가 현실을 아주 미세한 부분까지 포착하는 데 도움이 된다. 14세기에 고안된, 자산과 부채를 따지는 회계는 행상과 장사치의 항해일지와 비슷했다.[34] 회계장부는 절약 혹은 낭비를 그대로 보여주는 휴대 가능한 비망록, 혹은 바람직한 행동이나 그렇지 않은 행동의 교본이기도 했다. 돈의 원칙적인 중립성, 변환 가능성은 온갖 기상천외하고 동떨어진 상황들을 포용하고 무한히 작은 부분까지 인정해준다.

시장의 무력함

거칠게 한데 묶어 말하자면 서구 세계는 앙시앵 레짐이라는 불공정한 체제에 종지부를 찍은 사회다. 이 세계는 인간, 자유 그리고 근본적인 권리를 매매될 수 없는 것으로 정했다.[35] 이 세계에는 언뜻 생각하면 오해하기 쉬운 모순이 있다. 상업적 영역이 다른 영역들까지 침범하는 특권을 누린다는 비판이 많긴 하지만, 완전한 자본주의 시대는 소외되어서는 안 될 것에 대한 보호가 오히려 확대된 시대다. 따라서 "시장이 우리 삶을 과거 어느 때보다도 지배한다"(마이클 샌델)는 주장은 사실이 아니다. 오히려 그 반대로, 상품화의 범위가 본의 아니게 한 세기 전부터 계속 축소되고 있다. 19세기에 서양에서 노예제는 완전히 사라졌고 결혼도 가문과 가문 사이의 거래에서 (여전히 경제적 차원이 고려되기는 하지만) 개인의 연애에 좌우되는 행위가 되었다.

연대, 자선, 존엄성이 이렇게 찬양받은 시대는 일찍이 없었다. 어디서나 진실성, 진정성, 참된 존중이 가면놀음이나 복종과 지배 관계보다 높이 평가받는다. 흔히들 생각하는 바와 달리, 앙시앵 레짐 사회보다 현대사회는 신성한 가치의 범주를 더욱 강화했다. 앙시앵 레짐 사회는 (제도화되고 의례화된) 종교성은 더 투철할지 몰라도 그 근본에는 인류의 일부—노예, 식민지배를 받은 민족, 여성, 아동, 농노, 평민 등—를 격하시키는 태도가 있기 때문이다. 우리 사회에서 매춘은 늘 지탄받고 대리모, 영아 매매자와 매수자, 가난한 자의 육체를 부자를 위해 알선하는 장기 밀매업자, 이민자들의 절망으로 제 배를 불리는 불법이민 브로커 등은 언제나 격렬한 논쟁과 비판의 주제가 된다. 이런 것만 봐도 상업지상주의 세계관이 정말로 승리했다고 보기는 어렵지 않은가. 인터넷에서는 언제라도 영혼을 팔고 싶은 유혹에 빠질 수 있다. 위험한 것은 (유혹이 아니라) 아무도 그 유혹을 지탄하지 않는다는 점이다.

사람이 하는 일에 경제적 측면이 있다고 해서 경제를 여타 활동보다 우위에 둘 수는 없다. 미국의 사회학자 비비애나 A. 젤리저 Viviana A. Zelizer가 잘 보여주었듯이[36] 우리는 돈을 계속해서 인간적이고 사회적인 논리에 적응시킨다. 돈이 그러한 논리가 원하는 대로 숙이고 들어간다는 얘기다. 뇌물, 팁, 보너스, 월급, 폭리, 유산은 돈의 용도와 출처를 암시함으로써 사회적, 가족적 관계를 드러낸다. 이렇게 돈은 늘 특정하게만 존재한다. 그래서 돈은 친밀한 관계를 관리하든 갈등 관계를 관리하든 우열이 없고, 통과의례를 나타내며, 집단정체성을 강화하기도 한다.[37] 똑같은 돈을 두고도 어떤 수고를 들였느냐에 따라서 사례금, 담보, 수당, 부조금, 기본급, 지불금, 급여, 미불금(할인액) 등으로 명칭이 달라지지 않는가? 돈은 세상의 마법을 깨뜨린다기보다는 각 사회, 각 집단에서 놀라운 재적응의 대상이 된다. 돈은 유연하게 각자의 개성에 적응하기 때문에 토착 문화나 특수한 사용을 방해하지 않는다.[38]

획일화가 두렵다고? 돈은 오히려 다각적 사용의 여지를 열어준다. 돈의 융통성은 인간의 어떤 감정과도 결합할 수 있으며, 사회생활을 삭막하게 만드는 것은 돈이 아니다. '금융(이 석연치 않는 단어는 돈에 뭔가 음모적인 차원이 있는 것 같은 인상을 주지만)'이 세계를 이끌 것이라는 믿음은 그만큼 실체를 명확하게 파악하고 싶다는 욕구를 나타낸다. 지상에 지고의 권능은 없고 단지 잘게 부스러진 권능의

디렉토리만 있다. 그 권능들이 서로 협상하고, 영향력을 행사하고, 서로 억제하는 것이다. GAFA(구글, 애플, 페이스북, 아마존) 같은 거대 기업은 피차 매우 의존적이기 때문에 여차하면 공멸할 수도 있다. 돈은 아마도 "세계시민"(폴 조리옹Paul Jorion)이겠지만 돈이 세상의 은폐된 군주일지도 모른다는 생각은 성찰과 주술을 혼동한 것이다.

돈이 세상을 지배할 수 있다면 만사가 훨씬 단순할 것이다. 그것만으로도 싸워야 할 대상의 이름과 인상착의가 나온다고 할까. 그 적만 제압하면 다시금 사랑과 화합이 세상을 지배하리라. 모든 체제, 모든 시대, 그야말로 도처에 돈이 존재하지만 돈은 인간 정념의 일부만 차지하고 있을 뿐임을 우리는 확인하게 된다. 지금 지구를 피로 물들이는 전쟁에서도 우리는 제국주의적 야심이나 종교적 광신을 먼저 보지, 오로지 금전적 동기만 따로 떼놓고 보는 경우는 드물다. 경제에 집착하는 우리 시대에나 돈이 세상을 지배한다고 믿는다. **우리 안의 믿음을 우리가 먼저 사물에 투입해놓고는 사물에서 그 믿음이 보인다고 놀라워하는 격이다.**

심지어 테러리즘이나 근본주의 신앙 같은 현상을 바라볼 때도 그렇다.[39] 교황 프란체스코는 2015년 11월 27일 케냐에서 파리 테러 사태를 "인격이 아니라 돈이라는 신을 중심에 두는 불의한 국제적 체제"로 설명했다. 교황이 이슬람 급진세력을 고려하여 신중하게 발언한 것은 분명하다. 그러나 그리스도교의 정신적 수장으로서 이렇게 애먼 핑계를 대도 괜찮은 걸까. 증오에는 이유도 없고 까닭도 없다. 증오를 빈곤, 지구온난화, 가뭄, 그 밖의 뭔지 모를 핑계로 정당화하는 것은 증오를 증오로서 사유하지 못한다는 뜻이다.

시장은 참으로 엉큼해서 어느새 자신의 적마저 시장의 언어를 쓰게 만든다. 가령 극좌파는 자본과 상품이 자유롭게 유통되고 사람들이 마음대로 국경을 넘을 수 있어야 한다고 하는데, 그 또한 인간을 상품의 위치에 가져다놓은 한 가지 방식이다. 하지만 인간은 이 상자에서 저 상자로 가뿐하게 옮겨 담을 수 있는 완두콩 따위와 다르다. 인간에게는 기억과 문화가 있고 언어와 신앙도 각기 다를 수 있다. 그렇기 때문에 이민 문제를 이타주의라는 기준으로만 파악할 수 없다. 베르톨트 브레히트는 "착하게만 살고 싶다는 유혹이 무서운 것이다"라고 했다. 명철한 환대와 연민 어린 나르시시즘을 혼동했던 독일 총리 앙겔라 메르켈도 지금 이 교훈을 배우는 중이다.

잠시 계몽주의자들의 소망으로 돌아가자. 유럽을 무릎 꿇게 했던 종교전쟁에서 벗어난 계몽주의 시대는 폭력을 퇴치하고 질서 있는 활동으로 의욕을 불어넣는다는 이중의 책임을 온화한 상업에 맡겼다. 철학자들은 정념과 이성의 중간쯤 위치한 이익이 쾌감 중에서는 가장 사회적이라고, 이익이 공격적 행동을 신중한 계산, 부를 획득하는 재미, 사유재산에 대한 본능으로 대체해준다고 보았다. 싸움을 좋아하는 기사들, 신념에 죽고 사는 인간 대신에 덜 영예롭지만 평화적인 사람들, 즉 욕구에 따르는 인간이 필요했다. 역사의 간계인지, 이익마저도 사람과 사람이 살인을 저지르기에 충분한 정념이 되어버리긴 했지만 말이다.[40] 이 과오는 이중적이다. 첫째, 이익 추구가 불화를 다스릴 수 있다고, 호전적인 인간이 계산적이지만 순한 양이 될 거라고 믿었단 말인가. 미국의 석유 재벌들은 번영이 폭력 문화에 직접적 영향을 미치지 않는다는 점을 잘 보여준다. 둘째, 마르크스주의자들은 구름이 비를 품듯 자본주의가 전쟁을 품은 것으로 착각한다. 그들은 이윤을 없애면 사람들 사이의 갈등도 사라질 것처럼 말한다. 인간의 탈선을 전혀 이해하지 못한 사람들이나 그런 생각을 할 것이다.

20세기만 돌아봐도 금전적 알력보다는 전체주의 이데올로기, 나치즘, 파시즘, 공산주의가 세계를 더 말아먹었다. 아르메니아인, 유대인, 투치족 대학살은 모두 인종적이거나 종교적인 혐오에서 비롯된 참사였다. 지금도 지구상에서 가장 끔찍한 고통에는 시아파 혹은 수니파 과격 이슬람단체, 국제사회에서 배척당하는 국가의 민족통일주의(북한), 제국들의 각성이라는 원인이 있다. 야만은 언제나 이데올로기적이다. 다에시는 돈이 많아서 광신도 전사들을 발탁하는 게 아니라 그네의 극단적인 메시지와 잔인함에 매료된 광신도들을 발탁하기 때문에 돈이 많은 것이다. 그들이 원유 개발, 노략질, 노예제도로 거둬들이는 어마어마한 수익은 그들의 권능과 공포정치가 지니는 여러 면 중 하나일 뿐이다.

작금의 21세기에 두려워해야 할 것은 시장의 거침없는 확대가 아니라 오히려 시장을 저버리고 적대적 세계관들이 죽어라 싸우는 사태다. 이때는 정치적, 국가적, 종교적 정념이 더 큰 문제고 경제는 그다음이 된다. 우리는 머지않아 차라리 돈이 '세계의 주인'이라면 더 낫지 않을까 안타까워하게 되리라.

돈은 돈으로 살 수 있는 것만 산다

금송아지가 지배하는 듯 보이는 영역은 단 하나, 압도적인 탐욕에 휘둘리는 범죄의 세계뿐이다. 그런데 좀 더 가까이 들여다보면 여기도 사정이 복잡하다. 조직적 폭력의 세계에서도 돈은 권력, 즉 패밀리에 대한 지배의 발판일 뿐이다. 마피아들의 놀라운 결속력은 곧잘 옥살이, 고문, 암살에도 무너지지 않는다. 그들은 짭짤한 돈벌이보다 약속을 중시하거나 조직에 신의를 지키는 쪽을 택하곤 한다. 솔직히 경찰이나 경쟁조직에 '팔려갈' 수도 있는 조직원은 최악이다. 이 경우, 육체적 고통을 주는 처벌만이 가능하다. 냉혹한 위계질서, 대장에게 바치는 충성, 독재자들을 존중하듯 자기 위 '형님들'을 존중하는 태도가 돈 나올 구멍보다 우선이다. 심지어 불한당들에게도 금전적 보상보다 한 차원 위에 있는 약속과 계약의 세계가 있다.(그래서 첩보원 세계 특유의 배신강박도 있는 것이다.)

사실, 범죄세계에는 저속하면서도 원색적인 스타일이 있다. 그들만의 패션, 과시적이고 시끄러운 자가용, 돈 자랑 같은 고급시계와 장신구, 떠들썩한 파티, 예쁘고 몸매 좋은 여성들을 끼고 다니는 태도가 그렇다. 여기서 두려움과 시기심을 불러일으키겠다는 의지가 보인다. 의형제들끼리의 관계는 거래가 아니라 명예요, 그들은 조직의 이방인을 가차 없이 쳐낼 수 있다. 돈으로 조폭 정신을 정의할 수 있다고 생각하면 오산이다. 그보다는 어떤 이름을 중심으로 하나의 제국을 건설하는 것이 더 중요하다.(콜레오네나 토토 리나Toto Riina의 경우처럼 조직은 혈연이나 지연에서 출발하기도 한다.) 깡패집단도 지배를 원하면 군대 뺨치게 기강을 확실히 해야 한다. 그런 조직이 뜯어낸 돈은 조직이 지닌 힘의 표시일 뿐이다. 라틴아메리카 마약 카르텔의 잔혹 무도함을 오로지 돈 욕심으로만 설명할 수 있을까. 목을 베고, 몸뚱이를 매달고, 시신을 토막 내고, 패권을 잡기 위해서라면 학살도 서슴지 않는 이유가 순전히 돈 때문일까.

미국 드라마 「브레이킹 배드Breaking Bad」에서 화학교사 월터 화이트는 암 투병 비용을 벌기 위해 뉴멕시코에서 메타돈이라는 마약 제조에 뛰어든다. 그는 창문에서 마구 지폐를 뿌릴 만큼 떼돈을 벌어들인다. "나는 살아 있는 기분이 들어서 그 일을 한 겁니다." 악당들은 나이가 지긋하게 들어서까지도 무법자 생활, 강탈, 강도짓, 두목 노릇, 위반에 따르는 흥분을 삶의 이유로 여긴다. 그들은 돈을 탐해서라기보다는 아웃사이더의 삶이 좋아서 그렇게 사는 것이다. 범죄에서 손을 뗀 악당이 옛 친구들을 도와서 마지막으로 크게 불법침입이나 유괴를 한 건 하다가 결국 발목을 잡힌다는 스토리는 스릴러 장르에서 참 흔하다. 그런 스토리는 한 밑천 마련해 돈 걱정 없이 사는 것이 악당들의 진짜 동기가 아님을 말한다. 그들은 짜릿한 흥분 상태에서 하얗게 불태우기를 원한다.

웬만큼 유복한 삶이 가난보다 훨씬 낫다. 가난을 피해서, 혹은 좀 더 잘살고 싶다는 보편적 욕망으로 자기 삶의 터전을 떠나간 사람들이 그 증거다. 우리가 물질적 풍요에 더 나은 삶만을 기대한다면 그렇게까지 경종을 울릴 필요도 없을 것이다. 지상의 재화에 관심을 두지 않는 자세도 감탄스럽지만 "산업의 축제는 이제 끝났다"(한스 요나스)는 거짓된 핑계로 젊은 세대에게 그러한 초연함을 강요해선 안 된다.

지금 프랑스에서 매주 하고 있는 짓거리는 젊은이의 사기를 꺾을 뿐이다. 젊은이들은 뭔가 새롭게 만들고 싶고 창조하고 싶어서 몸이 근질근질한데 허구한 날 금송아지를 욕하고 사소한 상업적·산업적 성공을 약탈이나 부정행위로 의심하면 무슨 도움이 되나. 그래서 이 나라의 뛰어난 인재들은 자기네 재주가 제대로 인정받고 보상받는 나라로 떠나기 십상이다. 기업정신, 새로운 것을 시도하는 감각, 이윤 추구는 그 자체로 절대 부끄러운 것이 아니다. 더러운 돈이 존재한다면 자신의 노동, 지성, 담대함으로 벌어들인 정의로운 돈도 분명 있다. 화폐가 제기하는 문제 중에서 돈이 없어서 생기는 문제만큼 심각하고 절박한 것은 없다.

이 질문을 제기해보자. **세상이 팔 수 있는 것이 되었다는데 웬일로 아직까지도 살 것이 남아 있단 말인가?**

화폐로서의 예술에 대하여

빅토르 위고는 이렇게 말했다. "모든 위대한 작가는 자기 초상이 들어간 산문을 주조한다. (…) 시인도 작가와 마찬가지다. 그들은 화폐를 찍어내야 한다. 그들이 유통시키는 사상에 그들의 초상이 남아 있어야 한다."[41] 발레리는 이 주장에 냉소적으로 화답한다. "위고는 억만장자다. 억만장자가 우두머리는 아니다."[42] 흥미롭게도 마르크스의 사위 폴 라파르그도 『파리의 노트르담』의 저자에게 동일한 비판을 제기한다. 라파르그는 생트 펠라지 감옥에 수감 중이던 1885년 5~6월에 빅토르 위고가 신념을 저버렸다고, 무엇보다 "선량한 척하는 이 반동분자가 (…) 가난한 자들과 그들의 돈을 참으로 좋아했다"(엥겔스에게 보낸 편지)고 말한다.[43]

책을 쓰고, 그림을 그리고, 영화를 찍는 활동은 대중이 가치를 결정하는 유가증권을 발행하는 것과 비슷하다. 작가는 글을 팔아 돈을 얻는다. 그래서 라 퐁텐은 푸케 재상에게 일종의 '시詩 연금'으로 원조를 받았다. 결국 예술작품도 화폐처럼 신뢰, 절대 속지 않을 거라는 확신이라는 보잘것없는 초석을 기반으로 삼는다. '어떤 이야기를 액면가대로 받아들이다prendre une histoire pour argent comptant'라는 표현은 돈에 새겨진 액수를 믿고 계산을 하듯 어떤 이야기를 곧이곧대로 믿는다는 뜻이다.

움직이지 않고 작은 무리에 한정된 예술작품은 사산아와도 같다. 가령, 책은 결코 열어보지 않는 무덤, 라자로가 부활할 수 없는 무덤으로 남기도 하고 수많은 이들의 손을 타면서 점점 더 풍부해지기도 한다. 그림, 영화, 음악도 마찬가지다. 예술작품은 아주 많은 사람의 것이 될 때 고귀한 성격을 띤다. 작품은 많은 이에게 다가가고, 논의되고, 화젯거리가 되고, 격찬을 받아야 한다. 예술작품은 가장 불안정한 시장, 그 본질상 변덕스러울 수밖에 없는 의견들의 시장으로 나온다. 우리는 쏟아져 나오는 소설, 영화, 노래, 전시회에 숨이 막힐 지경이지만 어제까지만 해도 작가들을 사랑하고 숭배했던 바로 그 대중이 다음 날 당장 악의도 없이 순진무구하게 그들을 기억에서 지울 것이다.

말라르메는 시인을 언어의 연금술사라고 했다. 시인은 은행가의 속된 말, 저 광채 없는 신을 멀리하고 철학의 황금을 찾는다. 그는 예술작품은 '임금 계약'을 벗어나 있다고 보았다.[44] 그러나 체계에 굴하지 않는 이 이상적 시인이 오히려 그 체계를 확인해주지는 않는가? 예술계는 그 어느 바닥보다도 다원주의에 충실하다. 선택받으면 살아남고 선택받지 못하면 사라진다. 이 업계는 전통적으로 좌편향이지만 시장의 법칙이 가차 없이 적용되는 곳이기도 하다. 화가, 음악가, 배우, 영화감독, 작가는 타자의 견해로 가치가 정해진다. 그 가치는 떨어지고 결국 '한물간 사람has-been'으로 규정될 것이다.

예술가의 산정 가치는 사람들이 믿어주지 않으면 폭락한다. 쇼비즈니스 업계나 지식인 계층 거물이 겉으로 보여주는 관대함과 사람들 사이의 날카롭고 과민한 대립은 큰 차이가 있다. 문학계의 보헤미안, 전위파 무리에게는 대중의 지지 아니면 무관심밖에 없다. 검투사의 경기를 지켜보는 로마 황제처럼 대중이 엄지를 척드느냐 내리느냐에 모든 것이 달렸다. 이것이 자유와 상상력을 선택한 대가일까. 한 작품의 가치는 그 작품의 권위가 설 때 통한다. 작품이 감상자들로부터 얻을 수 있는 여러 가지 의미로써 다시 감상자들을 향상시키는 경우가 바로 그런 때다. 이렇게 권위를 얻은 작품은 비로소 열광과 냉담의 변덕에서 벗어나 일종의 영생을 누린다.

제6장　풍요가 불행을 낳는가

"돈이 행복을 주지 않는다면 돌려줘라!"

—쥘 르나르

어떤 갱스터가 썩어빠진 경찰과 불성실한 출납계 직원을 구워삶은 후 공범들과 함께 경마장 털이에 나섰다. 그들의 계획은 완벽했고 실제로 200만 달러를 터는 데 성공도 했다. 그러나 일당은 돈을 나누다가 싸움이 나서 서로 죽이고 난리가 났다. 주동자는 모조가죽 여행 가방에 현금을 바리바리 챙기고는 약혼녀를 데리고 외국으로 튀려 했다. 그러나 계류장에서 짐을 싣고 비행기 화물칸으로 이동하던 카트가 갑자기 급정거를 했다. 이 무슨 운명의 장난일까, 어느 여자가 안고 있던 강아지가 펄쩍 뛰어내려 자동차로 달려들었고 그 때문에 가방들이 카트에서 떨어지고 만다. 자물쇠가 망가지고 수천 장의 지폐가 제트엔진이 뿜어내는 바람에 날아간다. 비장한 한 판 춤이 따로 없다. 100달러짜리 지폐 수천 장이 비처럼 흩날린다. 새로운 인생의 약속을 의미했던 여행 가방이 이제는 상실의 상징이 된다.[1]

현금은 확실한 자유

아주 단순하게 말하자면, 드물게 돈이 넉넉한 순간에는, 돈이 돈을 극복하게 해준다. 돈 걱정을 하지 않아도 된다는 뜻이다. 이때의 돈은 무사태평함의 한 요소로서 돈 계산의 의무에서 우리를 해방시킨다. 돈은 상거래를 해결하기 위해 받아들여야만 하는 종이감옥이라고 할까. 그렇지만 이 감옥은 우리의 여름궁전, 쾌적한 별장이기도 하다. 돈은 우리의 전제군주이자 해방자다. 고국을 떠나야만 하는 국민에게 돈은 움직이는 안식처다. 보석, 돈다발, 금괴의 형태로 어디나 가지고 다닐 수 있는 안식처 말이다. 마지막으로, 돈은 미래지향적인 약속이기도 하다. 돈이 있으면 두려움 없이 '내일'을 말할 수 있지만 돈이 없으면 당장 일주일 뒤를 생각하기 어렵고 한 달 후가 어찌될지 모른다.

주머니에 제법 돈을 가지고 다니는 것만큼 기분 좋은 일이 있을까. 돈은 안심되는 에어백, 초탈한 태도로 넘어가기 위한 통행증이다. 현금liquide[*]이 많다면 삶에 유동성이 생기고 하루하루를 걱정 없이 보낼 수 있다. 우수리와 여유분이 생기기 때문에 길고 복잡한 계산을 피할 수 있고 소수점 아래는 대수롭지 않게 무시할 수도 있다. 도스토옙스키는 1862년에 『죽음의 집의 기록』에서 이렇게 썼다. "돈은 짤랑짤랑 확실한 자유다. 진정한 자유를 빼앗긴 인간에게 돈의 가치는 이루 헤아릴 수 없다."

사르트르는 젊은 날에 100만 프랑**을 가지고 다니면서 친구나 돈이 필요한 사람에게 나눠주곤 했다고 한다. 그는 돈을 마구 써버리면서 좋은 일을 한다는 뿌듯함과 물질적 부에 대한 멸시를 동시에 드러낼 수 있었다. 한편에는 귀족적인 너그러움이 있고, 다른 한편에는 타자를 해방시키는 위대한 영혼이 있다. 시몬 드 보부아르의 『작별의 의식La cérémonie des adieux』은 생애 말년의 사르트르가 이제 돈을 다 써버리고 생활비가 부족하지 않을까, 앞으로 보살핌은 잘 받을 수 있을까 등으로 근심하는 모습을 보여준다.[2] 우리는 우리 DNA의 흔적을 흩뿌리듯이 여기저기 조금씩 돈을 쓰고 다닌다. 그 금액은 우리가 살아가기 위해 버려야 하는 것에 해당한다. 생은 조공품을 조금이라도 반드시 미리 떼어간다. 미세한 출혈이 결국은 부담으로 돌아온다.

돈은 우리가 잊을 때 삶의 낙이 된다. 돈이 없다고 생각될 때처럼 돈의 존재가 절실한 때도 없다. "얼마입니까?"라는 물음에 "가

---

* 원래 '액체'라는 뜻이 있고 경제적인 맥락에서는 '유동자산', 즉 '현금'을 뜻한다.
** 이는 구프랑화 기준으로, 신프랑화로는 1만 프랑이다.

격은 문제가 안 돼요"라고 대답할 수 있는 사람은 대부분의 사람에게 중요한 이 문제를 자기는 이미 해결했다고 말하는 것이다. 잘된 일이다. 적절한 만큼의 돈이란 평온함과 걱정 사이의 가느다란 경계선이다. 우리 신체의 장기가 건강할 때는 잠잠한 것처럼 돈이 적절히 있을 때에는 돈 생각을 거의 하지 않아도 된다. 그러한 적절함은 신중하게 지켜봐야 할 필요가 있다. 지금 건강하다고 해서 자기 몸에 완전히 무심할 수는 없듯이, 돈 생각을 아예 하지 않고 살기란 불가능하기 때문이다. 그런 까닭으로 세상 모든 이는, 무엇보다 부자들은 돈 계산을 하지 않을 수 없다.

신용거래: 약속과 빚

현대사회에서 신용의 발명은 욕망의 새로운 양태를 만들어냈다. 이 개념은 1920년대 미국에서 시작되어 1950년대에는 유럽에도 확산되었다. 이로써 인간이 시간과 맺는 관계가 뒤집혔다. 그 전까지는 가계가 어떤 재화를 획득하려면, 가령 집을 사거나 몹시 탐내는 물건을 구입하려면, 오랜 시간 동안 저축을 하면서 대기 상태를 유지해야 했다. 그러나 이제 우리는 미래에서 꾸어온 돈으로 일단 원하는 것을 사고 본다. 좌절을 참고 견디기보다는 즉각적으로 만족하기를 원한다. 모든 것을, 지금 당장. 68혁명의 모토는 언뜻 전복적으로 보이지만 사실상 시장의 모토다. 신용거래만이 내가 원하는 것을 욕망이 일어날 때 바로 하라고 권한다. 그리고 나의 욕망이 그렇게까지 크지 않을까 봐 다양한 유혹을 마련한다. 나의 욕구가 고갈되지 않게끔 현란한 마케팅의 벨리댄스를 내 앞에서 춘다. 신용거래는 미래로 난 창을 열어젖힘으로써 우리 세대를 무척 조급한 인간으로 만들었다. 신용거래가 등장하자, 가능한 모든 것은 현실이 되어야만 했다. 나의 소소한 환상마저도 실현 가능하다. 비록 감당하기 힘들 정도의 빚을 만들 위험이 있지만 말이다.[3] 그렇다, 이것이 신용거래의 약점이다.

어디 그뿐인가. 우리는 빚을 지고 태어난다. 우리보다 앞선 사람들에게 신세를 지고 세상에 나온다. 탄생은 비교다. 늘 우리보다 먼저 존재하는 이들이 있고, 우리는 타자들에게 삶을 빚지고 있다. 이런 관점에서 대립되는 두 사회를 생각해보자. 전통사회에서는 이빚에 끝이 없다. 빚은 세대를 거듭하며 대물림된다. 그러나 현대사회에서는 그러한 충실의 의무가 개인의 자유로운 비상을 방해하지 않는다. 여기서 개인은 얼마든지 새로운 이야기를 시작할 수 있다. 개인은 교육과 노동으로 출생의 빚을 갚는다. 생명을 받았다고 해서 공동체에 끝도 없는 상환을 계속할 필요는 없다.

개인주의는 상업 경제와 같은 시기에 탄생했다. 봉건사회의 의무적인 연대와는 사정이 다르다. 개인주의는 사람들을 분리시키기 시작했다. 일단 분리된 사람들이 어떤 유사성이나 공통점을 기준으로 그 후에 모이기를 선택했다. 타자는 그저 참고 견뎌야 하는 존재가 아니라 이제 애정 혹은 우정의 관계를 맺을 대상으로서 선택되는 것이다. 담대하게 또 다른 운명을 만들고 (전체의 한 요소로서가 아니라) 1인칭으로 말한다는 것은 우리를 붙잡는 관계를 훌훌 털어버리는 방식이다. 전체를 중시하는 전통사회가 청산의 사회라면 현대의 개인 중심 사회는 신용사회다. 씨족, 부족, 가족에 매여 있으면 아무리 빚을 갚아도 청산이 되지 않는다. 여기서는 받은 것을 돌려주기에 계속 급급할 수밖에 없다. 그러나 지금 우리는 미래를 당겨 쓴다. 우리는 가불을 용인함으로써 전통을 뛰어넘는다.

이제 인생을 자기 뜻대로 끌고 나갈 권리를 누리기 위해 열심히 돈을 벌어야 한다. 타인의 소유로 머무는 대신, 자기로써 대가를 치러 자기 자신의 주인이 된다. 신용거래라는 파우스트적 계약 덕분에 나는 시간의 수당을 누린다. 나의 미래를 낙관하면서, 나의 미래를 채무자로 만들면서 현재의 실제 형편보다 풍족하게 산다. 미국 대학생은 대부분 수만 달러의 빚과 함께 사회생활을 시작한다. 학자금 대출로 대학 공부를 마친 사람이 많기 때문이다. 일부는 은퇴할 나이가 되어서까지도 빚을 다 갚지 못한다. 일단 자식이 생기면 그때부터는 자식 공부를 시키기 위해서 허리띠를 졸라매야 한다. 현대성의 위대한 약속은 원죄를 소멸시킨다. 다시 말해, **이 땅에 태어난 모든 이에게 삶은 갚아야 할 빚이 아니라 선물이다.** 옛 사람은 의무의 짐을 지었으나 현대인은 약속의 꽃다발을 들고 있다.

그런데 이 약속은 전반적으로 융통성 있게 받아들여야 한다. 내가 과거의 유산이나 조상을 신경 쓸 필요가 없어지면 나는 순수한 현대인이 되고 그로써 내가 나 자신을 낳은 것처럼 생각할 여지가 있다. 내 팔자는 순전히 내 책임이고 나는 나 자신을 좀 더 잘 투사하기 위해 채무자로서의 나와 채권자로서의 나를 분리한다. 어릴 때부터, 가정이나 학교에서 우리는 돈보이라고(가치를 높이라고), 평가절하당하지 말라고, '그럴 가치가 없는 사람에게' 우리 자신을 '도매금으로 넘기지' 말라고 교육받는다. 이런 표현에는 애매성이 있다. 일단, 자기 자신을 흐름이 달라지는 화폐처럼 생각하고 장차 더 큰 가치를 지니기를 단념하지 말아야 한다는 의미가 있다. 이러한 생각은 기본적으로 진보다. 내가 더 나은 대우를 받을 가치가 있다는 생각은 자기 한계를 극복하는 데 좋은 자극이 되기 때문이다. 사방이 막힌 운명이 아닌, 우리가 소망하는 운명, 이것을 우리는 자유라고 부른다. 나는 더 아름답고 더 넉넉한 생을 원한다.

그러나 해방의 메커니즘은 교활하다. 타자 없이 자기 자신을 구축할 수 있는 인간은 없거니와, 자아가 나 자신의 빚이 되기도 한다. 자아의 체면을 깎지 않으려고, 자기 존재를 확실히 하려고, 매 순간 동류집단의 평가에 의존하고 자신이 "사람이지만 보통 사람은 아님을"(이사야 벌린) 입증하려 든다. 이로써 이 사람은 끝없는 가설적 차원에 들어가 자기가 확신을 얻고 심판관들도 설득하기 위하여 용기, 재주, 지성의 증거들을 축적할 것이다. 그는 과거를 박차고 나온 기분은 들겠지만 자기가 정해놓은 자아상은 벗어나지 못했다. 저마다 아무 보장 없이 생에 뛰어들어 부모와 타자들의 이름 못지않은 자기 이름을 만들어간다. 집단의 무게가 전통적 인간의 악몽이라면 불확실한 정체성은 현대인의 악몽일 것이다. 현대인의 독립성은 인정받고 싶은 욕구, 소속 욕구와 떼려야 뗄 수 없다. 그는 타자들이 자신의 발전이나 재주를 인정해주기 기대하지만 그의 존재론적 불안은 결코 메워지지 않을지도 모른다.

우리 사회에서는 대출이 보편화되어 있고 돈을 융통하는 별의별 수단이 다 나와 있으며 대출이 실질적으로 압박이 될 때야 비로소 돈을 갚을 생각을 하는 사람도 제법 많다. 하지만 원칙적으로 돈을 빌리는 것은 쉬운 일이 아니다. 추리소설 작가 페트로스 마르카리스Petros Markaris는 그리스 사태가 터지기 전에 은행이 고객들에게 얼마나 신용카드를 남발했는지 증언한다. 고객의 결혼, 휴가, 자동차 구입, 주택 구입 등은 모두 신용카드를 뽑아줄 구실이 되었다. 소비자들은 빚을 갚아야 한다는 압박이 사라진 것처럼 느꼈다. 무절제한 소비는 금세 카드빚 폭탄으로 돌아왔다. 미국도 개인의 신용도에 따라서 갖가지 부수적 혜택을 미끼로 내걸고 오만 종류의 카드를 남발하여 개인이 카드를 돌려가면서 쓰게끔 조장한다.[4] 가계 부채가 한도에 다다르지 않은 이상, 새로운 카드 발급에는 별 문제가 없다. 빚이 하나도 없으면 민망할 지경이다. 저축은 기피되거나 아예 웃음거리가 된다. 일부 신용대출 회사는 고객의 거래 이력을 근거로 '상환 휴가'를 얻을 권리를 부여하기도 한다. 고객이 채무를 너무 빨리 갚아버리는 것보다는 장기간 빚을 진 채 꼬박꼬박 이자를 내주는 편이 그들에게 더 수지맞기 때문이다.[5]

프랑스는 그런 면에서 쌈짓돈을 잘 쥐고 있는 나라에 해당한다. 미국이 소비의 경제라면 프랑스는 자산 보유의 경제라고 할까. 미국에서는 대출이 실질적 임금하락에도 불구하고 사유재산을 취득할 수 있게 해주는 수단일 뿐만 아니라 시장에 돈을 풀어 잠든 광맥을 파내는 수단이기도 하다. 빈곤층 가계조차도 자기 집을 원하기만 하면 살 수 있다고 생각했기 때문에 실질 이익을 충분히 고려하지 않은 부동산 광풍이 불었고, 그래서 2008년에 서브프라임 위기가 터졌다. 이 기억이 희미해질 즈음이면 비슷한 사태가 또 터질 게 분명하다. 광풍이 불었다 하면 돈이 노동과 무관하게 증식하고 유혹적인 미래는 후회를 예약한다. 미래에서 끌어다 쓰는 돈이 미래를 파괴할 수도 있다. 빚이 우리의 즉각적 욕구를 만족시키기 위해 우리와 우리 후손 세대마저 저당 잡는다면 말이다.

◇◇

마지막 한 닢

항공사 아에로포스탈의 전설적인 조종사 장 메르모Jean Mermoz는 군대를 제대한 이후인 1924년에 극악의 빈곤을 경험했다. 전하는 말에 따르면 메르모는 아예 원점에서 출발하겠노라 다짐하고 손에 쥐고 있던 마지막 한 닢까지 바다에 던져버렸다고 한다. 앞에서 보았듯이 스크루지 맥덕은 남의 구두를 닦아서 처음 벌었던 동전을 행운의 부적으로 여겨 늘 몸에 소지하고 다닌다. 도스토옙스키 소설 속의 노름꾼은 룰렛 게임에 가진 돈을 저녁 값 1굴덴조차 남기지 않고 다 걸었다가 쫄딱 잃는다. 그는 도박장을 나갔다가 돌아와 외상으로 또 도박을 한다. 20분 후, 그는 170굴덴을 챙겨서 도박장을 나온다. '내가 만약 졌으면 어떻게 됐을까? 내가 대담하게 또 게임을 하지 않았더라면?' 가난은 멸시할 수도 있고, 팔자라고 믿을 수도 있고, 가난에서 과감히 박차고 나갈 수도 있다. 우연에 대비하든가 무작정 덤벼들든가 해서 모든 것을 다시 시작할 수도 있다. 매번 그렇게 경멸 혹은 도전으로써, 행운을 추구할 수 있는 것이다.

행복과 웰빙의 혼동

1974년에 미국의 리처드 이스터린Richard Easterlin은 국민총생산 GNP 증가와 행복감 사이에 아무런 상관관계가 없음을 보여줌으로써 연구자로서 명성을 얻었다.[6] 고소득은 만족감을 보장해주지 않을뿐더러 유해한 효과를 미칠 여지가 있다. 만족감은 되레 "확실히 더 낮은 경제적 부"에 수반되는 것처럼 보일 정도다.[7] 우리 사회의 비약적인 발전은 결코 우리를 더 행복하게 해주지 못했다. 이런 면에서 사치에 대한 루소의 비판은 적확하다. 예술과 과학이 과거에 우리 삶의 질을 보장해주지 않았던 것처럼, 오늘날 컴퓨터, 스마트폰, 자가용이 삶의 질을 보장할 수는 없다.[8] 우리는 "풍요의 시대에 정신적 허기를 겪고 있다."(데이비드 마이어스David Myers)[9]

증거를 대라고? 수세기 동안 이어져오는 클리셰를 그대로 믿자면 대부호들은 꽤나 불행할 것이다. 옛날에는 부자의 생이 권태로울 것이라고 말하곤 했다. 사람이 일을 할 필요가 없으면 무료해지고, 시간을 어떻게 죽일지 몰라서 불안하게 새로운 향락거리나 찾을 테니까. 그들은 너무 많은 재산에 염증을 느끼지만 가난에 시달리는 보통 사람들을 생각하면서 마음껏 그 재산을 즐기지도 못한다. 그럼에도 게으름은 그네들의 자부심이다. 노동은 평민들이나받는 벌 같은 것이므로. 그 자부심이 그들의 저주가 되었다. "도락거리 없는 왕"들은 호화로운 잔치판에서 서서히 죽어갔다. 인정하자, 이런 클리셰는 편리한 상상에 불과하다. 부자놀음도 재미는 없다고 해야 가난뱅이들이 그나마 자기네 처지를 견딜 수 있다. 부자들의 삶이 이미 지옥 같다면 부자들을 시기하거나 그들을 쓰러뜨릴 필요가 없지 않은가.

지금도 이 우화는 지속되고 있다. 부자들이 절망 속에서 살아간다는 증거를 보여주고 싶어 안달하는 사람이 얼마나 많은지. 이 수작은 좀 진부하지만 그래도 위기 때마다 팔자에 만족하라는 교훈을 그럴싸하게 전달한다. 하지만 부자들은 불행하지 않을 뿐 아니라 부자임을 미안해하지도 않는다. 저녁 8시 뉴스에서 무릎 꿇고 사죄하는 부자를 본 적 있는가? 그리고 권태에는 계급 장벽이 없다. 오늘날, 권태는 노동자들의 삶에도 깊이 침투해 있다. 연신 하품을 하고 지리멸렬해하는 생활은 백수냐 직장인이냐와는 별 상관이 없다. 부자들이 전용기와 요트를 전전하는 호화로운 삶에 싫증을 낸다는 말은 어쩌면 사실일 것이다. 그러나 가난뱅이들도 성

냥갑 같은 집에서, 서민용 임대아파트에서 넌더리 내기는 마찬가지다.

1968년의 혁명가들은 생계비를 버느라 삶을 잃어버리지는 말자고 외쳤다. 하지만 생계비를 벌지 않으면 삶이 정말로 더 나아질까? 정말이지, 귀족계급 특유의 노동을 멸시하는 태도가 지금은 서민계급에게로 내려온 듯 보인다. 부유층은 되레 워커홀릭이 되어 주당 60~80시간 근무도 능력인 양 과시하는데 말이다. 노동계급은 점점 더 여가를 열망하고 상류층은 지금까지 서민들에게 한정되어 있던 수고스러운 노동을 신이 나서 포용한다.

머지않아 로봇이 사람을 대신함으로써 수많은 일자리가 사라진다면, 디지털 혁명이 대다수를 실업자 신세로 만들고 소수의 테크노엘리트만이 어마어마한 소득을 올리게 된다면, 우리는 이중의 위험에 처할 것이다. 사회계약이 흔들릴 뿐만 아니라 노동의 의미, 즉 자아의 끈기 있는 성숙과 실현이라는 의미가 파괴될 것이기 때문이다. 시민 대다수는 그러한 노동의 이점을 누리지 못한 채 즐거움을 좇는 농노 비슷하게 전락할 것이다. 어떤 사람은 세상을 만드는 재미를 누리고, 또 어떤 사람은 소비의 재미밖에 모르고 살아야 할 것이다. 후자는 그저 백성일 뿐, 건설자로서 존재하지 못할 것이다. 마르크스주의자와 일부 자유주의자가 주장하는 기본소득제의 위험이 여기에 있다. 기본소득이란 태어나기만 하면 무조건 지급해주는 수당이다. 나는 살아 있기만 해도 금전적 보상을 받을 자격이 있다. 하지만 그러고도 자유롭게 자기를 실현하면서 산다고 할 수 있을까? 평민을 위한 여흥거리와 빵을 제공받는, 표 안 나는 생존일 뿐이지 않은가?

모든 문학은 참으로 장황하게도, 아주 진지하게, 돈이 행복을 줄 수 있는지 묻는다. 이 질문은 무익하다. 금전적 보상이 없는 편이 자아실현에 더 도움이 된다지만 이런 결론을 내린 연구자 중에서 금전적 보상을 포기한 사람은 아무도 없었다.[10] 우리는 이런 문제를 논의하면서 웰빙과 행복이라는 서로 다른 두 개념을 마구 섞어 쓰고 있다. 웰빙은 정치, 경제에 해당하는 통계적 지표로서 주로 주거, 건강, 교통, 환경보호와 관련된다. 반면에 행복은 개인의 기질과 관련된 주관적 감정이다. 물질적 풍요를 바탕으로 행복을 추구한다는 주장은 개념을 혼동하고 서로 다른 두 차원을 섞어버린 것이다.

다니엘 코엔Daniel Cohen은 "스스로 정한 목표, 즉 행복을 항상 놓치는 사회의 역설을 어떻게 이해해야 하는가?"라고 물었다.[11] 그는 기나긴 역사적 여정을 돌아보면서 물질적 풍요는 계속 확대되어가고 있지만 지금처럼 행복에 도달하기 힘든 때는 일찍이 없었다고 결론 내린다. 이 결론의 근거는 마치 뒤집어 낄 수 있는 장갑처럼 요상하다. 우리 사회가 행복을 다다를 수 없는 지평선으로 설정했기 때문이라나.[12] 목표 자체가 부조리한 이상, 불가피한 지복의 세계는 우울증에 빠질 수밖에 없다.

돈은 역경의 완충재다

모든 이가 행복을 추구한다는 것은 사실이 아니다. 그런 건 서구의 환상이다. 다만, 누구나 불행을 피하기 원한다. 행복의 추구와 불행의 회피는 별개다. 자아실현을 궁극의 목적으로 설정한 이상, 절망의 시간은 견디기 힘들고 극복할 수도 없다. 우리는 '풀타임으로' 행복할 수 없기에 불행하다. 이것이 현대의 광기다. 따라서 상업적 논리를 고발하는 것도 우습다. 문제는 경제가 아니라 시대정신에 있기 때문이다. 소비지상주의, 풍요는 결코 우리를 만족시키지 못하리라.[13] 행복이 절대적 충만감을 의미하는 거라면 사랑의 기쁨 외에는—심지어 이 기쁨도 오래가지 못할 때가 많지만—딱히 행복을 안겨줄 수 있는 것도 없지 않을까. 아리스토텔레스는 이미 우리는 인간이 행복을 누리는 방식대로만, 다시 말해 간헐적으로만 행복할 수 있다고 말했다.

일례로, 마흔 살보다는 일흔 살이 일에서 해방되어 더 자기답게 살 수 있다는 주장을 보자.[14] 이 논리는 뭔가 좀 궁하다. 노동을 그만두는 것과 정신적 평온이 상관관계가 있다고 한다면 적어도 두 요소를 간과한 셈이다. 퇴직연금 삭감에 대한 항의, 그리고 퇴직 이후의 공허감은 고령화 사회에서 꽤나 큰 문제가 되고 있다. 사실, 노년에 진입하는 것도 서러운데 경제적 문제까지 겹친다면 이보다 더 끔찍한 상황은 없다. 희한하게도 일부 경제학자는 행복을 새로운 경제지수로 삼자고 주장하면서 자가당착에 빠진다.[15] 우리 내면의 행복을 입증하기 위해서 '행복 화폐'라도 찍어야 하려나. 그러한 주장은 1972년에 부탄 국왕이 제안한 '국민총행복GNH, Gross National Happiness'이라는 용어를 연상시킨다. 부탄은 그 후에 심각한 경제위기에 빠져 국민의 사기가 심히 저하되었지만 말이다.

2008년 경제위기를 예측 못 해서 골이 난 경제학자들은 아예 경제학을 찢어발겨 내다버릴 준비가 되었나 보다. 그게 아니라면 우리에게 거짓말을 하고 있거나. "호모 에코노미쿠스는 결코 다다르지 못할 지평선을 향하여 걷는 자다."(다니엘 코엔) "경제학자는 [우리의 무한한 인정 욕구를 만족시킬 수 있다는] 거대한 자기기만의 공모자이다."(장피에르 뒤피)[16] 그럴지도 모른다. 하지만 우리는 인간 조건에 대한 불만을 경제학에 전가한다. 인생이 마법적 환상, 기상천외한 모험이 아니면 뭔가? 미망에서 깨어났으면 더 진실한 가치, 가령 우정, 공조, 연대로 돌아가야 할 것이다. 그러나 경제학이 무효화될 이유가 어디 있는가? 정신의 새로운 토지대장을 만들자고? 인간이 맑은 물과 아름다운 생각만으로 살아가는 이상주의적 사색의 땅으로 가자고? 그러한 금욕적이고 상투적인 발언에는 아무도 속지 않는다.

호모 에코노미쿠스가 사라지면 사회 전체가 병든다. 엘리아스 카네티가 그 점을 잘 설명해주었다. 1920년대 독일의 인플레이션은 국민을 잉여인간으로 만들었다. "화폐의 가치하락은 마녀의 집회와 같아서, 이로써 인간과 그들의 계산단위는 피차 기묘한 영향을 주고받았다. 인간과 화폐는 서로에 대해 가치를 지니는 탓에 화폐 가치가 떨어지자 인간도 스스로 '형편없어진' 기분이 들었다. 이 양상은 점점 더 나쁘게 흘러갔다. 그들은 모두 화폐에 휘둘렸고, 모두들 자기가 아무짝에도 쓸모없어졌다고 느꼈다."**17**

지상명령으로서의 행복을 떨쳐버리는 것이 중요하다. 그런 식의 행복 추구 때문에 우리는 쓰라린 좌절과 바보 같은 소망 사이에서 방황하는 것이다. 그리스 신화도 일깨워주지 않는가. 우리는 탄탈로스와 미다스 사이에서 왔다 갔다 한다. 탄탈로스 왕은 대단한 부자였는데 신들에게 복수하려고 자기 아들을 죽여 그 인육으로 음식을 만들고 신들에게 먹이는 죄를 지었다. 제우스는 그에게 벌을 내려 타르타로스강에서 영원히 고통받게 했다. 탄탈로스가 물을 마시려 들면 강물이 줄어들고 바로 머리 위의 과일을 따먹으려 하면 바람이 과일 달린 나뭇가지를 치워버린다. 게다가 그의 머리 위에는 커다란 바위가 여차하면 굴러떨어질 듯이 벼랑에 아슬아슬하게 걸쳐 있다. 한편, 프리기아의 왕 미다스는 늙고 뚱뚱한 주정뱅이 실레노스를 잘 대접한 덕분에 소원 하나를 이룰 기회를 얻는다. 재물 욕심이 남달랐던 미다스는 자기가 만지는 것이 모두 황금이 되게 해달라고 소원을 빈다. 그 결과, 물을 마시려 하면 물이 금이 되고 고기를 먹으려 하면 고기가 금이 된다. 주위의 모든 것이 황금으로 변해버리자 미다스 왕은 저주가 되어버린 소원을 벗어던지기 위해 팍톨로스강에서 몸을 씻는다. 그 후로 이 강에서 사금이 많이 나오게 되었다고 한다. 갈망을 채우지 못하는 것은 재앙이다. 그러나 갈망이 다 채워지는 것도 재앙이다. 결핍도 포만도 덫이다.

엄밀히 말해, 돈이 행복을 '만들지는' 않는다.(행복을 만드는 비법이나 기술은 없다.) 그러나 돈은 모진 불행 속에서 좀 더 잘 버티게 해주고 불행을 따돌리게 해준다. 돈은 운명의 칼을 막는 방패다. 돈으로 가능한 것들이 좀 있다. 치료를 받고, 공부를 제대로 마치고, 집다운 집에 살려면 돈이 있어야 한다. 돈은 불운과 싸울 방법을 제공함으로써 불운의 치명성을 완화해준다. 그런 면에서는 돈이 둘도 없이 소중하다.

◇◇

회개한 트레이더의 유령

지난 30여 년간 금융계에는 사기극이 쉴 새 없이 이어졌다. 은행이 고객을 등쳐먹질 않나,(골드만삭스 은행을 거론하지 않을 수 없다.)[18] 가치도 없는 유가증권을 팔질 않나. 이에 부응하여 지난날의 과오를 뉘우친 주식중개인이라는 새로운 인물이 등장했다. 이 인물은 회사 윗사람들의 암묵적 동의하에 고객을 속이거나 등쳐먹은 도적놈이요, '약탈자본주의'의 대표 인물이었다. 그러나 이제 그는 거친 베옷을 입고 자기 죄를 참회한다. 금융 중심가에는 성스러운 기운이 감돈다. 마침 런던증권거래소는 파터노스터 Paternoster* 광장에 위치해 있지 않은가? 이제 주식중개인의 삶은 수도사의 삶과 비슷하다. 일단, 가족과의 관계나 연애와 담을 쌓았

* '우리의 아버지'라는 뜻.

다는 점이 그렇다. 주식중개인은 엄청난 근무시간을, 그것도 분 단위로 쪼개어가면서 장에만 처박혀 산다.(그래도 헬스클럽, 운동편의 시설, 의료진, 영양사의 식단을 언제라도 이용할 수 있다.)

이 고행자들이 때로는 정반대로 엇나가기도 한다. 똑똑한 일벌레가 주색잡기에 푹 빠진다든가. 이 몹쓸 인간은 오만 가지 약속으로 당신을 유혹하면서 수익이 쏠쏠한 투자처가 있다고 꼬드길 것이다. 그러다 정체를 들키면 어떤 사기꾼은 그래도 염치를 아는지 자살을 택한다. 월스트리트 고층빌딩에서 투신자살한 트레이더 얘기 못 들어봤나.[19] 모든 사기꾼에게는 자기만의 수사법, 뭔지 모를 용어를 남발하면서 얼간이를 구워삶는 나름의 방법이 있다. 사기는 다 타당하고, 속칭 '주전자'로 통하는 주가조작도 예외가 아니다. 인위적으로 어떤 회사 주식 거래를 활성화함으로써 투자자들이 그 주식을 매입하게 하고는 자기는 들고 있던 주식을 재빨리 터는 수법이다. 마틴 스콜세지의 영화 「울프 오브 월스트리트」(2013)의 실존 모델 조던 벨포트Jordan Belfort는 주가조작의 귀재로서 적어도 1500명 이상의 고객을 등쳐먹었다고 한다. 혹은 알고리즘을 이용해 거액의 매입 혹은 매도를 진행하다가 마지막 순간 다 엎어버리는 스푸핑spoofing이라는 수법도 있다. 사기꾼이 잠깐 사이에 주가를 폭등 혹은 폭락시키고서 그 차액을 꿀꺽하는 것이다.

거래장 분위기는 히스테리 비슷하다. '골든보이', '빅스윙잉딕 big swinging dick*의 허세'(로버트 굴릭Robert Goolrick)[20], 마초주의,

코카인과 암페타민과 전용기와 콜걸 문화. 이 젊은이들은 단조로운 흥분 상태에 사로잡혀 24시간 내내 열에 들떠 촉각을 곤두세운다. 트레이더 군단 편성은 회사에 대한 전적인 충성과 궤를 같이 한다. 어떤 트레이더는 사흘 연속 하루 20시간씩 일한다니, 쓰러지지 않는 게 이상할 정도다.[21] 젊어서 이렇게 혹사당하기 때문에 운동선수나 모델처럼 서른다섯 살만 넘어도 건강에 이상이 생기거나 퇴물 취급을 받기 십상이다. 이 업계의 일은 중독성 강한 도박이다. 아직 젊고 잘나가는 트레이더는 자기가 세상의 왕이라고 착각한다. 이들은 초단타매매 프로그램으로 눈 깜짝할 사이에 수천 건의 주문을 처리하고 시장의 미세한 움직임을 즉각적으로 파악하면서 무제한적인 파괴력을 즐긴다. 자기 자신을 조건화하고 망가뜨려온 사람들인지라 눈썹 하나 까딱 않고 익명의 거래 활동으로 약자들을 망가뜨리고 파산을 초래한다. 경제위기는 목구멍까지 차오른 시스템의 토사물을 확 배출하는 단계였다.

가장 역설적인 점은 이거다. 슈퍼컴퓨터가 매도 혹은 매수 주문을 나노세컨드 단위로 처리할 때 돈은 아무 가치가 없다. 수학적 공황상태에 들어간다고 할까. 수백만, 수십억 달러가 '급작스러운 주가 폭락flash crash' 상황에서 순식간에 날아가고 주식중개인들은 말라르메의 말마따나 "거창하지만 진부한 숫자의" 무리로 둔갑한다. 고삐 풀린 기술의 태양 아래 파멸이 오롯이 드러난다. 아무

---

* 막대한 투자금액을 주무르면서 주식시장을 들썩거리게 하는 트레이더.

도 기술을 완전히 지배할 수 없지만 모두가 기술을 쓰기 원한다. 머지않아 트레이더가 하는 일은 로봇이 대신하여 1000분의 1초 만에 매도와 매수 결정을 내리고 실행하게 될 것이다. 그때에는 슈퍼컴퓨터가 금융사기, 내부자거래로 고발당하려나? 대박은 폭락으로 돌아오곤 한다. 극도의 탐욕이 끝에 가서는 고삐 풀린 탕진이 된다.

그러나 이 모든 과부하 상태는 디톡스 치료, 금융윤리 세미나, 요가 강습, 선불교식 좌선, 명상, 기도로 보완된다. 캔터베리 대주교 저스틴 웰비Justin Welby는 2014년 10월 국제통화기금IMF 총회에서 전 세계 모든 젊은 금융인이 1년 정도 기도와 빈민구제에 힘쓰는 시설에 참여할 필요가 있다고 하지 않았던가?

돈의 인간도 자발적으로 도덕과 연대를 이야기한다. 그의 후회는 그의 죄만큼이나 애매하다. 제롬 케르비엘Jérôme Kerviel**의 등장으로 트레이더는 희생양 역할까지 맡을 수 있게 되었다. 이제 트레이더는 피의자가 아니라 금융의 죄를 지고 가는 어린양이다. 케르비엘의 뛰어난 연출 감각과 상징 메커니즘을 예리하게 활용하는 감은 인정해야 한다. 그는 가톨릭 국가에서 죄를 전혀 짓지 않은 의인보다 지은 죄를 참회하는 자가 더 쉽게 용서받는다는 점을 잘 안다. 죄는 복되다Felix culpa. 로마 순례, 교황 알현, 여기에

** 소시에테 제네랄 은행의 트레이더로, 손실을 감추면서까지 무리한 투자를 감행하여 7조 원에 달하는 사상 최악의 손실을 입힌 인물. 본인은 수단 방법을 가리지 않고 이윤을 거둬들여야 하는 금융 시스템의 희생자라고 주장하고 있다.

극좌파, 국민전선, 교회를 모두 자기편으로 끌어들인 솜씨(디 팔코 Di Falco 주교가 직접 지지위원회를 주재했다)는 가히 예술이라 할 만하다. 웃을 일이 아니다. 경찰과 법원이 손을 씻고 과오를 뉘우치는 건달을 끄나풀 삼아 조직을 박살내듯 투항자들을 이용해 탐욕의 악을 와해시켜야 한다.

정보기술 전문가 에르베 팔치아니Hervé Falciani는 원래 불법거래 협력자, 공갈범, 조작범, 허언증 환자라고 해도 과언이 아니었지만 2008년에 HSBC 은행 스위스 제네바 지점에서 은행의 탈법 행위를 입증할 비밀문서를 빼냈다. 과거에 불법 행위를 저질렀던 전직 은행원들이 누구보다 이 업계의 수법을 잘 안다는 이유로 금융 감독 업무를 맡기도 한다. 모든 악당들의 조직에는, 심지어 지하디스트 단체에도, 배신자들이 있다.

미국에서는 도드프랭크법Dodd-Frank Act(2011) 이후로 금융 범죄를 적발한 사람에게 범죄자가 납부해야 하는 벌금의 10~30퍼센트를 보상금으로 지급하게 되어 있다. 돈이 돈을 체포한다. 현상금 사냥꾼은 사례금 받는 밀고자가 된다. 프랑스도 비슷한 조치를 준비 중이다. 서약 위반도 내부 비리를 저지하기 위해서라면 권장된다. 트레이더들은 죄를 지었지만 회개와 사례금으로 구원받을 수 있다. 그들은 윤리적 도둑이다. 전직 건달은 최고의 경찰이 될 수 있다.

시기는 평등이 낳는 병

시기는 남들이 행복해하는 모습에서 느끼는 고통이다. 사돈이 땅을 사면 배가 아프다. 남들이 힘들어하면 우리는 속으로 기뻐할 것이다. 앙시앵 레짐에서는 사회적 신분이 시기라는 천박한 죄에 브레이크를 걸 수 있었다. 부르주아는 귀족 흉내를 낼 수 있었지만 타고난 신분이 귀족이 아니라는 이유로 그러지 않았다. 귀족주의 사회는 사람들 사이에 넘을 수 없는 거리를 만들고 유지했다. 프랑스대혁명은 만인의 평등을 선포함으로써 만인의, 만인에 대한 경쟁도 일반화했다. 이러한 사회에서 소수의 성공과 나머지 다른 사람들의 무기력은 참아주기 힘들다.

현대는 부, 행복, 충족감을 모두에게 약속함으로써 운에 따라서 행복해지기도 하고 억울해지기도 하는 사람들의 보이지 않는 전쟁을 당연한 것으로 만들었다. 비교라는 독, 보란 듯 잘나가는 사람이 있는가 하면 침체를 벗어나지 못하는 사람이 있기에 발생하는 원한, 게다가 이제 누구나 의욕과 실망을 주기적으로 느끼게 되었다. 너무나 인간적인 이 병이 더욱 안타까운 이유는, 외모나 연봉이나 연애나 멋스러움으로 샘나는 상대가 우리 가까이에 있기 때문이다. 언제나 나보다 부유하고 나보다 역동적으로 사는 사람들이 곁에 있으니 나의 한계가 두드러지고 상처가 된다. "파리에서 가난뱅이로 사는 것은 두 배로 가난해지는 것이다"라고 졸라는 말했다. 으스대는 부자들의 행복이 계속 시야에 들어올 때 우리의 비참한 생활은 더욱 참기 힘들어진다. 시기심은 뭐든 먹고 자란다. 남들의 지극한 행복, 재산, 사회적 위치, 때로는 남들의 불행이나 질병마저도 관심을 받는 이유가 되면 부러워진다.

두 종류의 사회가 있다. 불평등이 자극이 되는 사회가 있는가 하면, 불평등이 좌절을 낳는 사회도 있다. 서로 다른 환경에서 살아가는 사람이 한데 어울리고 부딪히다 보면 놀라움이 발생하기도 하고 분노가 발생하기도 발생한다. 칼 마르크스의 말을 들어보자. "집은 작을 수도 있고 클 수도 있다. 이웃해 있는 집들이 모두 크기가 같으면 그 정도 크기가 거주공간에 대한 사회의 기대를 온전히 충족한다. 그러나 작은 집 옆에 대궐 같은 집이 우뚝 솟아 있으면 작은 집은 움막 수준으로 전락한다." 시기는 멀리 있는 것이 아니라 가까이 있는 것을 향한 감정이다. 이 때문에 프랑스에서 성공은 걸핏하면 엘리트들의 공모, 다 짜고 치는 판으로 치부된다. 반면, 미국에서는 기업가들이 대형 쇼핑몰 같은 곳에서 자신의 성공담을 이야기하고 관객들도 자기처럼 한번 해보라고 권한다.

전형적인 상황을 하나 떠올려보자. 반바지에 슬리퍼 차림의 피서객들이 유람선을 타고 가다가 부자들의 호화 요트를 보았다. 유람선과 요트는 갑자기 마주쳤을 뿐이지만 승객들의 반응은 여러 가지로 나올 수 있다. '나도 이 악물고 일해서 언젠가 저렇게 살아볼 테다.' '아무도 저렇게 노골적으로 부자 티를 내지 못하도록 투쟁할 거야.' 혹은, 좀 더 현명한 입장도 있을 수 있겠다. '팔자 좋은 사람들이네. 하지만 물질적 부를 과시하는 인생이 뭐 그리 대단하다고 생각하진 않아.' 부자들도 자기보다 더 부유한 사람들을 보면서 결코 채울 수 없는 욕심에 시달린다. 평범한 부자 옆에는 진짜 거부가 있다. 그만그만한 부자 약 올리듯 호쾌하게 돈을 쓰고 기준을 훌쩍 올려놓는 부자가 있다. 미국과 프랑스의 혁명이 판도라의 상자를 열었더니 평등과 행복추구권이 나왔고 비교, 즉 경쟁이라는 괴물도 함께 나왔다.

고대 그리스인들은 다수의 시기심을 억누르고 불화를 종식시키기 위해서 잘나가는 사람을 도편추방陶片追放으로 희생시키기도 했다. 16세기의 토머스 울지와 17세기 프랑스의 재상 푸케는 각기 헨리 8세와 루이 14세에게 추방을 당했다. (달리 여러 이유가 있기는 했지만) 군주의 위엄과 감히 겨루려 했다는 것이 추방의 이유였다.

시기심을 자극하는 사회가 그러한 감정을 제어할 수 있는 메커니즘을 만들어내기도 한다. 가령 우리는 TV 뉴스로 타인의 불행을 시청하면서 '나는 저 지경까지는 아니야'라는 삐뚤어진 안도감을 느끼고 우리 자신의 불행을 좀 더 수월하게 견뎌낸다. 미디어가 잘생기고 예쁘고 돈 많은 사람들을 많이 보여주기는 하지만 다소 가학적으로 스타의 몰락, 잘나가는 자들의 다크서클과 주름살, 결별과 파경, 직업인으로서의 실패도 많이 보여준다. 미디어는 존재의 눈부심과 덧없음을 함께 보여준다. 살아 있는 남신 혹은 여신이 세상 혼자 사는 것처럼 몇 년간 승승장구하다가 어느 날 갑자기 폭삭 망한다. 결국 그들의 운명은 부러워할 만한 것이 못 된다.

타인들이 너무 과시적이면 그들의 기쁨이 내게 상처가 된다. 까르르 터지는 한 무리의 폭소가 내 귀에 들려올 때 나의 고독, 나의 우울은 도드라진다. 쥘 르나르가 『일기Journal』에 남긴 단상을 보라. "내가 행복한 것으로는 충분치 않다. 나 아닌 남들이 행복하지 않아야 한다." 행복은 그 값을 나 혼자 정하는 재화다. 시기하는 자는 자기 본보기와 경쟁자가 몰락할 때만 노리고 그 기대가 실현되면 의리도 없이 고소해한다. 그는 이런 일에서 후회와도 비슷하게 침울한 기쁨을 느끼고 또다시 자신이 아첨하면서도 미워할 만한 새로운 상대가 나타나기를 기다린다.

시기심의 지옥은 감탄하는 태도로만 벗어날 수 있다. 타자가 꼭 나를 상처 입힐 만큼 눈부신 경쟁자이기만 할까. 타자는 무대에서 쓰이는 프롬프터와도 같다. 타자는 나에게 영감을 준다. 달리 살아가는 법, 새로운 길을 개척하는 다양한 방법을 넌지시 가르쳐준다. 질투라는 독이 이렇게 건전한 경쟁의식과 호기심으로 바뀔 수도 있다. 타자가 참을 수 없는 장애물이 아니라 내 욕망의 길잡이가 되는 것이다. 타자는 우리가 스스로를 벗어나 더 크게 자라게 한다.

포만감의 위협

돈을 무시할 수도 없고 마냥 우러를 수도 없는 이유는 돈이 일종의 추상이기 때문이다. 돈은 우리를 천지를 창조한 신의 입장에 앉혀놓고 상상할 수 있는 모든 재화를 우리 재량에 맡긴다. 돈은 공간을 넓히고 시간을 벌어주기 때문에 우리는 신출귀몰한 존재가 된 듯한 기분마저 든다. 더러 돈을 버는 기쁨이 돈을 쓰는 기쁨보다 큰 이유도 여기에 있다. 단락short circuit의 흥분이랄까. 단계를 건너뛰어, 젊을 때 무조건 많이 모으고 보자는 생각. 밥벌이는 짐이지만 부자 되기는 게임이다. 심지어 이 게임에는 에로틱한 격정 비슷한 흥분이 있다. 서른 살에 백만장자 되기는 다른 목표로 연장되지 않는다면 아쉬움을 남길 법한 게임이다. 부자들만의 절망 따위는 없지만 포만감의 위협이라는 잠재적 암초는 있다. 돈을 너무 갈망하면 돈 아닌 나머지가 무의미해진다. 돈이 구현하는 무한한 잠재력에는 그 무엇도 상대가 되지 않는다. 그러니 일, 지상의 아름다운 것들, 연애, 육체관계가 무에 중요할까. 뭐든지 할 수 있으면 자기가 뭘 원하는지 모르게 된다. 돈은 우리에게 뭔가를 욕망하지 않고 그저 자기 자신을 즐긴다. 아무것도 없고 돈만 있어도 좋은 것이다. 돈은 물질적인 성격이 사라짐에 따라 덜 흉포한 것이 된다. 그렇지만 돈이 순수한 관념의 힘을 지닐 때만큼 위험한 때도 없다.

누구나 자기 행복의 자서전을 쓸 수 있을 것이다. 인생의 시기별로 자신의 소득액과 자기실현의 만족감에 어떤 관계가 있는지 알아보아도 좋겠다. 소득과 만족감에 뚜렷한 대응관계가 있는지, 아니면 전혀 딴판인지는 확실치 않다. 건강, 연령, 인정, 애정생활, 가정생활 등 여러 가지 변수가 개입하기 때문이다. 젊은 날의 궁핍한 처지가 50대 가장의 경제적 곤경과 같은 의미를 지닐 수는 없다. 체감 자산은 내가 소유한 모든 것에서 빚을 빼고 희망을 더해서 얻은 결과다. 스무 살에는 움막에서도 왕족처럼 당당하게 살 수 있지만 일흔 살 노인은 궁전에 살아도 고독과 질병에 찌들어 비참할지 모른다. 우리는 독하게 한 재산을 모았지만 이제 돈을 쓸 시간조차 남지 않은 불쌍한 부자들을 알고 있다. 돈은 그들에게 재앙처럼 몰려든다. 심지어 이들은 어차피 잃을 재산이라고 생각하면서도 돈 모으기를 멈출 수 없다.[22] 세상을 음미하기도 전에 질려버렸고 풍요 속에서 쾌락결핍증을 겪는 사람들이다. 어쩌면 그들은 동전 몇 푼만 쥐고 새 출발을 하고 싶을지도 모른다. 사회적 상승의 그 흥미진진한 대장정을 다시 한 번 경험하고 싶을지도 모른다. 재산은 구체화되지 않을 때에만 그들의 흥미를 유발했다. 중세 시인 프랑수아 비용은 "샘물 옆에서 나는 죽도록 목말라하네"란 멋진 시구를 남겼다. 쇼펜하우어는 이 메타포를 차용하여 재물이라는 것은 마시면 마실수록 목이 타는 바닷물과도 같다고 했다.

결핍이 결핍되기에 이르렀다. 결핍이야말로 언제나 모든 게 궁금한 욕망이 힘차게 솟아나는 샘이다. 선택의 여지가 너무 많고 가능성이 너무 많으면 아무 데도 마음이 가지 않는 법이다. 우리를 세상과 이어주는 이 열정이 해이해지는 것, 이게 진짜 무서운 일이다. 크리시포스가 말하기를, 바보는 아무것도 필요로 하지 않지만 모든 것이 부족하다고, 특히 가장 중요한 것이 없다고 했다.[23] 의욕 없는 부자에 대해서도 똑같은 말을 할 수 있을 것 같다. 여전히 뭔가를 탐내고 이 세상의 재화에 눈독 들일 수 있다는 것이 가장 중요하다. 무서운 양면성이다. 돈은 쾌락으로의 진입로인 동시에 쾌락을 차단

하는 벽이다. 돈은 치열하고도 냉정하게 일상을 참된 시정(詩情)으로 물들이는 이 능력을 우리에게서 앗아간다.

돈은 다음과 같은 역설을 절묘하게 보여준다. 행복을 실현하기 위한 모든 과정이 외려 행복을 멀리 쫓아버릴 수도 있다. 혹은, 이제 곧 잡을 수 있겠다 싶으면 행복이란 놈은 뒷걸음질을 친다. 우리는 얼마 이상 벌면 행복이 새처럼 살포시 우리 어깨에 내려앉을 것처럼 상상한다. 그 그림은 점점 완성되어갈수록 여기저기가 무너져 내린다. 행복을 만끽하려면 행복은 우리에게 오기도 하고 떠나기도 하는 거라고 인정해야 한다. 은총처럼 다가와 이게 행복인가 싶을 때 날아가기도 하고, 벼락처럼 왔다가 스치고 가버리기도 한다. 행복의 감각보다 돈에 타고난 감각이 있는 사람들은 감미롭게 일렁이는 순간순간을 잡기보다 통장 잔고를 불리는 쪽을 좋아한다. 어쩌면 그들은 달리 할 줄 아는 게 없어서 돈이나 악착같이 벌기로 작정한 게 아닐까?

탐욕을 소멸시킨다?

물질적 재화에 초연한 태도. 도덕주의자들이 예로부터 마르고 닳도록 써먹은 주제다. 도덕주의자는 인간의 정념을 탈선으로 치부하고 황금과 돈의 행렬 앞에서 소크라테스처럼 이렇게 외친다. "내가 바라지 않는 것들이로구나."[24] 철학자들은 야망을 멸시하고 부는 허망한 것, 사랑의 번민은 비이성적인 짓거리라고 주장하면서 잔치에서 깽판 치는 역할을 톡톡히 했다. 그들의 지혜란 포기와 다르지 않았다. 모두가 그 지혜를 추종한다면 사회는 신경쇠약증에 걸릴 것이다. 인간적으로 진짜 비참한 것은 욕망의 분출보다 탐욕의 소멸이 아닐까?

돈은 현대 정신의 고장 난 지진계다. 돈에는 민주주의 사회의 모순이 깃들어 있다. 우리는 당장 모든 희열을 누리고 싶지만 너무 빨리 그렇게 될까 봐 두려운 마음도 든다. 내가 부유하든 가난하든, 돈은 늘 부족하다. 상대가 얼마만큼 부자인지 어떻게 알아볼 수 있을까? 저 사람이 자산을 얼마나 원하는지 보면 된다. 부자도 자기가 돈이 별로 없다고, 최소한 지금 재산의 두 배는 있어야 발 뻗고 편히 살 것 같다고 생각한다. 500만 유로가 있는 사람은 1000만 유로를 원할 것이고, 1000만 유로가 있는 사람은 2000만은 있어야 한다고 할 것이다. 아무것도 그의 불안을 가라앉힐 수 없고[25] '잘산다'는 주관적 감정을 충족할 수 없다.[26] 그는 물가가 너무 올랐고, 외식비가 비싸고, 부동산 가격이 너무 높고, 일부 프라이빗 뱅크는 자산이 얼마 이상 되지 않으면 문턱도 넘을 수 없다고 말한다. 모두가 자기 위만 바라보고 이미 가진 것이 아니라 아직 갖지 못한 것을 헤아리기 바쁘다.

돈은 우리의 불안과 결점을 두드러지게 강조하는 진실의 묘약이다. 돈은 우리의 욕구, 우리의 죽음공포와 연결되어 있기에 생의 모든 문제를 상상적으로 보상해준다. 그리하여 인간조건에서 내가 남들보다 나은 존재가 되었다는 끈질긴 환상이 들러붙기도 한다. 안됐지만 사실은 그렇지 않다. 부자도 다른 사람들과 마찬가지로 고통과 죽음은 피할 수 없다.

각 사람에게 일어날 수 있는 최악은 과잉이 욕구를 질식시키는 사태다. 가령, 식습관의 예를 보자. 미국은 자기네의 풍요에 되레 피해를 입는 전형적인 국가다. 여기선 음식이 남아돌기 때문에 국민들이 과식과 비만에서 좀체 헤어 나오지 못한다. 북미 인구는 절제를 배우는 대신 소화기관을 혹사하는 습관을 들였고 아침 댓바람부터 엄청나게 먹어댄다.

재화의 과잉을 대하는 태도는 절제 아니면 한술 더 뜨기다. 에피쿠로스는 부자가 되려면 돈을 더 모을 게 아니라 우리 욕망을 줄여야 한다고, 평온히 머물 곳을 짓고 불안과 슬픔 없이 살아야 한다고 했다.[27] 교활한 전략이다. 이게 정말 순수한 절제인가, 아니면 그때그때 욕망을 억눌러 더욱 활성화하려는 작전인가? 또 다른 방법은 유혹을 더욱더 키우는 것이다. 자명한 사실을 여기서 짚고 가자. 문명은 결코 욕망의 축소가 아니라 오히려 욕망을 배가시키고 극도로 정교하게 개발한 결과다. 손닿지 않는 곳에 있는 욕망의 대상은 부르는 게 값이다. 사랑의 감정이 사랑받는다는 만족감을 깎아먹지는 않는다. 돈 그 자체를 욕심내면 열정이 말라붙지만 돈이 열정을 활짝 피워주고 열매 맺게 하는 수액 역할을 할 수도 있다. 정념은 극복해야 할 질병이 아니라 지상에서 거하는 나날을 아름답게 장식하고 권태를 물리칠 기회다. 위대한 문화의 얼은 무엇보다 아름다음에 가치를 두고 한없는 활력을 불어넣는다. 그런 활력을 절제한다면 큰 손해가 아닐 수 없다. 좋은 삶의 비결은 이런 것이다. 언제까지나 경탄하는 능력을 잃지 말 것. 갈증은 다시 느끼기 위해서 해소해야 하는 것.

반유대주의, 좌에서 우로

프랑스 공산주의자이자 노조운동가인 브누아 프라숑Benoît Frachon은 이스라엘군이 아랍군을 제압하고 기념식을 거행했을 때 1967년 6월 17일자 『뤼마니테』에 이런 글을 기고했다. "금융계 고위층 인사들이 참석함으로써 이 행사는 종교적 열의와는 또 다른 의미를 갖게 되었다. (…) 이 행사에는 금송아지가 빠지지 않았다. 금송아지는 구노의 오페라에서처럼 자신의 사악한 술책이 불러온 피바다와 진흙탕 속 결과를 굽어보고 있었다. 실제로 뉴스에 따르면 세계적으로 유명한 은행가 족속의 두 대표가 이 사투르누스 축제에 참석했다고 한다. 알랭 드 로실드Alain de Rothschild와 에드몽 드 로실드Edmond de Rothschild가 그들이다. 그들의 발 아래서 죽은 자들이 아직도 피를 흘린다……"

돈은 도대체 뭔가? 아직도 통하는 클리셰대로라면, 돈은 유대인의 악이다. 2006년 1월 바뇌에서 "유대인은 부자이기 때문에" 일란 할리미Ilan Halimi를 납치했던 '야만인 갱단'은 몸값을 요구하면서 3주간 인질을 고문하다가 결국 죽이고 말았다. 2015년 9월

10일, 프랑스 영화감독 필리프 리오레Philippe Lioret는 프랑스 앵 테르 라디오 방송에서 시리아 이민자 사태의 책임을 이스라엘과 6일 전쟁, 더 광범위하게는 "돈 있는 놈들"에게로 돌렸다. 일찍이 레옹 블루아도 유대인들을 두고 이렇게 말했다. "그들 때문에 '신 용'이라는 파렴치하고 난해한 수작질이 명예를 완전히 대체하게 되었다. 과거의 기사들은 명예만 지킬 수 있다면 뭐든지 하고도 남았는데 말이다." 1930년대에 베르나노스는 "유대인의 정복"을 통렬하게 비판했다. 그는 "황금의 주인들"이 "과거 여러 차례 그 들의 걸림돌이었던 바로 그 악덕들로써—이목 끌기, 뻔뻔스러움, 폭군과도 같은 잔인함으로써—권력을 잡았다"고 말했다. "19세 기 중반부터 정부, 은행, 법조계, 철도와 광산 사업, 그 밖에도 부 잣집 자제와 코안경을 한 이공계 출신들이 판치는 모든 분야에서 유대인들은 요직을 차지하기 시작했다. 원숭이처럼 손짓을 쓰면 서 말을 하고, 길게 나열된 숫자나 주식가격을 뜨거운 눈길로 바 라보는 기묘한 신사들……. 그들의 검은 털, 천년의 불안이 새겨진 이목구비, 솔로몬의 치세 이래로 정숙치 못한 아시아의 모든 침상 에서 놀아나느라 쇠약해진 골수의 야만적 욕망."[28]

알다시피 유럽에서 유대인들은 종사할 수 있는 직종이 거의 없 었기 때문에 은행법, 대부업에 집중되었고 꼭 필요하지만 밉살스 러운 존재로 통했다. 15세기 말의 종교재판은 콘베르소(가톨릭으 로 개종한 유대인)를 추적하고 그들이 여전히 몰래 유대교를 믿는 다고 의심했다. 이때 에스파냐의 페르디난도 국왕은 유대인들은

"우리의 금고요, 우리 유산에 속한 자들"이라면서 종교재판관들을 달래기도 했다.[29] 마르크스는 시장의 추상화를 거처로 선택한 유대인의 "허상적인 민족성"을 언급하면서 일단 자본주의가 파괴된 후에 그 민족도 해방될 것이라고 본다.

반유대주의라는 대주제의 한 부분인 '돈과 반유대주의' 항목만으로도 도서관 몇 개를 채울 만큼 자료는 넘쳐난다. 유대인들의 악행은 황금의 악마적인 힘에 새겨져 있다. 유대인은 우리 죄악의 구체적 현신이요, 그 죄를 씻을 매개체다. 역설적 반유대주의자 레옹 블루아가 『유대인을 통한 구원Le salut par les Juifs』(1892)을 썼던 이유가 여기에 있다. 그는 이 글에서 이스라엘을 예수가 영원히 못 박힌 십자가, 인류라는 강의 수위를 높이는 댐으로 보았다. 우리 자신의 구원을 위해서는 유대인들을 토해내야만 하는 것이다.

반유대주의는 까마득한 옛날부터 이어져왔지만 참으로 변화무쌍한 정념이다. 오늘날 반유대주의는 특히 이스라엘 건국 이후로 아랍이슬람 세계와 유럽 극우파 진영에 팽배해 있다. 그러나 반유대주의는 스펙트럼이 아주 넓고 다양한 측면을 포함한다. 사회주의 운동에 두드러진 금융 혐오는 실재하지 않는 유대인—우리의 죄를 짊어진 속죄양이자 상종할 가치 없는 천한 민족—에 대한 혐오로 굴절될 위험이 늘 있다.

제7장

음흉한 계산속이 숭고한 사랑을 죽였나

> "그런데 외숙모, 결혼을 두고 돈만 밝히는 것과 신중함은 정확히 어떤 차이가 있는 거죠? 어디까지가 신중함이고 어디서부터 탐욕으로 봐야 하는 거죠?"[1]
>
> ─제인 오스틴

> "가난이 문을 두드리면 사랑은 창문으로 나간다."
>
> ─아프리카 속담

2014년 여름, 한 미국인 여성이 투자회사 사무소에 편지를 보냈다. 그녀는 연봉이 50만 달러 이상인 돈 많은 남자와 결혼하고 싶다고 밝혔다. "저는 스물다섯 살이고 교육을 잘 받았으며 세련되고 품위 있는 미인입니다. 적어도 1년에 50만 달러 이상은 버는 남자와 결혼하고 싶습니다. 귀사 직원 가운데 연봉 50만 달러 이상인 독신남성(이혼, 사별 포함)들의 주소를 알려주시겠어요? 혹은 그런 능력 있는 남성의 배우자 분들이 저에게 조언을 좀 주시면 어떨까요? 저는 이미 20~25만 달러를 버는 남성과 결혼을 약속했던 적이 있습니다만…… 25만 달러로 뉴욕의 부촌에서 살려면 좀 빠듯하지요. 저와 같은 요가교실에 다니는 사람 중 금융인과 결혼한 여자가 있는 데요. 그 여자는 트라이베카에 살지만 저만큼 예쁘고 똑똑하지 않아요. 그 여자도 했는데 저라고 왜 못하겠어요? 어떻게 해야 저도 그 정도 생활수준을 누릴 수 있을까요?"

한 금융인이 이 편지에 답장을 보냈다. "보내주신 편지, 매우 관심 있게 읽어보았습니다. 귀하의 요청을 연구한 후에 꼼꼼히 경제적 상황을 분석해보았는데요. 첫째, 나 자신도 연봉 50만 달러 이상 벌기 때문에 시간낭비 할 것 없이 단도직입적으로 말씀드리죠. 사태를 요약해보겠습니다. 당신은 아름다운 외모를, 나는 돈을 가졌습니다. 안됐지만 이건 당신에게 불리한 거래입니다, 당신의 미모는 날이 갈수록 시들고 언젠가 분명히 사라지겠지만 나의 소득과 자산은 오히려 증식할 확률이 높으니까요. 그러므로 '경제적 관점에서' 당신의 자산에는 감가상각이 있지만 나의 자산은 꼬박꼬박 배당금이 나옵니다. 당신의 미모는 점점 시들 것이고, 그 과정이 진전되어감에 따라서 당신 가치도 점점 더 빨리 떨어질 겁니다! 확실히 짚고 갑시다. 당신이 지금 스물다섯 살이라고 했지요? 당신은 미인이고 그 미모가 앞으로 5년에서 10년은 유지될 겁니다. 그렇지만 매년 사진을 찍어서 오늘 찍은 사진과 비교해보면 점점 더 미모가 사라져간다는 것을, 본인이 얼마나 나이 들었는가를 실감하게 될 겁니다. 쉽게 말해 당신은 지금 '성장 국면'에 있고, 매도에는 좋은 타이밍이지만 매수에 좋은 타이밍은 아니죠. 경제적 관점에서 오늘 당신을 소유하는 사람은 '매도 입장'을 취하는 것이 좋지 '매수와 유지' 입장을 취할 만하지 않습니다. 그런데 당신은 자기를 사서 붙들고 있으라고 제안하고 있잖아요.

따라서 계속 경제학의 관점에서 말해보자면 당신과의 결혼(매수와 유지)은 중장기적으로 그리 좋은 선택이 아닙니다. 이 경우는 임대가 합리적인 거래가 될 것이므로 얘기라도 해볼 수 있겠지요. 당신이 '교육을 잘 받은, 세련되고 품위 있는 미인'이라는 사실을 보장한다면 나는 그 '상품'을 빌려 쓰는 계약은 체결할 수도 있을 겁니다. 그렇지만 이런 계약의 관행상 무료 성능 시험을 한 번은 해볼 수 있으면 좋겠습니다."[2]

또 다른 표현을 써보자면 젊음과 미모는 '노화하는 돈'으로 이해할 수 있겠다. 1916년에 독일 경제학자 실비오 게젤은 시간이 흐를수록 가치가 떨어지는 돈 개념을 처음으로 제시했다. 게젤은 프루동의 제자였고 1919년에는 잠깐 나타났다 사라진 바바리아 공화국 내각에서 재무장관을 맡기도 했다. 금리를 대단히 부정적으로 보았던 그는 가치가 갈수록 떨어지는 통화가 더 빠르게 유통되고 돈을 쌓아두기만 할 때보다 생산적인 효과를 낼 수 있다고 강조했다. "따라서 돈이 더 나은 교환수단이 되기를 원한다면 우리는 돈을 더 나쁜 상품으로 만들어야 할 것이다." 게젤은 은행권에 우체국 소인이 찍혀 나와서 보유기간에 따라 돈의 가치가 주기적으로 하락하게끔 해야 한다고 보았다.(이 원칙대로라면 지역통화Local Exchange Trading System는 마이너스금리를 적용하고 생존기간이 한정된 화폐를 발행하는 셈이다.³⁾ 오래된 격언이 뒤집혔다. 이제 돈은 시간이요, 시간과 같은 리듬으로 가치가 사라진다. 따라서 가치가 증발되지 않게끔 돈을 빨리 써버려야 한다. 1923년에 오스트리아의 신지학자 루돌프 슈타이너도 비슷한 발상에서 "유효기간이 정해져 있으며 점점 노화하는 화폐"가 유통된다면 채무자가 빌린 돈이 그냥 받은 돈으로 조금씩 변환됨으로써 최악의 파산은 면할 수 있을 것이라 생각했다. 채무가 어느 시점에 가서는 무효화되어야 선순환이 다시 시작될 수 있다.

발자크는 『사촌 베트』에서 "정숙한 부르주아 기혼녀의 체면을 지키면서" 어떻게 파리를 상대로 자기 매력을 팔 수 있을까라는 의문을 던진다. 재주도 있어야 하고 운도 따라야 할 것이다. 무감각하고 하릴없는 부자, 빼어난 사교술, 재치가 넘쳐나는 대도시가 안성맞춤이다. 남편이 공모자가 되어 음전한 부인네라는 겉모습을 지켜주는 것도 중요하다. 이 "치마를 두른 권모술수가"들은 화류계 여자들 중에서도 최악의 족속이다. "순진무구한 얼굴"을 하고 있지만 이 여인네들의 "심장은 금고"다.⁴ 그들은 애정의 가짜 화폐를 진심처럼 보이게 하는 기막힌 위조범이다. 사내는 그런 줄도 모르고 이 여인들에게 우물쭈물 사랑을 고백한다. "당신을 100만 프랑만큼 사랑합니다."⁵ 뿐만 아니라 유혹의 프로는 모파상의 벨아미처럼 수려한 외모, 말재주, 끈기, 그리고 부유한 상속녀의 은행잔고를 말아먹기 전에 일단 그런 여자를 알아보고 표적으로 삼는 능력도 겸비해야 한다.

남자나 여자의 아름다운 외모라는 자산에 성애적인 자산이 겹치면 중간 단계를 훌쩍 뛰어넘을 수 있다. 졸라도 같은 맥락에서 제2제정 고위급 인사의 부인이 정부들에게 몸을 허락하는 대가로 10~20만 프랑을 챙길 수 있었노라 설명한다. 매춘이라는 비난을 받지 않으려고 조심한 덕분에 '희소가치'가 있었다나.[6]

1970년대에 피에르 클로소프스키는 사드와 푸리에의 정신적 후예를 자처하며 인간, 특히 여성의 에로틱한 잠재력에 근거한 '살아 있는 화폐'를 수립해보자고 했다. 그렇게만 된다면 인간은 값을 매길 수 없는 환상을 자유로이 교환하게 될 거라나.[7] 모든 '산업 노예', 다시 말해 피고용인은 그가 타인들에게 불러일으키는 감정에 기준하여 가치를 지니게 될 것이다. 샤를 푸리에는 욕망이 "사랑의 신세계"의 원동력인 동시에 화폐라고 보았다. 그리고 쾌락은 충동의 연료를 언제나 100배로 보상해주는 임금이다. "우리의 잘못은 과한 욕망이 아니라 너무 부족한 욕망이다." 클로소프스키는 이러한 생각의 연장선상에서 정념의 상업적 성격을 무시해서는 안 된다고 비판한다.[8]

성적인 흔들림은 평가, 값 부르기, 지불해야 할 대가를 전제하기 때문에 절대로 이해관계와 무관하지 않다. 실제로, 욕망은 모든 사회의 원자재이고 '공짜'만큼 희열과 상반되는 것도 없다. 그럼에도 불구하고 이러한 주장들은 연령이라는 문제를 은근히 피해간다. 성적으로 탐낼 만한 연령대를 이미 넘겨버린 사람은 어떻게 해야 하나? 그들은 사회라는 무대를 차지하기에 부적절하다고 봐야 하나?

더없이 전복적인 주장이 곧잘 그렇듯, 이 주장도 결국 젊음과 미모의 귀족제도를 옹호하고 인구의 상당수를 나 몰라라 하는 셈이다. 그러한 범통화적 유토피아는 일상에서의 욕구와 정이라는 좀 더 평범한 문제는 제기하지 않은 채 욕망과 돈을 융합한다.

현대 결혼의 세 축

낭만주의는 오랫동안 고귀한 정념과 상스러운 정념을 대립시켰다. 전자가 격정, 열의, 시정이라면 후자는 계산, 신중함, 삭막한 가계부다. 위대한 감정과 치사한 인색은 그렇게 동떨어져 있었다. 그러나 로베르트 무질은 20세기 초부터 모든 인간관계가 정치경제용어를 빌려 쓰게 되었다고 말한다. 『특성 없는 남자』에서 엄청난 부자 아른하임은 이렇게 말한다. "이제는 사랑에서부터 순수논리학까지 모든 지적 관계를 수요와 공급, 할인과 비축의 언어로 표현할 수 있게 되었다. 적어도 심리학과 종교의 언어로 표현하는 수준만큼은 된다."[9]

정치경제학이 우리네 감정의 순수를 파괴한 게 아니다. 단지 사랑과 종교의 일부 메커니즘을 이해하게 해주었을 뿐이다. 돈은 보편적 번역을 한다. 모든 것을 돈으로 환원할 순 없지만 모든 것을 돈의 언어로 표현할 수는 있다고 할까. 19세기는 순진했다. 감정을 소득에 종속시키고 소득을 최후의 수단으로 보았으니까. 이 시대도 순진해빠졌다. 커플을 욕망에 종속시키고 돈의 오랜 위안을 잊었으니까. 천박한 유물론의 함정, 의기양양한 이상주의의 함정이다. 유럽에서는 20세기 중반까지 돈이나 가문을 생각해서 혼인을 했고 신부의 가치는 결혼할 때 들고 오는 지참금으로 환산되었다. 지금은 애정과 자유로운 선택이 혼사를 결정한다. 제2차 대전 이후로 성적인 측면까지 고려한 애정이 행복한 부부생활의 필수불가결한 요소가 되었다. 그러나 1960년대에 돈 문제가 부부관계에서 완전히 사라졌다고 믿은 것은 착오였다. 부부는 벼락같은 사랑에 빠질지라도 득과 실을 재어보고 밀고 당기기를 거듭한다. 달콤한 속삭임도 계산인 것이다.

달리 말해보자면 오늘날의 결혼은 이익, 사랑, 욕망이라는 세 가지 측면을 결합했다. 셋 중 무엇 하나 양보할 수 없다. 처음에는 쉬쉬하던 금전적 계산이 부부가 위기에 빠질 때, 아예 두 사람이 갈라서기로 작정할 때 표면으로 부상하는 경우가 많다. 이때 사랑의 파국은 광적인 투기로 변한다. 법률 기록을 보면서 사설탐정과 변호사가 마련해준 서류로 확실하게 재판을 준비한 아내에게 수백만 달러를 떼어준 대귀족이나 억만장자가 널리고 널렸다. 이혼이 이처럼 씁쓸한 돈 싸움의 현장이 된 것은 이혼이 슬픔을 현금으로 전환하는 독자적인 사업이 되었기 때문이다. 과거와 마찬가지로 결혼은 사업이요, 이혼은 연금을 보장해야 하는 사회계획이랄까. 사랑은 보상금이 흐트러뜨리는 안개다. 과거에는 그 안개가 흐릿하고 모호했지만 이제 아주 투명해졌다.

연인들은 이따금 마음을 외상으로 빌려주고 잘못이나 소동을 꼬박꼬박 계산하는 고리대금업자처럼 군다. 그들의 애착은 어떤 식으로든 나중에 꼭 반환되어야 하는 선물 같다. 배상을 요구한다는 것은 엄밀히 말해 타자가 지불을 해야만 한다는 뜻이다. 속았다고 생각하면서 미납금을 내놓으라고 요구하는 자의 상처받은 나르시시즘을 타자는 복구해줘야만 한다. 부부생활 20년은 배우자와 공동으로 연금점수를 쌓은 사회생활 경력과 비슷하다. 법정에 갈 때가 되면 변호사와 판사가 그 경력을 잘 요약해주리라. 아주 건조하게 말하자면, 이런 상황에서 돈은 나 자신을 도둑맞았다는 두려움을 상징한다. 그 사람이 나를 침범했고, 내 인생을 뒤집어놓았다. 그러니까 나는 공물 혹은 대가라는 형태로 보상을 받아야만 한다. 적어도 혼전계약은 사태를 아주 분명히 해준다는 장점이 있다. 대부호들은 복잡한 사정이 끼어들어오지 않도록 아예 결혼 전에 이혼할 경우 지급할 위자료를 명시해둔다.

그러나 애정의 표시를 협상하는 경우는 그렇게 예외적이지 않다. 스파르타와 아테네의 전쟁을 배경으로 하는 아리스토파네스의 희곡 『리시스트라타Lysistrata』를 보아도 알 수 있듯이 이미 고대부터 여성들은 섹스파업을 활용했다. 여성은 성행위를 거부하는 투쟁으로 남성에게 압박을 행사하여 원하는 바를 얻어내곤 했다. 일부 페미니스트는 '부부의 의무'가 가부장의 착취행위이므로 보수가 지급되어야 한다고 주장하고,[10] 뉴욕 어퍼이스트사이드의 부잣집 사모님들은 집안일을 돌보는 대가로 보너스를 받기도 한다. 여성해방을 부르짖는 여성 중 일부가 성매매적 사고방식을 은근히 깔고 가장 사적인 관계까지 상품화하는 셈 아닌가. 아직도 케케묵은 태도는 남아 있다. 많은 여성이 '해방' 이후에도 돈은 남성이 내는 거라고 생각한다. 남성도 여성이 데이트 비용을 내거나 자기보다 돈을 더 잘 벌면 뭔가 모욕적이라고 생각하는 경우가 많다.

돈은 약이자 독이다. 돈에는 해방의 힘이 있지만 때로는 그 힘이 치명적인 병이 된다. 커플이 자기네 관계에 대해서 회사 실적에 실망한 주주들처럼 굴고 돈을 두고 싸우기 시작하면 본때를 보여준답시고 상대를 파멸시키는 최악의 사태까지도 갈 수 있다. 계산하지 않는 사랑이 일단 식으면 더 꼼꼼하고 철저하게 계산서를 따진다.

1960년대에 프랑스 여성들은 자기 명의의 은행계좌와 수표책이 있기는 했지만 큰돈이 오가는 거래는 모두 남편 명의로 이루어졌다.[11] 그렇지만 가계 경제는 거의 전적으로 아내 소관이었다. 특히 (북부 광산 지역을 비롯한) 노동자 가정에서는 남편이 자기 월급을 고스란히 아내에게 주고 살림과 육아를 도맡게 했다. 커피나 음료 값도 낭비해서는 안 되었다. 알뜰한 살림의 노하우가 미국에서나 유럽에서나 중요한 주제가 되곤 했다. 생활비를 둘러싸고 20세기 말에 얼마나 많은 말이 있었는지.[12] 정서적 수호자인 아내는 가계 관리자가 되었고 합리적으로 소비하는 법을 배워야 했다. 아내가 버는 돈은 "자기가 쓸 잡다한 물건"[13]을 사는 용돈 정도로 치부되었다. 소비지상주의가 젊은 주부들에게 백화점의 유혹을 들이밀자 그들의 금전적 요청이 거세게 일어났다. 졸라가 파리 봉마르셰 백화점 개업 시기에 발표한 소설『여인들의 행복 백화점』에서 다룬 이 주제는 그 후 수많은 풍속극을 낳았다. 오랫동안 남편의 수입만이 중요했다. 여자의 팔자는 보호자이자 공급자인 '가장breadwinner'의 손에 달려 있었다.[14]

남편과 아내가 모두 일을 하기 시작하면서 사정이 변했다. 재산 공유가 등장했다. 부부의 소득 비교는 조화로운 협조 혹은 은근한 경쟁심의 빌미가 되었다. 어떤 부부는 소득을 합치고 필요한 대로 사용한다. 또 어떤 부부는 소득을 따로 관리하면서 그때그때 중요한 구매를 할 때마다 상의를 해서 돈을 낸다.[15] 이제 부부는 끝없이 돈 계산을 하면서 살게 됐고 지출은 각자의 경제적 공헌도에 따라 논의할 만한 사안이다.[16] 계산을 할 것. 아무리 금슬 좋은 부부라도 계산하는 삶을 피할 도리는 없다. 그렇지만 계산이 품위를 떨어뜨리지는 않는다. 오히려 삶의 필수요소로 보아야 한다.

행복한 결혼은 정념과 이익이 잘 맞아떨어진다. 돈이 연대나 자선이나 사랑을 저지하지는 않는다. 걸어 다니는 중소기업이라고 해도 좋을 남녀가 만나 결혼까지 가는 경우처럼, 때로는 돈 욕심과 색욕이 잘 양립하기도 한다. 비록 그런 결합에서 에로티즘이 가장 빨리 유통기한에 도달하곤 하지만 말이다. 이익은 예측 가능한 성격이 있어서 결혼을 더욱 공고히 하는 반면, 기분은 쉽게 변한다.

현대의 결혼생활은 대사의 왕복외교와 비슷하다. 겉으로는 즉흥적으로 이루어진 일처럼 보이지만 수면시간부터 장보기, 각종 집안

일, 애 보기, 막간의 잠자리 회동까지 전부 다 협상 대상이다. 부부의 화합은 일종의 '감정적 삭막함', 별로 영광스럽지 않은 시시콜콜한 부분까지 챙기는 능력을 전제한다. 부부가 각자의 영역을 정하고 그때그때 합의를 잘 보아 마찰을 피하는 것이 중요하다. 이게 안 되면 싱크대에 넘칠 것 같은 설거지거리처럼 근심이 쌓여만 간다.

"위대한 몰록 바알 마몬Moloch Baal Mammon의 보이지 않는 불길한 손"이 현금을 쥐어짜고 성장 속도를 증진하기 위해 부부를 깨뜨린다고 비판하는 자들에게는[17] 이혼이 상당수 기혼자들에게, 특히 여성들에게 경제적 몰락을 의미한다는 점을 지적하고 싶다. 진실한 감정 없이 순전히 돈만 바라본다면 왜 이혼으로 가정의 자산을 쪼개겠는가. 돈은 감정을 집어삼키는 가정파괴범이 아니라 시간의 벗이다. 돈은 커플이 장기간 이어지게끔 도와준다. 반례를 증거로 들어볼까. 정말 가난한 커플은 이혼을 하고 싶어도 한 명이 나가 살 데가 없어서 죽어라 서로를 미워하면서도 한 지붕 아래 산다. 물질적 형편은 풍부하면서도 균형 있는 생활의 부식토다. **에로스는 가난과 함께하기를 힘들어한다.** 냉소적으로 하는 말이 아니라, 우리 사랑은 원래 타협적이다. 사랑도 복합적 경향의 유산이기 때문이다.

사랑에서 어느 한 요소를 따로 떼어내어 그 요소가 사라지느니, 혹은 너무 두드러지느니 한탄하는 것은 우리 안에 얽히고설킨 오만 가지 충동을 외면하는 처사다. 우리는 "낙담한 낭만주의자"(피에르 마낭Pierre Manent)가 아니라 생각 없는 결합으로 감정을 더럽히기에는 감정의 연약함을 너무 잘 아는 신중한 낭만주의자다. 현대의 커플은 열정과 살림살이의 독특한 조화다. 마음을 토로하고 육체적 욕망을 나누기도 하지만, 소소한 집안일을 두고 열띤 대화도 나눈다.

<hr />

가난 흉내

철인 황제 마르쿠스 아우렐리우스(121~180)는 어린 시절부터 스토아주의에 경도되어 땅바닥에 밀짚을 깔고 자는 습관을 들였다고 한다. 실제로 스토아주의자들은 '프라이메디타티오 praemeditatio(미리 숙고하기, 예비하기)'라는 정신수양법으로 가난, 배고픔, 육체적 고통 등을 모의 훈련했었다. "생의 달콤한 유혹에 저항하기"(키케로), 고통의 관점으로 쾌락을 바라보기, 궁핍의 관점으로 풍요를 바라보기가 여기에 해당한다. 스토아주의자들은 병석에 누워 딱딱하게 굳은 빵을 억지로 먹는다든가, 일부러 잃어버려도 아깝지 않을 남루한 의복을 입었다. "가난이 얼마나 괴롭지 않은가를 안다면 우리는 지금보다 걱정 없이 부자가 될 것이다."(세네카)[18] 하지만 이 말을 남긴 세네카는 그의 재산이 로마제국 전체 예산의 6분의 1쯤 될 정도로 어마어마한 부자였다.

가난뱅이 흉내에는 이중의 의도가 있다. 미식과 고운 옷을 얼마든지 버릴 수 있음을 말하려는 의도, 무엇보다 반감을 가라앉히려는 의도가 있다. 그러한 수련은 인위적 성격이 농후하다. 끼니를 거르고, 일주일에 한 번 금식을 하고, 너무 기름진 요리를 삼가는 행위는 윤택한 삶을 계속 이어나가기 위한 잠깐의 유예일 뿐이다. 온갖 종파의 영적 지도자들에게 둘러싸인 니콜라 윌로Nicolas Hulot도 2014년 6월에 소비를 절제하고 기후를 생각하는 의미에서 한 달에 한 번은 금식을 하자고 하지 않았던가? 그런 가식적 행위는 기우제의 춤 정도 효과밖에 없다.

돈 있는 집에서 태어난 자보다는 가난한 집에서 태어나 형편이 조금 핀 자가 역경을 잘 헤쳐나간다고 쇼펜하우어는 말한다.[19] 그 사람들은 행운을 믿고, 다시 일어설 수 있는 자기 능력도 믿기 때문이다. 그들에게 가난은 바닥이 보이지 않는 심연이 아니라 자연스러운 출발점이었다. 이 사람들은 살림살이가 나아진 후에도 힘들었던 시절의 습관을 버리지 못한다. 침대를 줘도 굳이 땅바닥에서 자는 노숙자처럼, 혹은 유명 작가가 된 후에도 작은 여행 가방 하나만 들고 초라한 호텔을 전전하며 살았던 장 주네처럼.

회복탄력성은 사치스러운 생활 속에서 쉽게 부식되는 자산이다. 토크빌은 다소 허풍을 섞어서 귀족은 물질에 연연치 않기 때문에 궁핍 속에서도 잘 살아간다고 주장한다. "귀족제를 뒤흔들거나 파괴한 모든 혁명은 풍요에 익숙한 자들이 생필품조차 없는 삶에 수월히 적응하는 반면, 피땀 흘려 부를 일군 자들은 일단 그 부를 잃으면 폐인이 된다는 사실을 보여주었다."[20] 정말 그럴까? 1917년 이후 프랑스에서 볼 수 있었던 러시아 백군(반혁명파)을 생각해보라. 대공이 운전사나 노동자 신세가 되었는데 좌절감을 느끼지 않는다고? 습관의 힘만으로 모든 악에 면역이 된다고 믿는다면 그것도 교만이다.

교만은 스토아주의에서 특히 무거운 죄다. 키케로를 읽다 보면 모든 것을 버려도 좋을 것 같다. "절제와 용기와 영혼의 도량과 인내심이 함께하는"[21] 진정한 현자라면 자식이 태어나거나 죽거나 해도 초연한 태도를 보일 것 같고, 눈이 멀거나 귀가 먹거나,[22] 심지어 고문당하고 불에 타 죽어가는 중에도 행복할 수 있을 것 같다. 그런 사람은 현자가 아니라 괴물이다! 아무것도 부족해본 적 없는 사람들이 이런 유의 주장을 하니 문제다.(세네카와 키케로가 그들의 철학에 걸맞게 영웅적인 죽음을 맞이하기는 했다. 키케로는 사형 집행인의 얼굴을 똑바로 바라보고 목을 내밀었다고 하고, 세네카는 네로 황제의 명령을 받들어 스스로 손목을 그어 자결했다.)[23]

향락주의자의 참회, '프라이메디타티오'는 생의 모든 국면을, 심지어 유복함의 이면까지도 통제하고자 하는 의지를 드러낸다. 최악을 미리 상상해야만 실제로 그런 상황이 닥칠 때 침착하게 대처를 할 수 있다. 죽음, 질병, 궁핍을 밤낮으로 미리 대비하면 극복할 수 있다는 발상은 너무 순진하지 않은가. 우리가 아무리 예측하고 대비한다고 해도 불행은 언제나 우리의 허를 찌르고 가난과 질병은 생각지도 못하게 닥친다. 우리는 늘 예상했던 것에도 놀란다.

결혼은 감옥인가, 탈출인가

19세기에 결혼은 분명히 거래였다. 여자는 지참금을 가져가고 남자는 그 대가로 평생 아내를 보호했다. 영미 소설과 프랑스 소설에서 볼 수 있듯이 여성은 언제나 구원받은 아내, 정신 나간 노처녀, 수상한 과부, 저주받을 창녀 중 하나였다. 부친이나 오빠들의 권위에 매여 있던 여성이 그나마 안락한 삶을 보장받을 수 있는 기회는 혼인뿐이었다. 여성은 아주 특수한 경우가 아니면 직업에 종사하지 않았으므로 일생일대의 관건인 결혼에 꼭 성공해야만 했다. 따라서 가급적 괜찮은 소득이 보장된 남편감 찾기는 매우 중요했다.

"독신 여성은 얄궂게도 가난하게 사는 성향이 있다. 그렇기 때문에 결혼은 하는 방향으로 진지하게 생각해야 한다."(제인 오스틴)[24] 제인 오스틴은 결혼을 법칙과 동기를 파악해서 최대한 잘 치러야만 하는 두려운 시험으로 본다. 오스틴 본인이 재산이 없어서 스물세 살에도 결혼을 못하고 있다는 사실을 저주처럼 여겼다. 그녀는 탐탁지 않은 사회의 시선에도 불구하고 (생계를 책임지지는 않았지만) 가족에게 보탬이 되기 위해 글을 쓰기 시작했다.[25]

1817년, 죽음을 몇 달 앞두고 꼼꼼하게 자기가 번 돈을 확인했더니 684파운드 13실링이었다고 한다. 그녀가 사후에 누리게 된 명성에 비하면 실로 보잘것없는 금액이다.[26] (프랜시스 스콧 피츠제럴드는 '장부'를 독자적인 한 장르로 만들었다. 그의 단편소설 중 상당수는 채무가 수입보다 큰 출납 장부를 방불케 한다.)

세 종류의 등장인물이 이 사업이 잘 풀리는 것을 방해한다. 결혼은 하지 않으면서 재미만 보려는 유혹자,[27] 젠트리 가문 상속녀를 노리는 지참금 사냥꾼, 정식 청혼보다는 공상적인 면에 치중하는 젊은 이상주의자. 일단 부부의 연이 맺어지면 건실한 행복을 맛보지만 이런 유의 배우자 찾기를 지배하는 것은 행복 추구가 아니라 안전 추구다. 모든 의례, 교류, 풋사랑, 정식 청혼은 타자가 지켜보는 가운데, 누가 얼마나 재산을 물려받는지 투명하게 아는 상태에서 벌어진다. 결혼시장에서의 가치는 뭐니 뭐니 해도 재산과 관련이 있다. 젊은 여성은 때때로 부친이 경매장에 내놓은 가축 비슷한 신세가 되기도 했다. 천생연분이란 친구처럼 살면서 서로를 존중하고 공동의 이익을 보는 남녀를 뜻했다. 돈 많은 여성, 교활한 여성만이 이런 유의 거래에서 벗어났다. 성실한 남자는 결혼할 생각이 없으면 젊은 여자를 찔러보지도 말아야 했다.

제인 오스틴 소설에서 가정은─특히 자매가 있는 가정은─일종의 중매쟁이 사회다. 모든 여자가 저마다 남의 결혼에 간섭하고, 조언하고, 예측하고, 짝을 맺어준다. 심지어 엠마처럼 "예쁘고, 똑똑하고, 부유하고, 성격 좋고, 대단히 안락한 거처까지 갖춘 여성이" 자기가 중매 서는 재주가 있다는 것을 깨닫고 자기 남편 찾기는 뒤로 한 채 주위 여자들의 연애에 개입하기도 한다.[28] 제인 오스틴이 생각하는 사랑의 감미로움은 정신과 육체를 엮어주는 기술이다. 커플들을 맺어주고, 어떤 성격이 서로 잘 어울리는지 연구하고,

친구끼리 어색해진 관계를 다시 풀어주는 기술. 좋은 혼인은 반드시 집안에 도움이 되고 가족 모두의 안전을 보장하는 만큼, 사랑은 혼인에 이르기까지의 과정이 전부다. 이러한 기획이 제1차 세계대전이 발발하기 전까지의 "안전한 황금시대"(슈테판 츠바이크)[29] 유럽에서 전개되었다는 점을 알아두자. 그 시절에 통화는 안정적이었고 인플레이션은 거의 존재하지도 않았으며 보장기한이나 신용도는 걱정할 필요도 없었다.

제인 오스틴의 여주인공들은 거대한 결혼정보회사의 올가미에 걸렸다가 출발 시점부터 지니고 있었던 장점, 중간 과정에서 만난 기회에 따라 다행스럽게 탈출하기도 하고 참담한 결말을 맞기도 한다. 독자는 이 감옥 같은 소설들 속에서 숨이 막힐지도 모른다. 이 소설들은 젊은이들을 옭아매고, 그들의 희망을 가공하고, '사랑의 지도'를 공증 받은 부동산 등기부로 바꿔놓는다. 하지만 여기서 자유와 지성의 공기를 숨 쉴 수도 있다. 관습의 미로 속에서 길을 찾는, 조건 달린 자유일지라도. 어떤 면에서 이 자유는 노벨경제학상 수상자 개리 베커의 이론을 예고하는지도 모른다. 베커는 결혼을 인적 자본에 대한 투자, 불완전한 결혼시장에서 경쟁해서 얻은 결과로 정의하지 않았는가. 결혼시장에서 만남의 비용, 자녀 양육비용 등은 만족스러운 투자 결과로써 보상된다.[30]

끝까지 결혼을 하지 않았던 오스틴은 순전히 계산적이고 관습적인 결혼을 비난했는지도 모른다. 하지만 그녀는 감정의 비약도 경계했다. 이성, 마음, 재물을 가급적 조화시켜야만 한다. 미국의 소설가 이디스 워튼도 제인 오스틴처럼 19세기 말 미국에서 돈도 없고 특별한 소명도 없는 예쁘장한 아가씨가 "굶어죽지 않는 방법은 결혼뿐이다. 행여 이 아가씨가 자기 개를 산책시키거나 교구 주보를 읽어줄 사람을 구하는 돈 많은 노부인을 만난다면 모를까."[31] 결혼은 구원의 문이었다.

프랑스 작가 발자크도 현실적인 시각으로는 결코 뒤지지 않았다. 라스티냐크가 젊은 처자에게 뭐라고 충고하는지 보라. "이봐요, (…) 결혼을 하세요. 젊은 여성에게 결혼이란 한 남자를 자기 앞에서 맹세시키는 겁니다. 행복은 다소간 어떨지 몰라도 경제적인 문제는 확실히 걱정하지 않고 살게 해주겠다는 맹세 말입니다. 난 세상을 압니다. 아가씨, 애 엄마, 할머니 들이 결혼 문제를 두고 감정을 따지는 건 전부 위선입니다. 모두들 형편 좋은 혼처밖에 생각하지 않는다고요. 딸이 시집을 잘 가면 어머니는 거래를 잘했다고 말하지요."[32] 차이가 있다면 발자크가 이러한 사태를 한탄하고 있다는 것이다. 그의 냉소는 이상주의의 낙담을 뜻한다. 반면, 제인 오스틴은 이 사태를 불가피한 것으로 여기고 순응한다.

발자크가 생각하는 정념은 사회질서를 뒤엎고 관습을 파괴해야 한다. 오스틴은 관습이 정념을 다스리고 교화한다고 본다. 발자크는 결혼의 뒷거래에 역정을 내지만 오스틴은 차분한 시선으로 바라본다. 우리는 이 두 소설가의 작품을 읽으면서 여성의 직업 활동과 풍속의 해방이 유럽인들에게 얼마나 큰 진보인가를 새록새록

깨닫는다. 여성은 임금노동을 통해 의존에서 벗어났다. 비록 아직도 여성 대다수가 남편보다 수입이 적다지만 노동은 여성을 해방시켰다.

발자크와 제인 오스틴이 주목한 것은 당시 유럽에서 지배적이었던 재산 중심의 동족결혼이다. 성혁명이 일어났다고는 하나(여전히 남자가 우세한 입장이어서 더 젊은 배우자를 만나 새로운 가정을 꾸릴 수 있는 가능성을 여성에 비해 더 크게 쥐고 있지만) 그러한 경향은 결코 사라지지 않았다. 지금도 대다수가 자기가 속한 계층 안에서 배우자를 만난다. 마음은 변덕스러울지언정 어쨌든 기존 질서를 여전히 따른다. 단지 여성이 일을 함으로써 과거만큼 남성에게 예속되지 않게 되었을 뿐이다. 여성의 노동은 진실한 애정과 경제적 필요를 따로 생각하게 함으로써 감정에서 잡것을 걸러냈다. 또한 부부간 불화가 있으면 이제 여성이 자기 날개로 날 수 있으므로 얼마든지 이혼을 선택할 수가 있다. 경제적 독립이 자유를 보장한다.

◇◇

스콧 피츠제럴드 혹은 잘못 태어났다는 절망

피츠제럴드를 오해하는 사람이 많은 것 같다. 이 작가는 재즈 시대의 선구자, 깜짝 파티, 건방진 태도, 코트다쥐르, 알코올중독과 몰락으로 기억된다. 그러나 에로티즘은 그의 작품에 거의 나타나지 않고, 기행이라고 해봤자 관습을 크게 거스르지 않으며, 몰락은 첫 작품부터 빤히 예견되었다. 스콧 피츠제럴드는 민주주의 국가의 칼뱅파 개신교 작가다. "만취의 장밋빛 안경"도 예정설에 대한 그의 믿음을 감추지는 못한다.

그는 부자들이 지상의 모든 아름다운 것을 누릴 권리가 있는 특권계급이라고 믿었다. 부자들은 인간이 아니라 반신半神 족속이니 그들에게 다가가기보다는 그저 찬미함이 마땅하다. 그리고 부자 중에서도 '돈으로 가득 찬' 목소리의 젊은 여성들이 이루는 한 세계는 절대로 형편 나쁜 남자와의 결혼을 용납하지 않는다. 여기서 세상의 모든 개츠비는 구경꾼들만 즐겁게 해주고 호의를 거절당한다. 개츠비 주제에 그런 여자를 탐내는 것부터가 신성모독이다.

조울증이 있기는 하지만 아름다운 상속녀는 자기를 구해주고 결혼까지 한 의사를 끝내 버리고 만다. 그녀는 자기 계층의 사내와 재혼하기 위해 남편을 헌신짝처럼 버린다(『밤은 부드러워』). 행복은 모두가 살짝 열고 싶어 하는 묵직한 문 뒤에 감춰진 보물이다. 문 안에 한 발을 들여놓은 자들이 가장 아프게 문짝에 발을 찧는다. 천국을 엿보지만 침입자 신세로 쫓겨나는 것이다. "가난한 청년들은 돈 많은 아가씨와 결혼할 꿈을 꾸어서는 안 된다. (…) 사람을 원래 놀던 물에서 끌어내면 돌아버린다. 비록 그 사람이 겉으로는 무슨 허세를 떨지 모르지만 말이다." 부자들만이 관능을 전적으로 소유할 권리가 있고 나머지 사람의 몫은 노동의 비루함, 헛되이 몰아치는 공상뿐이다.

피츠제럴드의 모든 작품은 계급에서 엇나간 자의 불안을 보여준다. 평범한 집안 여자를 받아들이기에는 야심이 크고 꿈꾸는 여자를 잡기에는 형편이 여의치 않은 사내는 관습을 깨지는 못하고 기행을 일삼는다. 그의 가장 훌륭한 소설들은 명랑한 파멸, 파티와 향락 속에서의 몰락을 그려낸다. 환한 빛 속에서 술과 질병이 인물들을 쓰러뜨린다.

피츠제럴드는 자질구레한 경비를 벌고 빚을 갚느라 신문이나 영화 스튜디오에 글을 써주면서 살았다. 그가 생각하기에는 그 무엇에도 흔들리지 않는 '타이쿤tycoon(재계의 거물)' 가문에는 젊음도, 미모도, 유머도 상대가 되지 않았다. 심지어 졸부가 된다고 해도 그 특별한 족속의 일원이 될 수는 없다. 특히 1929년 대공황으로 어설픈 부자는 다 주저앉은 때였다. 「리츠 호텔만 한 다이아몬드The Diamond as Big as the Ritz」의 저자에게 사회적 장벽은 아무리 대담한 자도 감히 넘을 수 없는 신성한 장벽이었다. 피츠제럴드에게서 "영혼의 어둠"을, 일종의 실존적, 문학적 파산을 본 자들이 있다(에밀 시오랑, 질 들뢰즈). 하지만 피츠제럴드의 '균열'은 무엇보다 돈을 선택의 표시로 보았던 그 순진한 믿음에 있다.

그런 점에서 피츠제럴드는 절대로 낭만적이지 않다. 낭만주의는 차라리 제조업과 계산의 지배에 대한 항거였다. 피츠제럴드는 자기를 인정하지 않고 투명인간 취급한 자들과 가치관을 공유하고 그 입장을 참고 견딘다. 그의 모든 작품이 '미국식 생활방식'과 광적인 돈 숭배의 우화다. 피츠제럴드의 현대적 아류(제이 맥키너니Jay McInerney, 브렛 이스턴 엘리스Bret Easton Ellis, 로버트 굴릭 등)

역시 부자들의 뻔뻔한 매혹을 보여주는 동시에 그들을 신랄하게 비판함으로써 이 매혹을 배가시킨다. 1960년대는 끝났다. 풍속이 조금만 더 해방되었더라면, 한 발짝만 엇나가보았다면, 피츠제럴드가 차가운 달러의 신학을 벗어날 수 있지 않았을까 생각해본다. 선택받은 자와 그렇지 못한 자를 구분하는 그 신성한 인印을 무시하고 행동의 자유를 되찾을 수 있었을지도. 그러나 이 가난한 자의 꿈, 이미 몰락을 품고 있는 이 가난한 꿈이 없었더라면 애절한 비극도 없고, 작품도 없고, 지금 우리 곁에 남아 있는 걸작도 없을 것이다.

◇◇

사랑은 언제나 불순하다

부자는 사람 대 사람으로 사랑할 줄 모른다고, 그들의 유복함이 우정에까지 기생한다고 말하는 이들이 있다. 어쩌면 이 말은 사실일지도 모른다. 그렇지만 따지고 보면 거의 모든 인간관계가 그렇지 않을까. 감정은 상황에 걸맞게, 어떤 계획을 함께하거나 취향을 공유함으로써만 일어난다. 어떤 사람에 대한 애착은 우리 마음에 드는 그 사람의 성격적 특징, 신체적 매력으로 표현될 수 있다. 내가 병이 들어도, 어느 날 갑자기 문둥병이 들어 얼굴이 흉측해지더라도, 엄청난 역경에 부딪힌대도 당신은 날 사랑할 건가요? 영원한 물질주의적 난센스가 뭔지 아는가? 감정의 일에서조차 최종적으로는 이익을 따진다는 것이다.

돈은 애매한 감정을 명쾌히 함으로써 통찰력의 특권마저 가로챈다. 우리가 솔직한 감정이 좌우하는 영역이라고 생각하는 곳에서조차 가차 없는 달러 혹은 유로의 법칙이 맹위를 떨친다. 그렇지만 에이드리언 라인의 영화 「은밀한 유혹」(1992)이 절묘하게 보여주듯이 돈의 통찰은 신기루다. 서로를 진심으로 사랑하지만 빚 때문에 곤란해진 젊은 부부가 있다. 아름다운 아내 앞에 웬 백만장자가 나타나 하룻밤을 함께 보내면 100만 달러를 주겠다고 제안한다. 아내는 내키지 않지만 남편의 동의하에 그 제안을 수락한다. 얼마 지나지 않아 부부는 큰 위기를 겪지만 어찌어찌 '해피엔딩'을 맞는다. 여주인공은 그 거래로 '영혼'을 잃지는 않았지만 자신을 원했던 남자에게 흔들렸다. 돈이 사랑을 죽인 게 아니라 사랑이 거래를 부당하게 연장했다고 할까.

감정은 가치의 문제를 제기한다. 타자가 나를 사랑한다면 나는 우연성에서 구원받는다. 타자는 나를 실존의 죄에서 구해준 것이다. 그가 나를 버린다면 나는 존재의 무상함에 짓눌리고 만다. 나의 '가치'는 타인의 욕망으로써만 정당화된다. 더욱이 관계의 모든 순간에 메타포를 적용할 수 있을 것이다. 우리 마음에 드는 사람에 대한 평가, 우리가 견주어보는 그의 장점과 단점, 이것만으로도 기회를 최대화하거나 손실을 최소화하려는 회사의 입사 면접 비슷하지 않은가. "너를 사랑해"라는 놀라운 고백은 타자를 길들여 우리와 동등한 조건에 두는 계약이기도 하다. 고백은 서로의 감정을 동시화하고 타자를 나와 같은 시간대에 위치시키는 방식이다. 이 감정의 폭로가 단순하고 순수하게 나를 내어주는 것만은 아니다. 나의 애정 고백은 저 오랜 로마법 '내가 주니까 너도 준다do ut des'에 따라 이 관계가 상호적일 것을 요구한다. 비대칭적인 관계가 오래 지속되면 사랑 고백이 전쟁 선포 혹은 무서운 실망으로 변할 위험이 있다.

육체적 결합 자체도 희열의 공유를 의미한다. "결혼은 이성의 생식기에 대한 합법적 소유권"이라는 칸트의 표현은 사실적이다 못해 노골적이다. 그렇다면 이 소유권에서 각 사람은 이익을 거둘 수 있어야 한다. 남성의 섹스가 이기적이면 여성 파트너를 만족시킬 수 없다. 여성은 천천히 진행되는 섹스를 가르친다. 육체적으로 서서히 시동이 걸리는 여성은 남성에게 너무 빨리 끝내지 말아줄 것을 청한다. 남성의 에로티즘은 짧고 인색하지만 여성의 에로티즘은 복합적이면서 풍부하다. 사랑이 계산 없이 내어주기를 그치고 소송의 증거자료 준비하듯 서로의 잘못을 하나하나 따지기 시작하면 그 관계는 비틀거린다.

모욕의 기억. 그런 기억 때문에 가장 조화롭게 사는 부부조차 상대가 나에게 저지른 과오를 따지게 된다. 신뢰는 비난이 되고, 신용은 채무가 된다. 이 계산은 감정, 교육 수준, 에로티즘의 대칭성을 요구하는 평등주의 원칙의 직접적인 결과다. 이 계산이 가사노동이라는 매우 상징적인 영역에서 더욱 두드러지고 있다. 요리, 집수리,

장보기, 그 밖의 귀찮은 일이 매일매일 뜨거운 열정의 벽을 부식시킨다. 경제모델은 보이지 않기 때문에 커플에게 더욱 와 닿는다. 사랑은 일상 속에서 집 청소부터 진솔한 대화와 육체적 합일에 이르기까지 적절한 절차들의 연속적 교류다. 우리는 사랑에서 결코 벗어날 수 없다. 게다가 결혼을 잘했다는 게 바로 그런 거다. 상호성의 신전은 꺼지지 않는 성화聖火처럼 끊임없이 새로워진다. 사소한 관심, 키스, 작은 선물은 성공적인 결혼생활에 없어서는 안 될 이 영원한 타협의 바탕 위에서나 먹힌다. 누군가와 함께 살 때는 실질적 금전 문제보다 저쪽은 대가를 치르지 않았다는(절묘한 표현 아닌가) 느낌, 호구 된 기분이 더 심하게 커플을 갉아먹는다.

요컨대, 실체로서의 돈이 아니라 메타포로서의 돈을 도처에서 보게 되는 순간이 온다. 실망한 연인은 "난 너에게 모든 것을 줬어, 너를 위해 모든 것을 희생했어"라고 말한다. 이 비난은 결국 대가 없이는 아무것도 주지 않겠다, 내가 투자한 만큼의 보상을 원한다, 라는 뜻이다. 그는 준 것이 아니라 빌려준 것이고, 이제 배당을 받기 원한다. 계산의 논리는 이렇게 우리 감정의 진위를 알 수 없게 한다는 점이 무섭다. 사실 커플의 삶에서 무엇이 헌신이고 무엇이 습관인지, 무엇이 허영이고 무엇이 계산속인지 딱 떨어지게 구분하기란 불가능하다. 사랑은 늘 불순하다. 어쩌겠는가, 그것이 우리의 운명인 것을.

돈으로 움직이는 사랑, 부도덕한 사랑

조르주 뒤루아, 일명 벨아미는 멋진 마차를 과시하며 지나가는 후작부인, 금융계 거물, 기병과 뒤섞여 불로뉴 숲을 산책하다가 "마부 둘을 거느린" 사륜마차를 타고 지나가는 "연애로 출세한 여자"에게 인사를 보낸다. 그는 "침대에서 뒹굴며 벌어들인 사치품"에 감탄하면서 위선덩어리 귀족들과 달리 대담한 수법을 쓸 줄 아는 그 창부에게 동질감을 느낀다. 성공을 자랑스러워하는 지골로와 창녀의 연대의식이랄까.[33]

우리 사회가 돈에 좌우되는 사랑을 지탄하는 이유는 뭘까? 돈을 받고 몸을 섞는 사람은 노예나 다름없다고 한다. 하지만 본인이 그런 생활을 선택했다면? 혹은 조심스럽게, 일회적으로 그런 일을 한 경우는? 정식 결혼으로 위장했지만 실은 한쪽이 열악한 경제적 사정 때문에 다른 쪽에게 지원을 받는다면?[34] 새파랗게 어린 여성, 일명 '슈거 베이비'가 학비도 대주고 집과 차도 사주는 50대, 60대 '슈거 대디'와 결혼까지 하는 경우는 어떻게 봐야 하나? 순수한 애정, 나이를 초월한 속궁합? 아니면 머리를 잘 쓴 결정? 유럽, 캐나다, 미국 여성들이 서아프리카, 카리브해, 혹은 남부 유럽으로 여행을 떠나 힘 좋은 남정네를 찾아서 실컷 즐기고 돈을 찔러주는 행태는 어떻게 봐야 하나? 여성도 이제 성매매 매수자가 되었으니 여성들의 섹스 관광을 규탄할 것인가? 스탕달은 결혼도 "합법적 매춘"이라고 했지만 사랑이 보수를 챙기는 방식은 실로 다양하며 결코 사라지지 않았다.

발자크는 『화류계 여인의 영화와 몰락Splendeurs et misères des courtisanes』에서 "얼마면 사랑이 노인들에게로 돌아가는가"를 설명했다. 그는 늙은 구혼자들을 미치게 만들고 벗겨먹는 이 여인들을 다혈증 환자의 피를 빨아 치료해주는 거머리에 비유한다. 수만 프랑짜리 거래를 축하하는 방식, "탐욕과 육욕의 불행을 보상하는"[35] 방식이라고 할까. 침대와 소파에서, 부의 야만적인 재분배가 이루어진다.

19세기부터 사회주의자와 페미니스트는 부르주아 가정이 사라짐으로써 매춘도 쇠퇴할 것이라고 기대했다. 자유로운 성과 사랑의 선택이 예속적인 성관계를 종식시킬 줄 알았던 것이다. 여성들은, 특히 민주 국가에서, 분명히 과거보다 자율적이 되었지만 돈에 움직이는 사랑은 사라지지 않았다. 여기에는 적어도 두 가지 이유가 있다. 경제적 궁핍이 한 가지 이유요, 개인이 관능에 접근할 수 있는 가능성이 (못생긴 외모, 질병, 연령 등의 이유로) 불평등하다는 것이 두 번째 이유다. 어떤 이는 돈을 주고서라도 그러한 성적 불평등을 극복하고 싶어 한다. 장애인에 대한 성적 지원을 범죄로 간주하고 장애인은 무조건 금욕을 해야 한다고 할지도 모르지만 말이다. 돈이 사랑을 죽이는 게 아니라 오히려 돈이 없어서 사랑보다 성매매를 먼저 배우는 경우가 많다. 예를 들어 콩고 킨샤사의 일부 아가씨들은 생활에 필요한 것들을 조달하기 위해 애인을 여럿씩 둔다. 이 아가씨들은 10달러와 근사한 한 끼만 준다면 언제라도 시간과 몸을 내어줄 준비가 되어 있다. 콩고 소설가 마리루이즈 비비시 뭄부Marie-Louise Bibish Mumbu가 "세련된 문화, 수표, 충격"[36]이라고 부른 것에는 금전적 편의, 근사한 패션, 사랑의 노하우가 결합되어 있다. 이러한 실태를 엄밀한 의미에서의 매춘으로 보아야 하나, 진실한 감정이 아주 없지는 않은 과도기 상태로 보아야 하나?

'에스코트 걸(혹은 에스코트 보이)'의 서비스를 어떻게 봐야 하나? 다음 아르바이트 급료일까지 버틸 돈이 없어서, 혹은 자질구레한 화장품이나 장신구 따위를 사려고 자기 매력을 파는 젊은 여성들은 처벌을 받아야 하는 매춘부인가, 아니면 힘겨운 대학생활을 꿋꿋이 이겨나가는 보통의 학생인가? "내 작은 선물, 잊지 마요"라는 표현에는 아무도 속지 않는다. 돈에 움직이는 사랑도 최소한 겉으로는 선물의 증여라는 형태를 취한다(세르주 코스터Serge Koster).[37] 그런 식으로 성 매수자와 성 매도자의 존엄을 지키는 것이다. 돈은 성 관계에서 모든 감정적 애착을 소독한다. 일단 거사가 끝났으면 각자 가면 그만이다. 숏 타임 섹스는 간략하고 전혀 넘침이 없다. 매춘은 에로틱한 관계의 난처함을 사회에 확산시키고 강화한다. 매춘에서는 초연함, 자신을 내어주는 행위, 우회적인 가격 지불 등 모든 것이 아주 복잡하게 뒤얽혀 있다. 돈이 감정의 무정부상태와 만나서 혼란을 가중시킨다. 애인에게 부양받는 여성과 콜걸의 차이는 뭘까? 24시간 내내 '고마운 분'과 지내며 수시로 감사 표시를 해야 한다는 것?

미화해봤자 소용없다. 직업으로서의 매춘은 비천하고 허망한 짓이다. 매춘을 하는 남성과 여성은 손님의 가혹행위, 경찰의 임의적 결정, 포주의 폭력, 선량한 사람들의 끔찍한 연민, 그 외 사람들의 비난에 늘 노출되어 있다. 특히 이 직업의 비극은 돈을 쉽게 벌다 보니 '일반인'으로 돌아가기 어렵고 근검절약하는 습관도 들기 힘들다는 것이다. 톱클래스 창녀는 하루 1000유로까지도 번다는데 쥐꼬리만 한 월급이 눈에 들어오겠는가? 과거에는 악의 대명사처럼 욕을 먹었던 창녀들이 요즘은 자립을 배워야 하는 피해자들처럼 조명되기도 한다. 과거에 그들을 죄악시했다면 지금은 그들을 애 취급한다. 그들이 매춘의 권리를 주장하는데도 조종을 당해서 저렇게 말하는 거라고 한다. 콜걸, 남창, 드래그 퀸이 성매매를 그만두기 위해서가 아니라 근무 환경을 개선하려고 '성 노동자' 노조를 결성하고 투쟁한다는 사실을 어떤 이들은 받아들이지 못한다.

이거다 싶은 해결책이 딱히 없을 때는 어떻게 해야 하나? 피해를 최소화할 방법을 취해야 한다. 매춘에 종사하는 사람들을 그 자체로 인정하고, 그들이 수고의 대가를 누리게 하되 본인이 원하면 거기서 벗어날 수 있게 해야 할 것이다. 성매매를 철폐하자는 주장은 여성들을 은폐된 성매매, 특히 폭력조직과 연계된 위험한 상황에 몰아넣을 가능성이 크다.('미덕의' 나라 스웨덴의 성매매 정책은 거리에서 창녀들을 쫓아내어 마피아와 폭주족의 품에 안겨주었다.)[38] 그보다는 성 노동자들을 통제하고 보호하는 규제방안에 더 주안점을 두어야 할 것이다. 성 매수자만 처벌 대상으로 삼아도 선량한 사람이 매춘에 눈살 찌푸릴 일은 줄어들 것이다.

자기 몸 혹은 신체 일부를 내어주는 일이 아무렇지도 않을 수는 없다. 창녀나 남창은 원칙적으로 키스를 하지 않으며 손님이 만져도 되는 부분과 그렇지 않은 부분을 정해놓는다. 하지만 매춘을 범죄시하고, 그 일에 종사하는 사람들에게 "비운의 표식"(발자크)을 찍어서 "주변 인류"로 분류해야만 하는 것은 아니다. 오히려 매춘을 비천한 것으로 만드는 신화에서 벗어나야 할 것이다. 에로스를 해방시켰다고 믿어왔던 사회는 돈에 좌우되는 사랑에 질겁하고 사실상 아무것도 해결되지 않았음을 확인한다. 매춘 여성들에게는 이중의 비난이 따라붙는다. 지금도 여성 생식기 명칭이 여성의 몸 전체를 속되게 이르는 말로 쓰인다. 부분을 취해 전체를 가리키는 것이다. 남성은 성기가 있지만 여성은 성기 그 자체다. 그래서 여성이 성기를 무제한 제공한다는 것은 그녀 자체를 잃는 것이다. 똑같이 매춘을 해도 남창보다 창녀를 더 수치스럽게 여기는 이유도 다르지 않다.

19세기의 패션과 사치스러운 멋 내기는 사교계 여성과 화류계 여성, 요부와 그럭저럭 행실이 괜찮은 숙녀를 구분하려는 의도를 담고 있다. 우리는 '장르 혼합'을 두려워하고 순수한 사랑과 저속한 장사를 구분 짓기 원한다. 그런데 매춘은 감정과 금전이 다 같이 수렴되는 회색 지대, 갈망이 대가 없음과 화폐의 전달 사이에서 왔다 갔다는 그 지점에 해당한다.[39] 매춘은 카드 패를 얼른 뒤집게 하는 촉매다. 사회가 이상적이어서 대단한 불평등이 없다고 해도 남성 혹은 여성이 잠재적으로 아무하고나 몸을 섞는 관능을 원한다는

이유로 매춘을 선택할 수도 있는 것이다. 조제프 케셀Josephe Kessel
의 소설 『낮의 미녀Belle de jour』의 주제도 다르지 않다. 심지어 그러
한 주제가 푸리에적인 유토피아의 토대다. 스탕달이 절묘하게 표현
한 바, "자신을 내어줄 방법을 찾지 못했던 여자는 자기를 팔 방법
을 찾을 것이다." 못나고 추한 사람의 접근은 문제를 일으키고, 그
는 전체에서 떨어져 나와 독자적인 행보를 탐색한다. 그는 사회관
계들로써 코드화된 세상에 놀라운 파문의 가능성을 시사한다. 성행
위에는 개인적인 장벽의 와해가 있다. 그 장벽이 무너지면서 각 사
람의 몸뚱이는 잠재적으로나마 모두의 것이 된다. 돈이란 무엇인
가? 아무에게도 속하지 않기에 누구에게나 몸을 맡기는 덕망 높은
창녀가 아닐까?

도박은 세속화된 은총

도스토옙스키는 도박은 돈을 따려고 하는 게 아니라고 말한다.
"마지막 한 푼까지 탈탈 털릴지라도" 그 누구도 "돈을 따고자 하
는 서민적인 욕망"에 굴해서는 안 된다.[40] 초록색 양탄자 위에서
"잉걸불처럼 타오르는" 탈레르 은화, 루이 금화를 마주한 신사에
게 의욕을 불어넣는 것은 무엇인가? 운명을 비웃겠다는 의지, 운
명에게 혀를 내밀고 약올려보겠다는 의지, 자기 바닥에서 낯선 이
를 제압할 묘수를 찾겠다는 의지다. 확률론의 기초를 닦아 보험의
아버지가 된 파스칼과 페르마도 불규칙한 역사에서 어떤 질서를

발견하고 피해가 특정 시점에 발생할 위험을 강조하지 않았는가? 룰렛 게임이나 주사위 게임에서 수학적 회귀성을 발견할 수 있다는 희망이 왜 중요한가? 그러한 기획의 불가능성 자체가 도스토옙스키의 노름꾼을 도박장으로 유혹한다. 노름꾼은 가진 돈을 탕진하고, 다시는 도박을 하지 않으리라 맹세하고, 그래도 또다시 도박장으로 달려간다. 사소한 자극에도 모 아니면 도라는 심정으로 자기 생을 건다.

영국의 한 소설가는 결혼을 "희망이 경험을 이기는 것"이라고 정의했다. 언뜻 보면 로또는 그렇게 정의된 결혼과 비슷하다. 결혼의 동기는 턱없이 희박한 행운에 매달려 삶을 더 낫게 해보겠다는 야심이다. 그렇게 될 확률은 수천만 분의 일에 불과한데도. 어차피 행운은 손에 닿지 않으니까 그렇게 매달리는지도 모른다. 내기꾼은 독실한 신자 같다. 말이 안 되기 때문에 믿는다. 단, 이런 차이는 있다. 신을 본 사람은 아무도 없으되 돈을 따는 사람은 존재하고 신화는 유지된다. 도박 시스템도 그 점을 알기 때문에 노름꾼들이 실망하지 않고 계속 조바심을 내게끔 대박은 아니어도 중박은 간간이 허용한다. 어떤 수에 돈을 걸까? 내 생일, 아니면 내가 아는 다른 누구의 생일? 어차피 결과가 불확실하니까 숫자에 어떤 인격성을 부여할 만큼 사리분별이 어두워진다. 우리가 욕망한다는 이유만으로 불가능을 가능하다고 믿는 것이다.

로또는 정신분석학에서 익히 알려진 태도인 현실부정을 나타낸다. 돈을 딸 가능성이 별로 없음을 알지만 그래도 시도는 해본다는 식이다. 도박은 현실의 압력을 풀어주고 우리를 포르투나 Fortuna의 변덕에 고스란히 맡긴다. 이 여신의 이름은 행운과 재산을 모두 의미한다. 이 경우는 도박에 속임수가 있더라도 우리도 공범이다. 우리는 복권이 사회적 상황을 바꾸거나 불평등을 바로잡아주리라 기대하지 않는다. 국가로서는 수백만 서민의 소득에서는 조금씩만 떼고 소수의 부자들에게서 왕창 떼는 게 낫다.

그렇지만 도박은 두 종류로 구분해야 한다. 카드 게임, 바카라, 당구, 3연승식 경마 게임은 어느 정도 우리 능력에 좌우되기도 한다. 반면, 기계가 쏘아올린 공들의 익명성, 무작위로 뽑힌 숫자들의 조합에 자기를 그냥 맡기는 게임도 있다. 오히려 전자의 게임이 우리를 망칠 수 있다. 후자는 게임에 돈을 걸 수 있는 일정한 주기가 있으며 소액(복권 값)을 걸기 때문에 전자만큼 유해하지 않다. 복권을 사서 꽝이 나오면 복권 값만 잃지 속옷까지 탈탈 털어주고 나와야 할 일은 없다. 복권은 담배 가게에 차분하면서도 열기 어린 분위기를 더해준다. 우리는 담배를 사러 간 김에 복권을 긁어보고, 숫자 칸을 채운다. 당첨이 될 것 같진 않지만 잃어봤자 소액이다. 짜릿한 긴장감은 민주화하고, 쫄딱 망할 확률은 최소화하는 데다 중독성도 그렇게 심하지 않다. 참여의 진정한 원동력은 운명을 도발해보겠다는 정신 나간 생각이다. 운명이 수백만 명 중에서 우리를 선택할 수도 있다는 생각. 로또는 은총의 세속화된 버전이다.

돈을 잃는 것보다 돈을 따는 것이 더 나쁜 운명이 되기도 한다. 하늘에서 뚝 떨어진 거금만큼 위험한 것은 없다. 복권 당첨자는 빨리 상황을 장악하고 조언을 받아야 한다. 돈 냄새 맡은 쇠파리가 꼬일 대로 꼬여서 행운이 불운이 되고 파멸로 곤두박질하는 경우가 적지 않다. 도박이 경이로운 이유는 성공 아니면 실패라는 양자택일에서 우리를 해방시키고 부담을 덜어주는 "구조의 발판들"(테오도어 폰타네) 중 하나이기 때문이다. 도박은 도덕적이지 않지만 부도덕하지도 않다. 단지 운명에게 덫을 놓고 불확실성을 도모하는 한 방법일 뿐이다. 도박꾼은 예측할 수 없는 싸움을 하는 전사다. 일반적인 세계에서 주사위는 한 번 굴리면 끝이다. 그러나 계속해서 한 번 더 기회를 허락하면 안 되나? 그런 점에서 신 존재에 거는 내기는 손해도 없고 이익도 없는 게임이다. 어차피 그 내기의 답은 내기 거는 자의 사망을 전제로 하기 때문이다.

3

PART THREE

리치 오블리주

La
Sagesse
de
L'argent

제8장 부르주아적 가치의 회복

> "노보로시야* 사람 두 명이 만났다. 한 사람이 '이거 봐. 이 새 넥
> 타이 500달러나 준 거야'라고 했다. 그러자 상대는 '바보! 난 똑
> 같은 걸 800달러에 살 수 있는 곳을 아는데!'라고 했다."
>
> —마리 프레이삭Marie Freyssac[1]

역사학자 노르베르트 엘리아스Norbert Elias에 따르면, 리슐리외 공
이 하루는 아들에게 귀한 집 자제답게 돈 쓰는 법을 배워야 한다면
서 두둑한 돈주머니를 마련해주었다. 얼마 지나서 그는 아들에게
돈주머니를 다시 가져와보라고 했다. 아들이 그동안 돈을 별로 쓰
지 않았는지 주머니는 여전히 불룩했다. 그러자 리슐리외 공은 화
가 머리끝까지 나서 돈주머니를 창밖으로 내던졌다고 한다.[2] 귀족
은 절약을 서민이나 상스러운 장사치들의 일로 여긴다. 사치를 제

---

* '새로운 러시아'라는 뜻으로 우크라이나 남동부를 가리킨다.

한하거나 비천한 노동에 종사하는 것보다는 흥청망청 주색잡기에 빠지는 편이 낫다. 이폴리트 텐Hippolyte Taine은 "우리는 사교계 사람인 이상, 결코 돈의 사람일 수가 없다"고 했다. 그러나 이 경멸은 힘든 일을 평민과 농노에게 다 맡기고 약탈과 전쟁에 전념했기에 가능하다. 게다가 귀족층은 그들이 경멸하는 황금을 도처에 뿌리고 다녔다. 돈을 쓰지 않고 쌓아만 놓는 것보다 천박한 것은 없었다. 돈이 없으면 영영 못 갚아 감옥에 갈 위험을 무릅쓰고서라도 빚을 냈다.

이러한 귀족의 대척점에는 부단한 노동으로 부를 축적하고 부자가 되려는 존재가 있다. 19세기와 20세기 문학 전체를 읽어보라. 이 문학은 혁명가, 왕당파, 낭만주의자 들이 부르주아라는 새로운 인간상을 성토하는 내용으로 가득하다. 배 불룩하고 가증스러운 이 계산벌레는 3세기 동안 으뜸가는 공공의 적이었다. 부르주아는 누구인가? 도량이 좁은 사람이다. 귀족을 흉내 내고 농민과 프롤레타리아—이 명칭은 라틴어로 자기 자식들밖에 기댈 데가 없다는 뜻이다[3]—를 착취하는 것으로 모자라 쩨쩨하게 손익을 따지는 단조로운 생활방식을 고수한다. 과거의 호사스러운 봉건 귀족과 달리, 부르주아는 인색함의 승리를 나타낸다. 부르주아는 한마디로 저열하다. 발자크가 소설 도입부에서 묘사한 고리오 영감처럼 "덩치 크고 뚱뚱하며 어리석은 짓을 도맡는다". 비록 고리오 영감의 감추어져 있던 숭고한 영혼이 소설 뒷부분에서 드러나지만 말이다. 부르주아는 억제의 경제에 전적으로 복종한다. 그는 돈을 벌기 위해서 여타의 모든 감정과 충동을 억누른다. 돈벌이는 그의 혈관에 흐를 수 있는 유일한 피나 다름없다. 벤저민 프랭클린도 하루에 압핀 하나만 잃어도 1년이면 적은 돈이 아니라고 말하지 않았던가?[4]

지배계급이 된 부르주아는 귀족 흉내를 내면서도 귀족의 가치관은 끊임없이 파괴한다. 17세기 모럴리스트들은 인간의 보잘것없음을 강조함으로써 귀족의 명예를 와해시키고 1789년 혁명의 길을 미리 닦아놓았다. 파스칼, 라 로슈푸코, 장세니스트들은 본인들도 미처 알지 못한 섬뜩한 혜안으로 자본주의의 개화에 유리한, 수(數)를 따지는 개인의 도래를 예고했다. 인간의 세상에서 이기심의 발로만큼 거세고 고귀한 것은 없다. 프로이트주의는 훗날 이 성향을 성적이고 항문기적인 충동으로 끌어내릴 테지만 말이다. 하지만 부르주아는 유연하다.

19, 20세기로 거슬러 올라가는 부르주아의 원형은 위선적인 도덕가에 가깝지만 1960년대부터 "낮에는 일하고 밤에는 화끈하게 노는"(다니엘 벨)[5] 뉴룩new-look 부르주아가 등장한다. 이들은 풍속의 혁명에 따라서 경제력을 바탕으로 즐길 만큼 즐기는 삶을 이상적으로 여긴다. 이제 부르주아의 목표는 일이 아니라 소비를 통해 윤택하게 살아가는 것이다. 용의주도함 대신 낭비가 대세가 되었다. 시장이 우리의 자아실현을 보좌한다는 것, 이게 전후(戰後)의 혁신이다. 세상의 시정을 파괴한다고 비난받는 자본주의 질서는 탈마법화의 질서이기도 하다(막스 베버). 그 뒤를 이은 것이 노동윤리와 쾌락주의를 결합한 오늘날의 유흥 질서다. 좌파, 우파를 막론하고 문

화적 야심과 자기 직업의 현실을 하나로 보는 부르주아 보헤미안이 등장했다. 좌파의 보보족은 자기네 동네에서 부르주아의 특권은 유지한 채 예술가의 삶을 살기 원한다. 우파의 보보족은 짜릿한 파격을 원하면서 존경은 계속 받고 싶어 한다. 양측 모두 만인을 위한 정의를 부르짖으면서 자기네만의 특권을 지키기 원한다.[6]

큰 재산

20세기 초의 은행가 존 모건은 사장이 직원보다 20배나 더 많은 돈을 버는 회사는 신뢰할 수 없다고 했다. 오늘날의 기업 대표이사들은 자기네가 성과급을 정하고 별의별 수당과 혜택을 마련함으로써 일개 직원보다 500배, 1000배, 2000배나 많은 돈을 챙긴다. 직원들은 이익을 함께 누리지 못하고 이 사태를 묵인하든가, 미국이나 중국 기업과 경쟁하기 위해서 쌔빠지게 일해야 한다. 현대 자본주의에서 노동자 임금은 동결하면서 자기는 거금을 챙기거나, 대량해고를 단행하고 몇몇만 승진시키는 사장의 모습은 식상할 정도다. 그런 전리품을 챙기는 자는 이제 경쟁의 논리가 아니라 탐식의 논리로 움직인다.

현재 엘리트들은 언어학자도 혀를 내두를 만큼 별의별 명칭의 보상체계를 만들어 제 주머니를 챙긴다. 업계의 프렝글리시*인 '보수 패키지'에는 연간 보너스, 특별 보너스, 3~5년 단위 보너스, 스톡옵션, 무상증자, 가상주식phantom stock,** 입사 수당, 입사 장려금, 근속 장려금, 그 밖의 다양한 장려금, 퇴직금, 실적 수당, 비경쟁조항, 각종 면제 혜택, 현물 이익, 퇴직연금 등이 들어 있다. 이 신조어들을 듣고 있으면 이게 다 뭔가 싶다. 은행가들의 은어에 대해서도 같은 말을 할 수 있을 것이다. 그러한 은어는 신입의 기를 죽이고 일종의 계급의식을 강화하는 역할을 한다. 주주들의 폭동에 왜 놀라나? 고삐 풀린 자본주의의 새로운 전형적 풍속을 노래하려면 몰리에르 정도의 작가가 아니면 안 될 것이다. 스타급 축구선수들이 이 클럽에서 저 클럽으로 이적하듯 CEO들도 돈으로 사고 팔리는 '인적 자산'처럼 수시로 소속이 바뀐다.

의심의 여지가 없다. 대기업 사장님들은 오만 가지 이유로 남들에게는 허리띠를 졸라매라고 강요하면서 자기는 엄청난 연봉을 챙긴다. 그래도 기업은 거물급 경영인을 데려오려고 피 튀기는 경쟁을 벌인다. 그러나 회사를 이끌려면 결속력을 강화하고 본보기를 보여야지, 사장과 사원들 사이의 거리를 너무 넓혀서는 안 될 것이다. 부자가 된다는 것은 남들은 갖지 못한 것을 즐긴다는 의미가 가장 크다는 사드의 생각이 그 어느 때보다 사실로 드러나고 있다. 지나치게 높은 임금은 무엇을 의미하는가? 가장 많이 받는 자와 가장 적게 받는 자 사이의 참을 수 없는 간격이다. 기업과 사회는 적절한

---

* 프랑스에서만 통하는 영어로 우리나라의 '콩글리시'를 생각하면 된다.
** 실체가 존재하지 않는 주식을 임원이나 종업원에게 부여하고, 부여한 주식에 대하여 시장가격 또는 장부가격으로 평가하여 주식과 현금으로 보상을 제공하는 형태.

비율을 고려해야 한다. 비율이 깨지면 교집합은 사라진다. 또한 그러한 간격은 공표되고 검증되어야 한다. 깐깐한 자들의 부정적 반응이 두려울지라도 요구는 공개적이어야 한다.

고액연봉을 받고자 하는 의욕은 순수한 물욕이라기보다는 올림포스에 군림하고 싶은 지배 욕구다. 소득 차가 지나치게 큰 기업 안에서 어떻게 공통의 대의를 도모하겠는가? 직원들에게나 간부들에게나 냉혹한 경쟁과 성공에 대한 압박은 자본주의의 평범한 일상일 뿐이다. 사장들에게는 "부자를 위한 사회주의", 이사회의 대표이사 선출, 주주와 경영진 사이의 암묵적 공모가 일상이다.[7] 거물 경영인은 엄청난 연봉을 정당화하기 위해서 시장의 결정을 들먹인다. 그들의 '자유주의'는 보수주의의 또 다른 이름일 뿐이다. 그는 내재적 정의와 분배적 정의를 겸비한 보이지 않는 손에 기대어 불법을 합법화해야 한다. 오늘날 어디서나 우리 사회의 상징적 지평인 평등의 윤리를 표방한다. 사실상의 불평등은 눈에 띄지 않지만 공정한 질서를 앞세움으로써 정당화된다.

임금의 심각한 불균형이 단순한 능력 차이가 된다. 오늘날의 신新봉건주의는 공로와 위업으로 치장을 하고 나타난다. 로레알 사의 "당신은 그럴 가치가 있으니까요"라는 광고 문구가 딱 들어맞는다. 시장은 가능한 최선의 세상을 확고히 하는 국민투표다. 얼마를 버느냐가 그 사람 개인의 능력을 심판해준다. 선택받은 자들도 '안락한' 생활을 한다고나 하지, 절대 자기를 부자라고 하지 않는다. 자기보다 훨씬 더 잘나가는 이들이 우습게 볼지도 모른다는 두려움 때문이다. 그러나 사회가 돌아가려면 최상위층과 최하위층의 간격이 결코 넘을 수 없는 것으로 보이면 안 된다. 사회적 상승의 희망 자체를 박살낼 위험이 있기 때문이다. 2015년에 IMF 경제학자들은 소수에게 엄청난 부가 집중될수록 모두의 경제성장은 힘들어진다고 발표했다. 전 세계 차원에서 부의 집중은 소름 끼칠 정도다. 전 세계 부의 절반(약 110조 달러)을 상위 1퍼센트가 차지하고 있다. 달리 말해, '좋은 사회'는 재능과 자질을 평준화하는 사회가 아니라 모두에게 더 많은 기회를 제공하여 자기 역량을 더 잘 펼 수 있게 하는 사회다.

지금의 부자들은 대부분 큰 재산을 물려받은 상속자가 아니라[8] 단순히 돈의 힘을 무지막지하게 입증한 자들이다. 그들이 보통 사람과 다른 점은 은행잔고뿐이다. 그들의 기쁨, 그들의 여가는 여느 사람과 다를 것 없다. 그들은 이제 대단한 교양이 아니라 평범한 재미를 원한다. 부자는 보통 사람과 공간적 거리를 둘 뿐, 아예 의식구조마저 달리하려 들지 않는다. 니체는 당시에 벌써 이러한 변화를 예감했는지 가난뱅이와 부자는 낮은 천민과 높은 천민일 뿐이라고, 즉 어차피 취향은 똑같은 부류라고 말했다. 가난뱅이는 "가시 돋친 원한"에 사무치고, 부자는 "음탕한 탐욕"에 좌우된다는 차이가 있을 뿐이다.[9] 오늘날의 세계란 그런 곳이다. 인정을 받기 위한 경쟁 속에서 천민들끼리 서로 치고받고 죽어라 달린다.

탐욕가는 단순함의 영웅

우리가 탐욕이라 부르는 것은 손쉬운 해결책과 다르지 않다. 돈은 좋은 삶의 조건을 물질적으로만 제시하고 나머지는 따지지 않는다. 돈은 삶에 즉각적인 의미를 준다. 한 생애를 성공적으로 살아내기는 어렵지만 무조건 돈만 모으면 단순하다. 물질적 부의 축적은 정신적 풍요의 예비단계가 되어야 한다. 그러나 많은 이들이 그 단계까지 나아가지는 못한다. 탐욕가의 정념은 한 가지뿐이지만 그 정념은 결코 채워지지 않는다. 그는 숫자를 늘리고 동그라미를 계속 덧붙이면서 도취에 가까운 기쁨을 느낀다. 주식 매입, 물 타기, 투매에 골몰하느라 늘 바쁜 그는 아드레날린의 분비 리듬에 따라서 손에 땀을 쥐는 흥분을 맛본다. 돈은 아무리 많은 자식을 잉태해도 결코 '이제 충분하다' 생각지 않는다.

탐욕가는 매번 위험을 무릅쓰면서 실추 혹은 영광의 생생한 쾌감을 느낀다. 다수가 같은 동기, 같은 관심에 휘둘린다면 어차피 풀리지도 않으면서 골치만 아픈 다른 문제에 신경 쓸 겨를이 없으리라. 영국의 시인이자 에세이스트 새뮤얼 존슨(1709~1784)은 "사용자가 돈벌이에 모든 시간을 쏟는 것"은 더없이 당연한 일이지만 이로써 그는 다른 일을 생각할 수 없게 된다고 했다.[10] 탐욕가는 상상력이 부족하다. 그는 복잡한 인간사에서 본인이 전념할 단 하나의 요소를 분리시켰다.

재화 획득은 플라톤이 말하는 영혼의 고양을 상기시키는 상승

가도를 따라간다. 가령, 최고의 부자 명단에 자기 이름을 올린다는 것은 자기가 잘살아왔다는 위안을 얻는 한 방식이다. 부유한 삶을 사용하는 방법은 적어도 두 가지로 나뉠 수 있다. 풍족한 돈 덕분에 인생을 더 잘 누렸든가, 돈은 많이 벌었지만 그 돈을 쓰지는 못했든가. 다양한 것을 즐기고, 기쁘게 먹고 사랑하고, 문화적 소양을 쌓고, 예술과 문학을 널리 나누고, 우아하게 차려입고, 넓은 세상을 누비고 다닐 수도 있지만 그저 재산 불리기에만 전념할 수도 있다. "우리 시대는 돈벌이밖에 할 줄 모른다. 수고도 돈이 되지 않으면 수고가 아니다."(니체) 우리는 유유한 흐름과 자본 중 하나를 택해야 한다. 전자는 지나가고, 후자는 불어난다. 전자가 분출의 환희를 준다면 후자는 증식의 환희를 준다.

예술가와 깡패

소박하고 금욕적인 부르주아라는 과거의 모델은 초기 자본주의 최후의 영웅이었으나(막스 베버의 재주로 그렇게 재구성된 것이겠지만) 이제는 혐오의 대상이 되었다. 20세기 초의 철강왕 앤드류 카네기는 부자가 사치와 방탕을 멀리하고 소박하게 살면서 "가장 가난한 형제들의 대리자로서 자기 지혜, 경험을 내어주고 그들 자신이 재산을 관리하는 것보다 더 나은 능력으로써 봉사해야 한다"고 했다.[11] 2013년 4월에 프랑스의 모 신문은 제네바 금융인들이 아직도 "묽은 수프와 속 채운 토마토만으로" 저녁식사를 끝낸다며 호들갑을 떨었다. "거기서 한 접시만 더 먹어도 식탐으로 몰릴 터였다."[12] 그러나 지배계급의 모방 패턴은 바뀌었다. 1960년대 쾌락주의 혁명 이래로, 부르주아들은 예술가와 깡패라는 적들과 손을 잡았다. 깡패가 법을 위반한다면 예술가는 관습을 위반한다.

(리처드 브랜슨Richard Branson*을 대표로 하는) 자본주의자 히피가 등장한 이래로 청바지와 슬리퍼 차림의 억만장자들이 대부분 조세천국으로 도망간 주제에 지구온난화, 빈곤, 에이즈 퇴치를 위하여 싸우고 있다. 이제 그들이 우러르는 스승은 부유한 화가, 스포츠 스타, 혹은 수상한 조직에 몸담은 자, 모험가, 독재자다.(프랑스 엘리트들이 피델 카스트로나 카다로프에게 매혹되었던 것만 봐도 그렇다.) 예술은 본디 가장 사리사욕을 초월한 활동이었으나 이제 가장 수지맞는 장사가 되었다. 이 시대에 자본은 작품, 한 점 그림이다. 예술품은 진정한 미적 욕구인 동시에 경제적 지위의 한 요소가 되었다. 부자들은 방문객의 시선을 모으려고 헉 소리 나는 금액의 걸작을 널찍한 공간에 전시한다. 누가 소장했던 작품인가에 따라서 후광 효과가 달라지기 때문에 수집가 이름도 예술가 이름 못지않게 중요하다. 그래서 일개 택시운전수였다가 억만장자가 된 류이첸劉益謙은 모딜리아니의 「누워 있는 누드」를 크리스티 경매에서 1억 7040만 달

---

* 영국 버진 그룹의 창업자이자 회장.

러에 낙찰 받았다. 피카소나 드가 작품을 사들이는 사람은 낙찰 금액이 밝혀짐으로써 더욱 확고해지는 명성도 함께 사는 것이다. 고가 미술품 경매는 그들의 명예를 살려주는 전쟁이다.

그와 동시에, 시장에 요란하게 난입한 젊은 작가의 작품이 고가에 팔리는 경우도 적지 않다. 역방향의 명예 전쟁이라고 할까. 예술가 쪽에서 두둑한 돈다발뿐만 아니라 반항의 아이콘이라는 명예까지 원하는 것이다. 그는 상징적 전복과 건실한 은행잔고라는 두 작품을 동시에 완성한다.(제프 쿤스, 애니시 카푸어, 데이미언 허스트의 경우.) 살바도르 달리도 시몬 앤드 슈스터 사와 책을 내기로 계약한 후 1만 달러 지폐를 양쪽 뺨에 비벼대는 모습으로 사진 찍히지 않았던가?

부자들의 '최첨단nec plus ultra' 유행은 예술가나 쇼비즈니스계의 스타를 자기 집에 초대하고 옛날 왕족들이 그랬던 것처럼 자기 생일이나 그 밖의 경사를 맞아 예술가에게 자기 초상화를 부탁함으로써 스스로 예술작품이 되는 것이다. 마크 퀸은 난해한 요가 동작을 하고 있는 슈퍼모델 케이트 모스를 모델로 삼아 순금 50킬로그램으로 「사이렌」이라는 작품을 제작했다. 피에르와 질Pierre & Gille은 여장남자 가수 콘치타 부르스트Conchita Wurst를 성녀처럼 후광이 비치는 모습으로 작품 속에 남겼다.

부르주아 세계의 삶은 지나치게 안온했다. 이제 그 삶은 흥미진진한 것이 되어야 한다. 예술가들의 자본주의 비판에 민감한 일부 엘리트는[13] 진정성에 대한 요구와 암묵적 해방을 이 계층으로 통합시켰다. 이제 부르주아는 자기 자신을 질색하고 자기네 습속, 자기

네 수작에 토악질을 한다. 부르주아가 보헤미안의 시각으로 자기 자신을 바라보기 원하는 것이다. 그는 "무제한의 경험에 참을 수 없는 허기를 느낀다."(다니엘 벨)[14] 뤼크 페리Luc Ferry가 잘 보여주었듯이[15] 이제 그는 위대한 혁신가들에게 눈독을 들이고 그들의 창조적 감각, 과감한 실행력에 감탄한다. 보헤미안은 부르주아화되고 부르주아는 불량한 자들과 어울린다. 부르주아는 미술품 시장을 접하고 신세계를 만난다. 그 무엇도 자기를 구속할 수 없었는데 드디어 제한된 상황의 도취를 만끽하게 된 것이다. 과거에는 인색하다고 손가락질 당하던 부르주아가 이제 터무니없는 지출, 그 바로크적인 광기로 이목을 끈다. 부르주아는 마침내 '절제의 여신'과 결별했고 선량한 가장다운 중도中道를 영영 벗어났다.

또 다른 유혹이 있다. 거대 범죄집단이 점점 더 일반경제를 잠식하고 있다. 일부 국가에서는 산업과 깡패집단이 대놓고 손을 잡았다.[16] 1989년에 파블로 에스코바르Pablo Escobar도 콜롬비아 대선에 위협을 가하기 위해서 자기가 콜롬비아의 대외부채를 갚겠노라 큰소리치지 않았던가?[17] 베네수엘라 차베스 정권은 정치인들이 갱단 두목처럼 행동하는 마피아 나라나 다름없지 않았나? 베를린 장벽이 무너지면서 유럽 동부, 특히 러시아에서는 약탈과 파괴의 전문가들이 과거 공산당 특권계급을 대체했다. 기자 로베르토 사비아노Roberto Saviano는 나폴리 범죄조직 카모라가 이탈리아 북부의 주요 산업들과 에스파냐 관광산업까지 침투했음을 잘 보여주었다. 스칸디나비아 추리소설을 봐도 사회 지도층 인사들의 살인사건이 주요 소재다. "범죄조직이 사회 상층부와 하층부에 개입하여"(자크 드 생빅토르Jacques de Saint-Victor)[18] 의회정치의 약점을 가지고 논다. 기업의 간부, 대표이사, 명사名士, 금융인 들이 조직적 범죄와 "흉악한 계약"을 맺고 짐승 같은 자들의 막나가는 삶을 포용하는 한편, 갱스터는 '뱅크스터bankster(금융깡패)'로의 변신을 꿈꾼다. 전 재산을 들고 달려드는 순진한 사람들을 울리는 폰지 피라미드를 설계하는 증권가 도적놈들도 마찬가지다. 대단한 깡패는 맹수처럼 거칠면서도 머리가 좋다. 법이고 뭐고 신경 안 쓰고 권력을 더 쥐고 싶은 부자들에게 그 정도 깡패는 충분히 귀감이 될 수 있다.

범죄자는 다수의 도덕에 위협을 느끼지 않는 예외적 존재라는 점에서 대단히 니체적인 인간형이다. 1960년대 풍속의 해방은 범죄자적 인간형을 더욱 부추겼다. 그는 인류학적 낙관주의의 반증이다. 1960년대 말에는 우리의 탐욕은 원칙적으로 좋은 것이니 제한할 필요가 없다고, 오히려 그러한 욕망을 억압해서 문제가 생기는 거라고들 했다. 이제 우리는 환상을 버려야 한다. 헤겔은 이성의 간계가 야만적인 정념을 통해서라도 제 목적을 반드시 이루고 만다고 믿었다. 현대의 간계는 숭고한 것으로 여겨지는 충동을 통하여 야만적인 상황을 만들어내는 데 있다. 작금의 쾌락주의는 새로운 범법 가능성을 모색하는 신종 범죄와 교차한다. 미래는 덕 있는 부르주아와 마피아 부르주아의 대결에 달려 있을 것이다. 즐기는 자는 그 본성상 보수주의자보다 도덕적으로 어긋나기가 쉽다. 그는 자신의 쾌락을 유일한 기준으로 삼기 때문이다. 한나 아렌트가 나치즘의 부상을 두고 했던 말을 전혀 다른 맥락에서 다시 한번 떠올려보자. "고상한 사회는 자기 밑바닥과 사랑에 빠진다."

∿∿

돈의 종말, 경제의 종말?

1945년에 케인즈는 이렇게 썼다. "모든 경제적 문제가 뒷전이 될 날, 즉 그러한 문제가 제자리로 돌아갈 날이 머지않았다. 그때에는 인생과 인간관계, 창조, 행동방식, 종교 등의 현실적인 문제가 우리의 정신과 마음을 차지하고 또 차지하리라."[19] 따라서 사회는 궁극적 목적, 가령 행복에 관심을 쏟고 수단, 기술, 성장은 혐오스러운 독처럼 멸시하리라. 이 경제학자는 산업 기계가 자동으로 풍요를 이뤄주면 자기 직업이 사라질 거라고 예언한 셈이다.

칼 마르크스가 『독일 이데올로기』(1845)에서 피력한 소망도 함께 떠올려봄직하다. 그는 공산주의 사회는 생산으로 완벽하게 규제된 풍요가 지배하기 때문에 사냥꾼도 아니고 어부도 아니고 비평가도 아닌 사람이 아침에는 사냥을 하고 점심에는 낚시를 하고 저녁에는 비평에 몰두할 것이라고 했다. 평생을 생계 해결에 급급했던 사람들이 갑자기 물질적 문제를 뒷전으로 여기게 된다니, 실로 놀라운 예언이다. 통계와 그래프 전문가는 사랑과 시를 꿈꾼다. 한편, 반례도 존재한다. 돈을 멸시하는 것을 업으로 삼는 문인들, 예술가들은 쉬지도 않고, 강박적으로, 흡사 어떤 징후를 보여주듯 돈 얘기를 해댄다.

또 어떤 이들은 화폐가 사라질 거라고 말한다. 적어도 지금의 현금은 사라지고 '메가바이트 통화', 즉 전자화폐가 확산되어 결국은 인간의 귀 뒤나 피하조직에 전자 칩을 심는 형태가 될 거라나. 그렇게만 되면 위조화폐도 사라지고, 현금 도난도 사라지고, 은행 강도도 없을 것이며, 마피아의 돈세탁도 없을 것이다. 스마트폰만 있으면 은행을 들고 다니는 격이 되어 산골 오지나 소수민족 거주지 인구도 손쉽게 은행을 이용할 수 있을 것이다.[20] 이러한 주장은 지극히 타당하지만 인터넷뱅킹 관련 사기와 범죄도 그만큼 늘어날 것이다. 무엇보다, 그러한 변화를 화폐의 종말이라고 하기는 뭐하다. 돈이 없어진다기보다는 변신을 하는 셈이다. 인간의 정념은 어쩌지 못하면서 그 정념을 실어 나르는 빌어먹을 표식만 없애겠다? 그러한 변화가 과연 우리의 어두운 속내를 지워줄까.

게다가 현금 선호는 화폐의 탈물질화가 여전히 유토피아에 불과하다는 증거다. 구걸하는 거지에게 1유로, 2유로를 주기 위해 신용카드를 내민다고 상상해보라. 여기저기서, 인간의 삶을 물질성과 분리시키려는 열망을 볼 수 있다. 그러나 그 지고의 상태에 도달하려면 아직도 경제, 금융, 화폐 차원의 기나긴 설명이 필요하고 우리가 반대하는 바로 그것을 부활시켜야만 한다.

케인즈는 여전히 예언자의 어조로 말한다. "재화의 축적이 더는 사회에서 극단적 중요성을 지니지 못할 때 도덕률에도 크나큰 변화가 올 것이다. (…) 소유 대상으로서의 돈에 대한 사랑은―쾌락과 생의 현실을 알게 해주는 도구로서 돈을 사랑하는 자세와는 구분되어야 할 텐데—혐오스러운 작태, 반쯤은 범죄적이고 반쯤은 병적인 성향 중 하나로 간주될 것이다. 그런 사랑을 하는 자는 정신질환 전문가의 손에 맡겨질 것이다."[21] 그렇게 될지어다! 그러나 위안처럼 묘사된 이 미래는 여전히 발뺌에 불과하다. 케인즈는 인류를 있는 그대로 보지 않고 자신이 보고 싶은 대로만 보았다. 일단, 끝이라는 생각을 끝내야 한다. 세계의 끝, 종교의 끝, 국가의 끝, 역사의 끝은 없다. 한 세상의 끝, 어느 한 역사관의 끝, 어떤 신앙의 끝이 있을 뿐이다. 물리적 돈은 인류의 병도 아니요, 아직 사라질 준비도 되지 않았다.

◇◇

치기 어린 행복

로베르트 무질은 1937년 3월 빈에서 강연을 하면서 예술가와 작가는 보통 사람들과 달리 순진무구한 바보가 될 권리가 있다고 주장했다.[22] 그들의 위치에는 불손함이 허용된다. 일반인이 스스로 금하는 것을 그들은 해도 괜찮다. 나르시시즘을 기탄없이 드러내는 작가의 허튼소리가 흡사 계시처럼 받아들여진다. 그런데 재산에도 비슷한 이점이 있다. 재복이 있는 자들은 뭐든지 해도 괜찮은 어린아이 같다고 할까. 가령, 그들은 사소한 곤경을 비극 수준으로 과장할 수 있다. "가난뱅이는 자기 고통에조차 인색하다. 부자는 자신의

고통을 제대로 차려입는다."(샤를 보들레르)

　부자들 주위에는 어떤 열기가 감돈다. 그들 근처에 가면 성공의 냄새를 맡을 수 있다.(한편, 가난한 자들은 절로 얼굴을 찡그리게 한다.) 우리는 그런 사람들을 알고 있다. 위압적인 건물이나 자택에 질려서 부자들과의 교우를 대단한 특혜로 여기고, 그 무리에 들어가려고 자존심 따위는 가뿐히 버릴 수 있는 사람들. 그런 게임은 위험하다. 자기보다 돈 많은 사람들과 어울리고 그들을 흉내 내다 보면 결코 아물지 않을 상처가 벌어진다. 씁쓸한 회한으로 가는 왕도王道인 것이다. 이디스 워튼의 소설 『기쁨의 집』에서 릴리 바트는 20세기 초 뉴욕에 사는 매력적인 아가씨이지만 부모도 없고 돈도 없다. 릴리는 친구들이 드나드는 상류사회에 반딧불처럼 끌려가지만 그 사회의 관습을 익히지 못했다는 이유로 친구들에게 버림받는다.[23] 부자들은 내세에서 받아야 할 구원을 이승에서 받은 것 같다. 그들은 변덕스러운 여신 포르투나의 축복을 받았다. 우연의 여신이자 재물의 여신, 온갖 좋은 것을 나눠주는 이 여신은 사치의 신, 궁핍의 신과 남매지간이다. 부자들은 그들의 수단이 미치는 곳 너머까지 영향력을 행사한다. 그들과 어울리면 간접적으로나마 그들의 후광을 입을 수 있기는 하다.

　우리는 철없는 부자들의 엉뚱한 짓거리에 재미있어하기도 하고 분개하기도 한다.[24] 부자들은 보통 사람들처럼 제약을 받지 않기 때문에 자기네가 아예 다른 인종인 것처럼 생각한다. 그러나 비리사건 따위에 연루되어 크게 한번 굴러떨어지면 웃기지도 않는 소리를 막 한다. 가령 2013년에 바클레이스 그룹 최고경영자였던 로버트 다이아몬드 주니어Robert Diamond Jr.는 영국의 금리조작 스캔들에 연루되었으면서도 "난 돈을 보고 이 일을 한 적이 없다. 이쪽 일에 야심은 없었다. 그냥 그 일이 나에게 떨어졌기 때문에 했을 뿐이다"라고 말했다.[25] 그의 후임 리치 리치Rich Ricci—예정된 운명 같은 이름—는 1억 달러도 없으면서 런던이나 뉴욕에서 어떻게 사느냐는 망언을 했다. 1951년에 거부 윌리엄 허스트William Hearst는 돈에 대한 열정을 저승까지 가져가고 싶으니 자기가 죽으면 금고 모양의 관으로 장례를 치러달라고 말했다.

19세기 말의 사회학자 소스타인 베블런은 재력이 과시적 소비와 연결되는 법칙을 발표했다. "근사하다는 것은 금전적으로 명예롭다는 뜻이다." 당시 밴더빌트 가문은 뉴욕에 호화 저택을 경쟁적으로 지었다.(일례로 57번가 저택은 방이 137개나 되었다.) 로드아일랜드의 마블하우스는 1100만 달러 상당의 호화 별장으로 1892년에 코닐리어스 밴더빌트Cornelius Vanderbilt 2세가 아내 알바Alva의 생일선물로 지어준 것이다. 그 당시 작업반장급 인부의 하루 일당이 1.25달러였고 비숙련 노동자는 시급 2센트를 받았다는 사실을 감안하면 소름 끼치는 사치다.[26] J. P. 모건은 페르메이르의 작품을 처음 살 때 그 그림이 마음에 들어서가 아니라 동류집단을 깜짝 놀라게 할 만큼 가격이 비싸서 샀다고 고백한다.[27] 1970년대에 그리스의 선박왕 아리스토텔레스 오나시스는 또 다른 선박업계의 거물 스타브로스 니아르코스Stavros Niarchos와 돈 쓰기 경쟁을 벌이는 것처럼 보였다. 오나시스의 초호화 요트에는 거대한 황금 수도꼭지가 설치되었고 향유고래의 음경 포피로 감싼 의자가 즐비했다. 댄스홀로 변형 가능한 수영장은 모자이크 벽화로 꾸며졌다.[28] 그런 것들이 럭셔리 잡지에서 말하는 '빅 보이들의 장난감'이다.

지금도 금권 정치가들은 자동차, 선박, 집에 있어서 남근적 경쟁에 열을 올린다. 이제 요트가 아니라 헬리콥터 착륙장, 실내수영장과 실외수영장, 특수 잠항정까지 갖춘 대형 여객선이 대세다. 자택은 과거보다 더 크고 전용기도 갖추어져 있다. 요즘 개인전용기가 너무 많아서 공항과 항공교통도 혼잡을 피할 수 없다고 하지 않는가.[29] 온갖 기상천외한 바람이 충족되어야만 한다. 인도 재벌 락슈미 미탈Lakshmi Mittal은 2004년에 프랑스에서 튈르리궁과 베르사유궁을 통째로 빌려서 딸의 결혼식을 치러주었다. 하객은 1000여 명이었고 미탈이 쓴 돈은 7000만 유로였다. 2013년에도 인도의 한 기업가가 칸에서 또 한 번 초호화 결혼식을 올렸지만 코끼리 행렬은 시청의 허가를 받지 못했다. '동류집단의 압력'이 도를 넘는 사치를 자극하는 요인이다.

'타이쿤'은 최상위소득을 차지한 1퍼센트지만 그 1퍼센트 안에도 최상위 0.1퍼센트가 있다. 이 위계를 말로 설명하기는 힘들다. 최상급들의 집결. "대중적 사치"에 빠진 그만그만한 부자는 명함도 못 내민다. 자기 위치와 위엄을 유지하려면 더 많이 써야만, 수십만 혹은 수백만 달러 이하의 돈으로 생각하지도 않아야만 한다. 돈은 가진 자를 자기 지위의 변호인으로 만든다.

슈퍼리치들의 경쟁 때문에 중산층, '거의 부자인 사람들'이 빚을 내서라도 과도한 지출을 하게 되기도 하지만, 그게 무에 그리 중요할까?[30] 풍요는 우리의 가장 유치한 욕망, 돈을 펑펑 써서 모두를 뒤로 나자빠지게 하고 싶다는 욕망을 구체화한다. 애덤 스미스 이후로 모두가 안다. 부의 추구는 타인의 인정과 공감에 대한 추구라는 것을, 사랑받고 부러움의 대상이 되고픈 욕망이라는 것을. 기상천외한 욕망도 위반해서는 안 될 타인과의 관계 안에서만 의미가 있다는 것을.

그러나 돈은 인간을 예속시키기도 하고 해방시키기도 한다. 돈은 조세회피자를 외국으로 귀화시키기도 하고, 부자들을 폐쇄적으로 살아가게도 한다. 가령, 남미나 러시아의 대부호는 높다란 철책으로 둘러싸인 호화스러운 요새에 칩거하다시피 한다. 그들이 받은 저주는 자기와 똑같은 부류들과 (면적은 넓을지라도) 희박한 공간에서 살아야만 한다는 것이다. 그들은 예기치 않은 것을 차단했기에 도시적인 혼합성, 카페를 드나들고 산책을 하는 것만으로도 우연한 만남이 가능한 대도시의 경이를 모른다. 프루스트는 발벡 호텔의 식당을 거대한 수족관으로 묘사한다. 노동자, 어부, 프티부르주아가 이 수족관에 "신기한 동물들", 즉 공작, 백작부인, 은행가를 구경하러 모여든다. "이 신기한 동물들의 잔치"가 아직도 우리의 군침을 돌게 하는지, 우리 사회의 최상류층이 반드시 폐쇄적이어야만 하는지는 확실치 않다. 돈이라는 교활한 신은 자신을 소유한 자를 딱딱한 소금 기둥으로 만들어버리기 때문에 한곳에 몰리지 않고 계속 돌아야만 하는지도 모른다.

수전노와 방탕아

독일 사회민주당의 지그마어 가브리엘Sigmar Gabriel이 이런 말을 했다. "앙겔라 메르켈은 누가 자기 돈을 빼앗아갈까 봐 무릎 위에 올려놓은 가방을 꼭 쥐고 있는 짠순이 아주머니를 닮았다. 하지만 독일인은 그래서 메르켈을 좋아한다." 도덕철학이 깃든 경제관념과 소유병이라고 할 수 있는 탐욕은 다르다. 신중하게 돈을 써도 시중에 돈은 돈이다. 그런데 탐욕스러운 사람은 자기 돈을 대체기관으로 바꾸어버린다. 따라서 그에게 돈을 쓴다는 것은 신체 일부를 잘라주는 거나 마찬가지다. 과장이 아니라 돈이 그의 피부, 그의 신경, 그의 근육인 것이다. 그는 시간을 초월한 물질로 그 자신보다 더 오래 살아남을 신체를 만들었다. 돈독 오른 사람은 이런 식으로 불멸의 욕망을 은연중에 드러낸다. 그가 재산을 소유한 것이 아니라 재산이 곧 그를 이루고 있다고 할까. 그는 쓰지 않으려고 돈을 모은다. 어떤 기쁨도 그의 소유에는 비견되지 않는다.

몰리에르의 『수전노』에 등장하는 아르파공을 생각해보라. 그는 1만 에퀴를 정원에 묻어둔다는 점에서 가증스러운데도 순진한 면이 엿보인다. 말도 안 되게 높은 이자를 받고 돈을 빌려주는 그는 교활하다. 지참금도 내어주기 싫어서 자기 딸을 쉰 살이나 먹은 사내와 결혼시키려 드는 그는 뻔뻔하다. 자기보다 스무 살이나 어린 여자를, 그것도 그 여자가 자기 아들을 사랑하는데 굳이 아내로 맞아들이려는 걸 보면 제정신인가 싶기도 하다. 어린 여자랑 결혼해서 새로 태어난 기분을 느끼고 싶어 하듯, 그는 넘쳐나는 에퀴 금화로 '회춘' 치료를 한다. 몰리에르의 수전노는 타자의 멸시 속에서 산다. 고전적으로 '탐욕avarita'은 중세에 이르러서야 (고리대금의 어머니 격인) '재물욕cupidité'과 동일시되었다. 그 전까지는 탐욕이 몰리에르의 수전노 같은 치사한 태도가 아니라 인생과 사람에 대한 욕심 전반을 뜻했을 것이다. 미켈란젤로의 「최후의 심판」을 보면 지옥에서 형벌을 받는 와중에도 수전노는 목에 돈주머니를 걸고 있다. 그는 죽지도 않고 자기 돈주머니를 숭배하는 것이다.[31]

부자들의 인색은 놀라운 현상이다. 인색한 부자는 있는 자의 소박함과 없는 자의 궁핍을 겸비하고 싶은 것일까. 캘리포니아 석유 갑부 폴 게티는 런던의 자기 집 손님방에 유료전화를 설치했을 뿐 아니라 택시비를 자기가 내기 싫어서 모임에서 절대로 맨 먼저 나가지 않았다고 한다. 어쩌면 그는 부유한 삶의 권태를 피하고 한 푼 한 푼 모으던 초심으로 돌아가고 싶었는지도 모른다. 탐욕은 뺄셈의 수학, 얼어붙은 심장이다. 수전노는 돈이 결코 자기에게 영원히 속할 수 없음을, 돈이 쉬이 도망가는 불안정한 실체라는 사실을 겁낸다. 그래서 자신의 인색함으로 돈이 못 흘러나가게 둑을 쌓아야 한다. 밖으로 내보내지 않으려는 이 성향을 지적했다는 점에서 프로이트의 항문기적 성애에 대한 메타포는 타당성을 얻을 수 있을지도 모르겠다. 그러나 페렌치Sandor Ferenczi처럼 돈은 "수분과 냄새가 없는 똥을 번쩍거리게 만든 것"이라고 설명하거나, 돈을 좋아하는 것은 배설물에 존재하는 죽음본능에 해당한다는 말(노먼 브라운NormanBrown)[32]은 너무 나간 감이 있다. 어디, 똥을 잘 말려서 문질러보라. 그래봤자 루이 금화도, 유로화도 나오지 않을 테니!

방탕아와 아르파공의 대립은 취한 돈과 절도 있는 돈의 대립이다. 방탕아는 과시적이고 걸신들린 듯한 소비로 자신이 돈에 무관심하다는 점을 강조한다. 돈이 많이 드는 파티, 연회, 구매는 그를 막지 못한다. 그는 마지막 한 푼까지 써버리는 순간, 그를 극진히 모시는 타자들의 황홀한 눈빛을 염탐한다. 도박꾼은 허세를 떨고 다른 사람들의 검약을 흉본다. 세르주 갱스부르는 1984년 3월 11일에 텔레비전에 출연해서 500프랑 지폐에 불을 붙였다. 금송아지에 대한 경멸을 드러내는 동시에, 국세청과 법에 항의한다는 뜻이었다. 방탕아의 고집스러운 소비는 역설적으로 그가 돈에 그렇게까지 초연하지 못하다는 증거다. 그의 호탕함은 기만이다. 그는 재물과의 끝도 없는 복수극에 뛰어든 자다.

아리스토텔레스가 제대로 보았듯이 수전노와 방탕아는 동전의 양면이다. 이 철학자는 여기에 덕과 멋을 알아 자신에게 필요한 것을 기쁘게 사용하고 만끽하는 자유인을 대립시킨다.[33] 그리고 위대하고 고귀한 일에 재물을 낭비하는 사람도 훌륭하다. 우리는 모두 인색함과 관대함 사이를 왔다 갔다 한다. 몇 푼 안 되는 돈에

째째하게 굴기도 하고, 머리가 홱 돌아서 지갑을 열기도 한다. 사실, 그렇게 돈과 다양한 관계를 맺는 것이 옳다. 돈에는 막강한 힘이 있는 것처럼 보이고 돈에 대한 우리 생각은 불확실할 때가 많기 때문이다.

세금은 가난한 사람이나 내는 것?

신흥 부호 세력은 사회적 규칙을 거부함으로써, 특히 납세를 거부함으로써 공동의 세상을 떠나려는 움직임을 보이기 시작한다. 조세회피 전문가로서 경쟁적으로 국적을 버리고 있는 이 부자들은 모든 시민의 의무를 면하기 위해 최고의 세무사와 변호사를 고용한다. 어떤 부자는 더 이상 자기 조국에 투자를 하지 않기로 결정한다. 2011년 미국에서 해외금융계좌신고법Fatca, Foreign Account Tax Compliance Act이 가결되어 미국 시민의 국외 금융정보가 국세청으로 들어가게 되자 9000명의 미국인이 국적을 버렸다. 조세천국에서의 돈세탁, 대기업의 세금 최적화 전략은 규칙이 된 지 오래다. 세금 압박이 다른 데보다 덜 심한 나라에서조차 그렇다.(유럽에서는 평균적으로 구글, 아마존 같은 대기업이 중소기업보다 세금을 20퍼센트 덜 낸다. 대기업 세율이 19퍼센트인데 중소기업 세율은 35퍼센트니까.)[34] 오죽하면 워런 버핏과 몇몇 억만장자들이 『뉴욕 타임즈』에 오바마 대통령을 겨냥하여 「더러운 부자들을 싸고돌지 마라Stop pampering the filthy rich!」라는 기고문을 냈을까. 그들은 정부에 연간 100만 달러 이상 버는 사람의 세액을 늘릴 것을 요구했다. 이 '마음 넉넉한' 일부 슈퍼리치들에 대항하여 부자 계급은 서민들이나 써먹는 케케묵은 방법이라며 분개했다. 탈세 사기로 금고형까지 받았던 뉴욕 호텔업계의 여왕 리오나 헴슬리Leona Helmsley는 1989년에 "세금은 가난한 사람들이나 내는 거라고 생각했어요"라는 희대의 발언을 남기지 않았던가.[35] 당시의 시대 정서를 기막히게 보여주는 말이다.

부자 계급의 일부는 자기네끼리 꽁꽁 뭉쳐서 보통 사람들 머리 위에서 살아갈 수 있다는 허구에 빠져 있다. 과도한 세금 압박에 이의를 제기할 수는 있다. 그러나 자기가 누리는 특혜의 일부를 교육이나 의료 지원의 형태로 반환하기 거부하는 일부 특권층의 태도는 충격적이다. 만인의 부에 눈곱만큼도 이바지할 줄 모르는 개인의 부란 무엇인가? 재단, 학교, 병원, 그 밖에 집단에 도움이 되는 행위로 전환되지 않는 개인의 풍요란? 바로 여기에 중산층의 생존이 드라마틱하게도 달려 있다. 중산층은 프롤레타리아라는 망치와 풍요와 구속의 모루 사이에 낀 계층이다. 최상위 부자 계층이 사회를 위해 해야 할 일을 하지 않으면 중산층의 사회적 부담이 너무 크다.

이제 돈을 부자들에 맞서 지켜야 할 때가 왔다. 부자들은 스스로를 보호하고 자기네 무리에 들어올 사람을 자기네가 선발함으로써 모든 경쟁을 무시하고 진정한 독점을 행사했다(조지프 스티글리츠).

조지프 슘페터는 시장의 창조적 파괴가 일어난다는 유명한 말을 했지만, 아주 삭막하게는 파괴적 파괴도 있는 것이다. 금융의 일부 부문에서는 벌처펀드, 주식 투매, 신용평가기관 등이 거짓을 앞세워 우량기업을 쪼개다가 현행범으로 걸려든다. 그들은 단지 몇 사람의 주머니를 불려주겠다고 멀쩡한 시스템을 와해시키는 짓을 한다.[36] 그래서 우리가 겪은 경제위기에서 그들의 책임은 크다. 그들이 경제를 약화하고 생산을 망치고 모든 이가 시장에 진입하는 것을 막았다. 전염병처럼 번져가는 황폐 속에서 치사하지만 그나마 책임감이 있었던 전통적 부르주아는 사라진다. 17세기에 밀턴은 오직 그러한 부르주아만이 미덕을 준수할 수 있다고 했다.

자본주의는 파괴 취향이 아니라 계산속, 모험심, 이익을 혁신에 재투자하려는 의지의 융합이다(막스 베버).[37] 이제 이윤에 귀족의 언어를 돌려줄 때가 되지 않았나? '이해관계에 연루시키다interesser'는 어원적으로 'inter esse', 즉 사람들 사이에서 그들과 사귀고 합리적 수준의 자기애와 타인에 대한 배려를 결합한다는 뜻이다. 애덤 스미스는 그런 점에서 제대로 보았다. 부와 위대함은 보조를 같이한다. 여기에는 명성, 도덕성, 타인들을 잘 다스리고 모범을 보이는 자질이 다 포함된다. 덕이 없고 공중도덕을 모르고 공동체에 도움이 되려는 의지가 없다면 재물이 무슨 소용인가? 발자크는 "돈은 터무니없는 양으로 존재할 때에만 권력이 된다"고 했다. 돈은 인간을 세련되게 하지만 그것도 어느 선까지다. 그 선을 넘으면 돈이 야만과 손을 잡는다. 테러리스트들과 갱단들의 사연에서 볼 수 있듯이 돈이 폭력의 현현에 크게 이바지하는 것이다.

페르낭 브로델의 분석에 따르면, 과거의 부르주아는 지배계급을 파괴하지 않고 그 계급을 자기 성장의 밑거름으로 삼았다. 귀족들은 그네들의 닳아빠진 지위를 "금융인들의 딸들에게"[38] 팔았다(『벨아미』). 부르주아는 위용이 부족했고 종종 놀림거리가 되곤 했다. 그래도 그들에게는 적어도 고매한 교양에 매료되어 있었고 그러한 교양을 환기하고 널리 퍼뜨리려는 욕구가 있었다. 그들은 적어도 자기들이 세상에 책임이 있다고 생각했다. 과거의 부르주아는 "유용성과 쾌적함"(볼테르)에 일가견이 있었고 그런 방면으로는 일종의 소명도 있었다. 안티히어로(하위징아), 두려움으로 성숙해지는 치사한 존재(바타유)로 묘사된 부르주아는 스스로를 개선할 줄 알았다. 그는 자기를 비판적으로 바라보고 자신의 전형을 파괴할 수 있다는 것을 보여주었다. 그 결과, 오늘날의 부르주아는 자기 계급을 멸시하고 반항아 흉내를 내기에 이르렀다. 지금의 부르주아는 끊임없이 자기를 평가절하하는 것을 자랑으로 삼는다. 부르주아는 잘사는 삶과 진보에 관심이 많은, 토마스 만이『부덴브루크 가의 사람들』에서 말했던 "미덕의 귀족"이다. 귀족성은 이제 태생으로 결정되지 않고 자신의 끈기, 노동, 재능으로 쟁취하는 특권이다.

우리 엘리트들의 유치한 혈기가 근본적인 원칙마저 망각하게 해서는 안 될 것이다. 어느 시대에나 부자들은 본이 되는 삶의 기술을 구현했다. 지금 일부 슈퍼리치들이 욕을 먹는 이유는 그들이 세상을 지배하려고 해서가 아니라, 야망도 없이 짧은 쾌락과 원대한 사명을 맞바꾸기 때문이다. 오스발트 슈펭글러는 "문명이 고도로 발달하면 사치와 풍요와 떼려야 뗄 수 없다"고 했다. 과거의 메디치 가나 로스차일드 가, 카몽도 가, 페레이레 가, 오나시스 가, 니아르코스 가, 프랑스의 피노 가 같은 예술 후원자들의 역할이 그래서 중요하다. 제프 베조스와 엘론 머스크가 미국의 우주정복에 기여한 바는 또 어떠한가. 중국의 아드리안 쳉Adrian Cheng과 류이첸劉益謙, 인도의 타타와 아짐 프렘지Azim Premji도 막대한 재산을 인류를 위해 사용함으로써 저열한 금속을 미와 관용으로 변모시킨다. 이처럼 부자들이 돈을 위해서 모든 것을 희생하는 자들의 삭막함을 덜어낼 수도 있을 것이다.

◇◇◇

파산이라는 이름의 튤립

정원과 꽃에 조예가 깊었던 콘스탄티노플의 술탄들은 18세기에 새로운 품종의 튤립을 개발하고 '사힙키란Sahipkiran'이라는 이름을 붙였다. 이 이름은 '파산, 파탄'이라는 뜻이다.[39] 투기가 때로는 얼마나 자기파멸을 갈망하는가를 생각해보기에 이보다 좋은 단초는 없다. 파산은 낭떠러지 끝에서의 짜릿한 감각이다. 파산은 그 자체로 하나의 장르가 되었고 심지어 상징적인 지리도 갖는다. 일례로, 월스트리트는 모든 것이 넘쳐나는 도시 뉴욕과 불가분의 관계에 있고 신기술의 요람 실리콘밸리는 캘리포니아에서 지진이 가장 자주 일어나는 지역에 위치해 있다. 증권거래소는 서커스

장, 생각 없는 충동이 난무하는 도박장으로 묘사되곤 했다. 그러나 증권거래소에서 인상적인 점은 단조로움이다. 그 예측 가능한 범위에서 현안을 처리하고, 투자하고, 차용한다. 차라리 난리 통처럼 돈이 심히 부족해 경제가 위축된다면, 금융이 가계와 국가의 경제에 필수불가결하다면 사태는 더 쉬울지도 모른다.

2008년 경제위기를 예언했던 유일한 현자 누리엘 루비니 Nouriel Rubini 말대로 위기는 "판에 박힌 절차들이 만들어낸"것이다. 어떻게 자기 이익을 추구한다는 사람들이 대폭락을 초래했을까? 금융행성이 지구라는 행성을 추월해버린 시대에(니얼 퍼거슨Niall Ferguson) 돈은 늘 결국 우리를 장부의 민낯 앞으로 끌고 간다. 금융계의 관행을 규제하고 정치적 통제 아래 두어야 한다. 살아가려면 건강이 꼭 필요한 것처럼, 모든 사람이 공평하게 대출을 받을 수 있어야 한다. 거금이 소수의 모험가 손으로만 자꾸 흘러들어가면 재앙을 부르고픈 욕구로 쉬이 변한다. 잉여 자본은 반드시 제거되어야 한다. 인류는 돈을 끌어안음으로써 진보도 끌어안지만 자기 관자놀이에 총부리를 겨누고 있기도 하다.

제9장 부는 죄가 아니요, 가난이 덕은 아니다

"스위스 은행가가 창문에서 뛰어내리거든 그 뒤를 따라 뛰어내려라. 분명히 돈을 벌 건수가 있을 테니."

—볼테르

"은행은 이제 돈이 필요 없다는 것을 증명할 수 있을 때에만 돈을 빌려주는 기관이다."

—밥 호프(미국의 유머작가, 1903~2003)

유럽과 북아메리카 국가들은 그들의 역사에 뚜렷한 흔적을 남겼던 빈곤, 즉 자본주의 초기의 빈곤이 돌아올까 봐 늘 두려워했다. 선조들은 막대한 고통을 치르고 경제성장을 이루어냈고, 우리는 그 성장의 혜택을 입고 자란 응석받이 아이들이다. 칼 마르크스는 18세기부터 실향민 프롤레타리아 무리의 고달픈 삶을 기술했고 잭 런던, 에밀 졸라, 찰스 디킨스, 빅토르 위고는 그런 가난뱅이들을 자기 소설의 주인공으로 삼았다. 이 가난뱅이들은 가진 것이 없을 뿐 아니라 과거와 같은 농촌의 연대의식, 절기와 시기를 따르는 전원생활, 옛 유럽의 마을 단위에서 떨어져 나온 자들이었다. 그 떠돌이들이 우리 뇌리를 떠나지 않는다. 그렇게까지 오래전 일도 아니다. 그래서 우리는 두렵다.

가난의 네 가지 상태

우리가 기억하는 가난은 크게 네 가지다. 종교에 치중했던 중세에는 가난한 자가 하느님의 순례자였다. 그는 이 세상을 살지 않는 것처럼 이 세상에서 산다. 르네상스 시대부터는 탁발 수도회가 믿을 수 없는 무리로 여겨지기 시작했고 가난뱅이는 가혹한 벌을 내려서라도 버릇을 뜯어고쳐야 할 게으름뱅이 취급을 받았다. 가난한 자는 나태한 자이므로 야만적인 방법으로 재교육해도 괜찮다는 것이다.[1] 그는 이제 하느님의 사절이 아니라 "찌꺼기, 공화국에 빌붙어 사는 쓰레기"다. 근대와 프랑스대혁명은 새로운 변화를 불러왔다. 가난뱅이는 분노하는 민중, 자기 운명의 주체, 국가의 기틀을 마련하는 자가 되었다. 문학이 찬양하는, 반항하는 프롤레타리아가 된 것이다. 그러나 공산주의 운동은 노동자 계급을 빈곤 계급과 동일시하지 않는다. 빈곤층은 돈만 준다면 언제라도 자기를 팔 수 있는 무질서한 룸펜 프롤레타리아다. 공산주의 혁명 기획이 빈곤층에 따라다니는 나쁜 평판에 피해를 입어서야 되겠는가. 그 후, 제3세계의 수사학에서 가난뱅이는 게릴라대원, 착취당한 농민, 피식민지 국민으로 나타나며 그들의 비탄은 늘 연민을 산다. 가난뱅이는 국가들의 그리스도다. 대속자가 그러했듯이 가난뱅이는 역사의 제단에 바치는 제물이 된다.

오늘날 빈곤은 현대성의 실패를 나타낸다. 과거에는 한 줌 귀족을 제외하면 모두가 가난을 공통적인 조건으로 받아들였다. 애덤 스미스는 "아주 부유한 사람 한 명이 있으려면 가난한 자는 적어도 500명이 있어야 한다"고 했다. 그런데 중산층이 극단적 풍요와 극단적 빈곤 사이에 자리를 잡으면서 가난은 실패의 동의어가 되었다. 돈 없는 자들도 물려줄 것 하나 없는 자식들을 생각하면 좀 미안할지언정 ─ 비록 서구 사회에서는 복지국가가 어느 정도 책임을 져준다고 해도 ─ 19세기의 가난뱅이들과 형편을 비교할 수는 없다. 진보적 메시아주의는 여전히 가난뱅이에게 구원을 다소 약속하지만 가난뱅이는 번영의 물결에 저항하는 잔존 세력 취급을 받는다. 정신 상태가 돼먹지 못한 자의 고집이랄까. 가난한 자는 아직도 헐벗음을 면치 못한 열등생이요, 사회계획과 인도주의 단체와 주요 기관은 매년 빈곤 퇴치를 다짐한다.

비록 시장의 확장으로 전 세계에서 절대적 빈곤은 많이 물러났다지만 풍요의 일률적 조건을 마련한다는 목표는 요원할 뿐 아니라 어림도 없다. 수학적으로만 따져보더라도 우리는 절대 위화감을 근절하지 못할 것이다. 가난한 자가 생활수준을 두 배로 올려도 그들과 최상위 부자들의 격차는 더 크게 벌어질 것이다. 부자들의 소득은 지금도 계속 늘고 있기 때문이다. 19세기에 부자와 가난뱅이는 "뚱보와 말라깽이"로 통했다. 당시에는 불룩한 뱃살, 투실투실한 뺨이 번영과 풍요의 표시였다. 지금은 정크푸드로 끼니를 때우는 가난뱅이들이 비만으로 고생하고 부자들은 언제나 날씬한 몸매를 유지하려고 애쓴다. 마지막으로, 인구 증가를 감안해야 한다. 의학이 발달하면서 먹여 살려야 할 입은 늘었고 식량문제는 결코 쉬이 해결되지 않을 듯 보인다.

가난이라는 재앙을 해결하기 위해서 제안된 방안은 수없이 많다. 무이자 혹은 저금리로 대출을 해주자, 위생편의시설을 제공하자, 양심도 없는 사채업자보다는 확실한 금융기관을 이용할 수 있도록 지원하자,[2] 여성의 소규모 창업을 지원하자(에르난도 데 소토),[3] 남아와 여아가 평등하게 교육받아야 한다, 장학금은 가정형편을 고려하여 지급해야 한다, 선진국에서처럼 의무교육, 무료 예방접종, 교통수단을 책임지는 기관을 설립하자[4] 등등. 그렇지만 가난을 경제적 요인으로만 환원한다면 문제가 있다.

일이 힘들 수는 있다. 그러나 일이 오로지 생계수단일 뿐인 사람은 소외된 사람이다. 하이데거의 표현을 빌리자면 "세계 빈곤"을 겪는 자는 인간관계가 빈약하다. 그가 아는 사람도 없고, 그를 아는 사람도 없다. 그는 자기 처지에 어쩌다 놓였을 뿐, 그 처지를 바꾸지도 못하고 언제까지나 자기 야심을 쳐내야 한다.(이런 면에서 이른바 후진국들은 가난하긴 해도 아무도 배제하지 않는 상부상조의 네트워크가 있다는 점에서 사교성은 풍부하다.) 빈곤은 일단 상징적이다. (아마르티아 센이 변형한) 아리스토텔레스의 표현을 빌리자면, 빈곤은 가능성의 박탈이다. 이 때문에 공산주의는 욕구의 평등을 가정함으로써 많은 이들에게 아쉬움을 불러일으켰던 것이다. 공산주의는 근대인의 들끓는 열광에 찬물을 끼얹었었다. 우리 모두가 곤궁하다면 남이 가진 것을 욕망할 필요도 없다. 어차피 그 사람도 나처럼 아무것도 없을 테니까.

그럼에도 불구하고 '이것의 반대는 저것'이라는 식으로 가난과 부를 생각할 수는 없다. 통계학으로는 다 나타낼 수 없는 수많은 차이, 수많은 단계가 있다. 가난과 부의 대립은 **풍요와 빈곤 사이의 사회적 방패** 역할을 하는 중산층의 형성으로 많이 누그러졌다. 출입구와 안테나가 있는 이 중산층만이 개방성과 관용으로 민주주의의 구심점 노릇을 할 수 있다. 이미 아리스토텔레스와 밀턴도 이 중간계급을 중재의 상징으로 높이 기렸다. 중산층은 적대적인 두 계급으로 사회가 양극화되는 사태를 막아준다. 중산층이 사라지면 우리 사회체제는, 유럽 특유의 권리와 풍요의 조화는 끝장이다.(미국은 중산층이 빈곤화하면서 사회의 인구학적·경제학적 기둥 역할을 이미 잃어버렸다.) 언제나 삼각구도가 우리를 극단적 이원론에서 구원한다. 연옥의 발명으로 천국 아니면 지옥을 벗어날 수 있었던 것처럼, 중산층이 부자와 가난뱅이 사이의 적개심에서 우리를 구원할 것이다. 사실, 우리 중 상당수는 불확실한 마음이 크다. 돈을 적게 번다고 해서 꼭 가난한 기분이 드는 것도 아니고, 월급이 많다고 만족감이 큰 것도 아니다. 아리스토파네스가 말했듯이 어려운 시절도 웬만큼 겪어봐야 한다. 모든 것이 단박에 주어진다면 아무도 자기 재주를 펼치지 못할 것이다. 고생은 나쁜 게 아니다. 돈이 인간의 개선 가능성의 메타포가 된다면 우리 자신을 초월하게끔 이끌 것이다.

삐뚤어진 이상화

요즘 미국에서나 유럽에서나 신新빈곤이 다시금 스스로를 "웰빙의 가치"로 내세우고 있다. 빈곤을 뿌리 뽑지 못하니까 갑자기 빈곤의 장점을 찾기로 작정한 것이다. 우리의 실패, 실업, 답보 상태의 성장을 무슨 본보기처럼 옹립하고 세상 모든 나라에 제시할 수 있다니, 프랑스의 입맛에 딱 맞는 유혹이다. 궁핍이 한 차원 더 높은 덕인 것처럼 포장하는 일부 이론가의 찬양은 심히 변태적이다. 개인적이고 영성적인 이유로 검약을 택하는 것과 무감각해진 야망에 검약을 강요하는 것은 완전히 별개다. 대중적으로 먹히는 자발적 가난 운동은 삶의 기쁨, 미소, 그리고 경제위기에 빠진 유럽 일부 국가들의 환멸감으로 가난을 색칠한다.

정치경제는 최대한 많은 사람에게 인간다운 삶을 제공하려 애쓰는데 새로운 급진적 사고는 가난뱅이를 대규모로 양산하기 원한다. 일례로 미국의 대학교수이자 미술평론가인 조나선 크래리Jonathan Crary의 주장을 보라. 그는 우리를 피폐하게 만드는 자본주의의 시간성이 불면과 스트레스의 요인이라고 본다. 크래리는 이 시간성에 저항하기 위하여 "백만장자 문화의 파괴적 성격, 물질적 부의 유해한 이미지와 환상을 거부하라"고 권고한다. "자녀가 있는 사람은 자녀의 장래 직업에 투사하는 모든 불가능하고 절망적인 기대를 버려야 할 것이다. 이러한 기대는 살 만한 미래, 공유의 미래를 제안하는 것과는 정반대다."[5] 그렇다면 어린이들에게 체념을 가르쳐야 할 것이다. 남들이 선망하는 직업을 꿈꾸지 못하게 하고, 대학도 보내지 말아야 할 것이다. 야망을 죄악시하고 사회적 상승 욕망은 떡잎부터 잘라야 할 것이다. 이러한 주장은 샤를 페기를 떠올리게 한다. 페기는 "인간이 적어도 빈곤 속에서 보장되었던" 과거의 궁핍을 그리워한다. "가난은 골방이었고 피난처였다. 그리고 가난은 신성했다."[6] 그런데 현대 세계는 이성을 잃고 다수를 비참한 지경으로 빠뜨렸다. 존 스튜어트 밀은 19세기에 이렇게 말했다. "이상적 상태는 아무도 가난하지 않고 아무도 더 부유해지려 하지 않거나 앞서나가려는 남들의 노력 때문에 자기가 뒤처질까 봐 걱정하지 않는 상태다."[7] 무욕의 아타락시아, 아무것도 바라지 않는 침체 상태. 인간사는 그만 멈추고 그 무엇에도 흔들리지 않는 정지 단계에 돌입해야 할 것이다. 누구든 치고 올라가려는 자는 더 낮은 곳으로 떨어질 위험이 있다.

이러한 주장은 가난뱅이도 부를 얻기 원하고 그러한 욕망은 부끄러운 것이 아니라는 사실을 망각하고 있다.[8] 이 삶은 더 나아질 수 있다. 가시밭길이 아니라 꽃길일 수 있다. 고행을 일삼고 낙담해 봐야 아무 소용도 없다. 헐벗은 이들을 거의 성인처럼 떠받드는 것은 그들의 생존조건을 에덴동산처럼 꾸며대어 그 조건에서 영영 벗어나지 못하게 하는 수작이다. 예를 들어, 국가인권심의위원회가

"형편이 열악한 사람들에 대한 차별"[9]을 처벌하는 법을 제정하고자 한다면 이는 새로운 사상범죄, 새로운 언어경찰 만들기에 불과하다. 사회적으로 소외된 자들을 나쁘게 말하면 당국의 수사를 받을 수도 있겠다. '정치적 적절함'의 확장은 새로운 범주를 하나하나 정한다. 그러나 말뿐인 '존중'은 현상과 싸우지 않는 한 방식일 뿐이다.

도덕적 좌파에게 강자들을 욕하는 일은 수백만 인류를 질병, 기근, 불안정에서 구할 방법을 궁리하는 것보다 훨씬 쉽다.[10] 부를 모욕하는 것이 정치를 대신한다. 그의 눈에는 가난한 자들을 부유하게 하는 것보다 부자들을 강탈하는 것이 더 낫다. 가난한 자들에게는 희생을 새삼 가르치고 팔자를 고치려는 정신 나간 생각은 하지 말라고 해야 할 것이다. 교황 프란체스코는 2014년 8월에 대한민국을 방문해서 물질주의와 자본주의를 성토했다. 하지만 바티칸이 르네상스 왕궁도 울고 갈 성대한 연회를 벌이는 형편이니, 교황은 표적을 잘못 택한 게 아닐까. 광기 어린 부의 추구는 무익한 짓일지도 모른다. 그러한 추구는 정말로 물질적이라기보다는 관념적인 것이고, 그렇기 때문에 위험하다. 이념이라는 것이 으레 그렇듯, 이 추구는 결코 충족되지 않기에. 그러한 추구가 "양적 맹목"이라고 비난한다면 진짜 위험을 보지 못한 셈이다. 정말로 물질적인 것은 가난뿐이다. 가난 때문에 생계, 식량, 주거, 의복은 굴욕적인 속박이 된다. 돈이 우리 삶의 주인 노릇을 하고 독재를 휘두를 때는 바로 돈이 없을 때다.

졸부의 역설적인 위대함

지난 20년 동안 인도, 중국, 아시아의 용들과 브라질 그리고 아프리카 일부 국가(나이지리아, 가나, 베냉, 남아프리카공화국)가 빈곤을 탈출한 과정은 가히 감탄스럽다. 이 나라 중 일부는 이제 유럽이나 미국과 어깨를 나란히 할 정도다. 수십억 인구가 악착같이 일을 해서 성장의 맛을 보았고 훨씬 더 나은 삶을 살게 되었다. 과거에는 비유럽 국가들을 다소 깔보듯 '제3세계' 운운했지만 이제 그들은 고정관념을 깨고 자기 운명의 주인이 되었다.

가난한 집안 출신이 자기 재주와 노동으로 화려하게 부상하는 모습을 보면 얼떨떨하다.(가난한 차※ 장수였으나 인도 총리가 된 나렌드라 모디가 그런 경우다.) 그런 이유로 2세기 전부터 이민자들이 위대한 오늘날의 이야기를 만들어가고 있다. 실향, 과거와의 단절을 통하여 더 나은 생을 추구하는 이야기 말이다.(단, 이러한 인구이동을 낳은 분쟁을 함께 고려해야 할 것이며 이민국가에도 도움이 되는 합법적 이민과 일시적으로는 허용 가능하나 장기간 감내하기는 어려운 불법난민은 구분해야 할 것이다.) 1914년에 월터 리프만은 출신을 버리고 미국 땅에서 새로운 길을 닦기로 마음먹은 이민자들의 용기와 치열한 자세를 기리면서 "정신적으로는 우리 모두가 이민자"[11]라고 했다.

이 나라 안에서의 이민자들, 즉 강자들의 한통속을 뒤흔드는 신흥 부자들은 말할 것도 없다. 그래서 '성공담'에서 중요한 것은 그 사람 개인의 여정이다. 어느 나라, 어느 사회계층 출신이든 그들은 자신이 주파한 거리, 빛나는 아이디어, 곤궁을 벗어나기까지의 초인적인 노력을 말한다. 빈민가나 게토 출신 아이 한 명이 사회의 최정상까지 올라간 사연이 무거운 사회학 논문보다 사회적 상승 욕구를 더 자극한다. 그러한 예상 밖의 출현은 숙명을 짓밟는 기계처럼 작용한다. 또한 일부 공동체들의 쾌거도 잊지 말자. 인도 구자라트주(인구 6300만 명)는 탄탄한 길드와 연대 체계를 바탕으로 세계적인 무역 네트워크를 수립하기에 이르렀다. 구자라트 주민들은 아시아, 미국, 아프리카에 진출하여 성공을 거두었다. 가령, 안트베르펜 다이아몬드 산업의 4분의 3은 이미 이곳 출신 인도인들이 좌우한다.[12]

19세기의 위대한 소설가들, 가령 졸라, 트롤로프, 발자크, 모파상, 빅토르 위고, 헨리 제임스 등은 언제나 같은 이야기를 들려주었다. 이제 사람들은 자기 계층에 머물러 있지 않는다. 어디서나 재물이 떠밀려오거나 떠밀려가고, 세련되지 못했지만 모험심 강한 촌놈이나 신사로 위장한 사기꾼이나 치마를 두른 라스티냑이 벼락출세를 한다. 그중에서도 여러 작가의 문학적 상상력을 부채질한 두 인물상이 있으니 출세제일주의자와 벼락부자다. 이 두 인물상은 오늘날 더 쉽게 찾아볼 수 있다. 출세에 목맨 야심가는 우스꽝스러우면서도 감동적이다. 그는 별장, 선박, 고급 차량 같은 성공의 표지들을 지나치게 열심히 드러내면서 자신이 걸어온 길에 걸맞게 살려 한다. 소박함 대신 과장을, 분별 대신에 요란한 과시를 택함으로써 이질성에 동화되려고 안달하는 평민이 드러난다.

　과거도 그랬지만 지금도, **사람이 돈을 가질 수도 있지만 사람이 곧 돈일 수도 있다.** 전자는 대담하게 자기 재주를 부려 재산을 모은 사람이다. 후자는 품행과 교육에 대대로 유복하게 살아온 태가 나는 사람이다. 돈 얘기를 함부로 하지 않고, 있는 척하지도 않고, 잘 자란 사람들 특유의 꾸밈없는 태도를 지녔다는 바로 그 점에서 그들은 곧 돈이다. 졸부는 어디에도 도달하지 못한 사람, 소유의 문법을 존재의 문법으로 전환하지 못한 채 유예 상태로 남아 있는 사람이다. 졸부는 사회적 상승을 시도하면서 적절치 않은 취향의 실수, 말실수, 때와 장소에 안 맞는 옷차림을 거듭한다. 부자 되는 법은 배우고 익혀야 한다. '고매한' 사회에 편입되고 상류층의 풍속을 완전히 습득하려면 때때로 수십 년까지 걸리기도 한다. 벼락부자는 두둑한 은행잔고는 있지만 유서 깊은 가문의 기억, 지성, 높은 지위에 수반되어야 하는 예의범절은 없다. 그에겐 아무 혈통도 없기에 자기 신분을 확보해줄 수 있는 그 무엇을 절망적으로 추구하지 않을 수 없다. '고상한 모임'에서 그는 개밥의 도토리 같다. 조악한 취향이 자꾸만 두드러지고 애매한 출신은 어쩔 수 없이 드러난다. 스포츠 스타 출신 억만장자들이 살롱에도 경기장과 탈의실 분위기를 끌고 오는 것처럼 말이다.

　한 세기 전 북미와 유럽에만 있었던 이러한 현상이 이제 네 대륙으로 퍼졌다. 규칙의 혼합, 다양하면서도 불분명한 에티켓은 지배계급이 이 신흥 부자를 좀체 인정하지 않는다는 증거다. 이러한 혼란은 세계화와 더불어 이제 정점에 이르렀다. 세계 어느 곳에서나, 아시아, 아프리카, 러시아, 아메리카에서 경제적으로 성공한 수백만 인구가 인정을 받아보겠다고 안달을 한다. 그들은 인사법, 예의범절, 풍속, 화법 등을 모방을 통해 재창조해야 한다. 이때 위험은 이중적이다. 자기 출신을 드러내고 말든가, 그렇지 않으면 관습에 너무 매인 나머지 주인의 신신당부로 격식 있게 차려입은 하인 비슷한 꼴이 되든가. 무슨 말을 하고 행동을 하든, 그들에게는 좋은 가문에서 곱게 자란 사람 특유의 무심한 분위기가 나지 않는다.

그러나 이 평민들이 없으면 사회이동도 없다. 그들이 관습을 은연중에 변형시키지 않는다면 혁신도 없다. 그들의 범속함은 새로움이 태어나기 위해 통과해야 하는 길 중 하나다. 자수성가한 사람들의 서툰 처신에는 놀라운 에너지가 있다. 그들은 현재의 관행을 모방하면서 자기도 모르게 아예 새로운 문명을 만든다. 이러한 양상이 전 세계 모든 대륙에서 나타나고 있다. 파키스탄 작가 모신 하미드Mohsin Hamid는 자기계발서를 모방한 소설에서 '격변하는 아시아에서 어떻게 주머니를 두둑하게 채울 것인가?'라고 묻는다.[13] 이 천재 소설가는 미묘한 사회적 차이들, 진화하는 카스트, 의심스러운 인물들, 너무나 당연하면서도 우스꽝스러운 열망을 남다른 감수성으로 보여주었다.

잘 풀리는 해도 있고 궂은 해도 있지만 그래도 시민은 월급이 오를 거라는 희망이 있는 한, 좌절하지 않을 수 있다. 부자 아닌 사람들도 잘 지내기만 한다면 부자가 점점 더 큰 부자가 된들 무에 그리 큰 문제일까. 위험을 크게 무릅쓸수록 큰 이익을 보는 것은 당연하다. 그런데 현실적으로 그 희망이 무너질 때, 사회적 격차가 참을 수 없는 수준까지 벌어질 때, 가진 자들의 이익은 대다수의 눈에 가증스러운 특권으로 보인다. 민주주의의 생명력은 서민층이나 중산층 출신으로서 점점 더 형편이 나아진 자들의 수가 얼마나 되는가로 가늠된다. 그런 면에서 프랑스는 자기가 선택한 "구조적 실업"(장 티롤)의 피해자로서 유난히 그러한 생명력이 떨어진다.

◇◇◇◇◇◇◇◇◇◇◇◇◇◇◇◇◇◇◇◇◇◇◇◇◇◇◇◇◇◇◇◇◇◇◇◇◇◇

오마하의 무녀

졸라는 『돈』에서 아마디외라는 돈이 썩어나게 많은 명청이를 등장시킨다. "벌건 얼굴을 멀끔히 면도한 이 뚱보"는 "운을 타고난 불한당답게 고집이 센데" 가격이 바닥까지 떨어진 프랑스 중부 광산채굴권에 전 재산을 투자한다. 실제로 엄청난 광맥이 발견되면서 아마디외는 앉은자리에서 1500만을 벌어들인다. "잘못됐으면 감옥신세를 지게 했을지도 모를 그 바보 같은 선택이 그를 금융계 최고의 두뇌 중 한 명으로 격상시켰다." 이제 도처에서 아마디외에게 투자 조언을 구하러 온다. 아마디외는 질문을 받을 때마다 인상만 쓰고 별말을 하지 않기 때문에 투자자들은 그 침묵을 나름대로 해석할 수밖에 없다. 천재적인 투자의 후광을 입은 아마디외는 고대 무녀와도 같은 입장을 취한다. 투덜거림과 침묵으로써.

현실이 문학을 모방한다더니, 워런 버핏과의 유료 오찬이 거의 비슷한 상황 아닌가 싶다. 자선단체 길드 재단은 오마하(네브래스카) 출신의 여든다섯 살 억만장자와의 오찬을 신청자에게 거액을 받고 알선해준다.[14] 2014년에 이 유명한 투자자와의 점심 한 끼 가격은 234만 달러였다.(오찬 프로그램이 처음 마련된 2000년에는 2만 5000달러였다.) 물론 졸라의 인물과 워런 버핏은 큰 차이가 있다. 버핏은 실제로 매우 유능한 금융가이며 돈이 되는 정보를 쥐고 있다. 투자의 귀재와 밥만 한번 같이 먹어도 더 나은 삶이 보장되는 기분이 들 수 있다. 그러나 여기에 어떤 마법적 요소는 없는가? 15년 전 『월스트리트저널』은 투자전문가 집단과 편집부가 동일한 주식 보유고를 가지고 투자수익을 올리는 실험을 했다. 투자전문가는 그들의 방식대로 투자를 했고, 편집부는 다트 던지기를 해서 무작위로 투자를 했다. 12개월 후 결과를 보니 두 집단의 수익률은 거의 차이가 없었다.

그러면 금융애널리스트가 왜 있나? 그는 우연을 합리화하고 논리적인 것처럼 포장하기 위해 존재한다. 그들 중 상당수는 자기가 시장에 내놓은 파생상품을 이해하지 못하고 있으며 순진한 사람들을 꼬드기느라 횡설수설하기 바쁘다. 그들이 내세우는 수학적 모델은 손금, 관상과 비슷하다. 말도 안 되는 가격의 오찬을 나누는 동안 기업인, 사장님 들이 이성을 완전히 잃는 모습은 어이가 없다. 경제는 신탁의 말과 떼려야 뗄 수 없다. 긍정인지 부정인지 모를 말, 아무것도 명시하지 않지만 거짓말하지도 않는 화법, 모든 제안을 흐릿하게 감싸서 빠져나갈 구멍은 만들어두는 기술. 성 아우구스티누스도 신의 말씀은 아무도 자신 있게 규명할 수 없는 모호한 우화라고 했다. 워런 버핏의 오찬 손님들도 그의 혀 놀림, 음식 씹는 소리, 식당의 소음, 컵 부딪히는 소리까지 해석의 대상으로 삼아야 하는가? 그 놀라운 재주에 경의를 표하자. 과거 연방은행 총재였던 앨런 그린스펀이 금세기 초 기자들에게 했던 말이 생각난다. "여러분이 내가 방금 한 말을 이해했다면 내가 내 뜻을 제대로 표현 못 한 겁니다."[15]

부는 다수다

부의 모험에는 두 가지 시간이 있다. 일단 돈을 버는 시간이 있고, 그다음에 돈을 돈답게 쓰는 시간이 있다. 금욕이나 순수를 빙자하여 부를 비난해봤자 효과가 없다. 부는 단순한 특권의 향유가 아니라 책임이기도 하다. 헤겔은 사회 지도층이 그들의 사적 목표를 통하여 궁극적으로는 이성의 승리를 실현해야 한다고 보았다.[16] 이 "우발적이고 철회될 수 있는" 엘리트들은 그들 자신을 초월하는 목표, 그들은 막연하게만 감지하는 목표의 실현 주체들이다. 역사가 "귀족제의 무덤"(파레토)이라면 그 이유는 상당수 귀족들이 고집불통이었고 그들 자신의 이익밖에 생각하지 않는 이기적 태도를 보였기 때문이다. 고대 그리스인들이 잘 알고 있었듯, 돈이 가져다주는 권력은 관심, 호의, 정의를 망라하는 의무가 되어야 한다. 이러한 대가를 치러야만 공동의 세상이 바로설 수 있겠다.

그러므로 번영이라는 단어는 소득하고만 연결될 것이 아니라 복수複數로 쓰여야 한다. 다수의 바람직한 삶의 기술이 늘 앞다퉈 존재해야 하고, 지배적인 풍속의 획일성은 문제시되어야 한다. 가진 건 별로 없어도 뭐든지 한껏 향유하는 떠돌이 왕으로 살 수도 있고, 가장 중요한 것을 놓치고 사는 벌거숭이 백만장자로 살 수도 있다. 부는 가능한 모든 의미에 대한 정복이다. 정신적, 물질적, 재정적, 심미적, 자연적 의미는 끊임없이 충돌한다.

신세대들은 값나가는 물건, 거장의 작품, 고급 승용차, 명품 가구, 승마용 말, 요트, 명문학교를 넘볼 수 없을지언정 무서운 힘을 쥐고 있다. 이 모든 것을 낡은 것으로 만들어버리고 집단의 욕망을 다른 곳에서 주도할 힘 말이다. 부자들과 사치 경쟁을 해봤자 게임이 안 된다. 조악한 모조품으로 위안을 삼느니 아예 다른 게임을 하자. 1960년대 초현실주의가 일으킨 기적처럼, 새로운 집단적 욕구를 만들어내고 사람들이 전에는 몰랐던 전율을 느끼게 해야 한다. 새로운 희소가치, 사랑의 자유, 학구적인 여가활동, 관념과 지식의 거래, 걷기, 대대적인 정신적 작업에서 느끼는 기쁨, 일상적 변화의 의미, 이런 것이야말로 위대한 예술이다.(루소는 『고독한 산책자의 몽상』에서 이미 이 길을 선택했나. 귀족적 사치의 석은 근본적인 것에 대한 향유다.) 이로써 우리 시대의 적도 부분적으로 정의가 된다. 미학적 저항은 대세의 반대편 입장을 취함으로써 전에는 실감 못 했던 풍요의 원천―관조, 자연, 거리의 시, 일상의 멋―으로 시선을 돌렸다. 우리 눈을 정화하고 남들이 보지 못하는 것을 보아야 한다. 이미 보았던 것의 아름다움을, 진부함 속의 경이를 발견해야 한다.

사실, 우리는 필요 이상의 것을 위해서만 살 수 있다. 단순히 의식주를 해결하고 계산서만 지불할 수 있는 삶에 만족하라는 말은 저주나 다름없다. 우리는 의무적인 소비는 마뜩찮아하는 반면, 자기 욕망을 위해서는 더 자발적으로 소비를 한다. 미국 역사학자들은 대공황 시기에도 일부 서민 가정은 꼭 필요한 식품을 못 사는 한이 있어도 담배와 치즈 같은 기호품 소비는 끊지 않았다고 지적한다. 정부지원금으로 살아가는 어느 뉴요커 여성은 굶어죽기 일보직전에도 미용실 파마와 헤나 샴푸는 포기하지 않았다.[17] 어이가 없다고? 그럴지도 모른다. 그러나 인간의 삶은 늘 기상천외한 데가 있으며 단순히 생존으로만 소급되지 않는 법이다.

자본주의를 도덕화한다는 믿음

부에는 두 가지 의미가 있다. 부는 소수에게 한정된 특혜일 수도 있고, 모두를 향한 약속일 수도 있다. "자본주의자만이 자본주의를 죽일 수 있습니다." 1970년대 뉴욕시의 재정 위기를 해결했던 금융인 펠릭스 로하틴Felix Rohatyn의 말에는 일리가 있다. 여기에 덧붙이자면, 신중한 자본주의자만이 자본주의를 구할 수도 있다. 공산주의는 시장경제를 파괴할 수 없었지만 아이러니하게도 일부 자본주의자가 시장 내부에서부터 파괴할 수 있을지도 모르겠다. 나는 이미 1990년에 시장경제가 소비에트 체제에 승리함으로써 끈질긴 견제상대를 잃어버렸기 때문에 말라죽을지도 모른다고 쓴 바 있다.[18] 자본주의는 결코 착취에 대한 옹호로 전락하지 않을 것이다. 비록 자본주의는 시장도, 소비도, 위계질서도 만들지 않고 이미 있는 것을 발견하는 '저녁 방문객'이지만 말이다.[19]

자본주의는 무엇보다 부를 창출하는 기계다. 마르크스는 이 기계를 전 세계로 확대함으로써 폐기하기 원했다. 자본주의에는 이제 자기 안의 모든 가능성을 실현할 일이 남아 있다. 노동과 주도성의 결실인 합법적 이익 개념을, "생의 가장 낮은 층을 떠나자는"[20] 민중을 향한 약속을. 하지만 경제적 부와 동떨어져 "약탈적인 금권정치층"[21]에게만 봉사하는 금융이 득세하면서 자본주의는 퇴행 단계에 들어섰다. 자본주의는 민주주의 체제에 기대야만 하는데, 민주주의 체제는 가차 없이 자본주의의 약점과 추문을 들추어낸다.

우리는 자본주의 체계의 초월이라는 환상에서 이미 깨어났다. 자본주의의 종말은 계속 연기되고 있다. 심지어 2008년 경제위기조차 자본주의를 쓰러뜨리지는 못했다. 중요한 것은 도덕과 무관한 이 체제의 힘을 공동선을 위하여 쓰는 것이다. 칸트는 선험적으로 이기적이고 적대적인 인간들이 상호이익을 보고 협력하게끔 강제하는 국가가 최선의 국가라고 했다.[22] 자본주의와 공산주의는 서로를 못 잡아먹어 안달하는 쌍둥이 형제 같았다. 이 형제 중 하나는 힘이 다 빠져서 죽었고 남은 형제는 새로운 싸움 상대, 혹은 자기를 바로잡아줄 스승을 필요로 한다. 자본주의의 생존은 이 체제의 신봉자와 반대자, 양쪽 모두에 달렸다. 자본주의의 활력은 끊임없이 공격당하고 그때마다 혁신을 꾀하는 데서 온다.

우리는 1980년대 금융혁명과 2008년 글로벌 경제위기를 겪으면서 자본주의의 혼란스러운 재정립을 목격하고 있다. 복지국가의 역할, 공공경제와 민간경제, 상업은행과 투자은행의 분리, 전 지구적인 탈세 추적, 증권가 감시 기제, 조세천국의 점진적 제거, 최고 임금상한제와 각종 수당 및 낙하산을 제한하려는 계획, 금융사기 처벌 강화 등의 조치가 혼란과 아우성 속에서 이미 제안되었다. 세계 경제는 대대적인 개정 과정을 거치고 있지만 이것으로 충분할지는 확실치 않다.[23] 미국의 납세자들에게 부실 증권을 수십억 달러어치 팔아치웠던 바로 그 은행들이 뻔뻔하게도 지금 혈세로 자금 지원을 받고 있지 않은가. 좀 더 구속력 강한 법을 만들고 위반자는 감옥에 보내고 부자들의 세금을 늘리는 것도 중요하지만 무엇보다 아직까지 이루어지지 못한 도덕 혁명을 일으켜야 할 것이다. 시장 경제는 이제 경쟁상대가 없으니 스스로 규제 방편을 만들어야 한다. 돈 쓰는 법을 새로이 고안하고, 돈이 우리를 교화한 만큼 우리도 돈을 교화해야 한다. 돈이 돌 때의 에너지는 잃지 않되 돈이 이롭고 바르게 쓰이도록 규제할 것, 작금의 도전과제는 이것이다.

자본주의가 자유와 웰빙을 약속함으로써 우리를 붙잡아놓을 수 있는 조건을 파괴한다면 자본주의가 이토록 맹위를 떨치게 했던 계급들도 등을 돌릴 것이다. 자본주의가 약탈 이데올로기에 빠지는 꼴을 보게 될지도 모르지만, 우리는 자본주의가 약속했으면서 지키지 않은 것을 근거로 비판해야 한다. 자본주의가 공공선으로 나아가게끔 감독하는 정신적 경찰, 혹은 일종의 구속복이 필요하다. 우리가 원하든 원치 않든, 근본적인 금욕으로 돌아가는 것이 작금의 위기에 대한 해법이 될 수 있다. 잘 해낸 일, 생산적인 투자, 집단을 생각하는 틀 안에서의 욕심을 높이 평가하는 분위기가 되어야 한다. 금욕이라고 해서 성직자의 검은 옷, 빅토리아 시대의 청교도적 풍속으로 돌아가자는 얘기가 아니다. 육체와 욕망의 해방은, 적어도 문명국가에서는, 이제 되돌릴 수 없는 현실이다. 그러나 도박판 같은 경제와 소비지향적 향락 대신에 노력, 절제, 염치, 성실성을 존중하는 태도는 꼭 필요할 것이다.

지난 20년간 중국과 인도라는 두 거인은 성큼성큼 달려 엄청난 부를 창출했다. 이제 이 두 나라가 부를 어떻게 재분배할 것인가가 관건이다. 공권력은 모든 국민이 시장과 신용대출에 접근할 수 있게끔 보호하고, 은행의 활동을 감시하며, 돈을 공공재로서 조심스럽게 다뤄야 한다(아글리에타Aglietta, 오를레앙Orléan).[24] 이는 모든 국민이 의료 혜택을 입는 것만큼이나 필수적인 문제다. 가난한 사람을 돕고, 그들이 사채의 늪에 빠지지 않게 은행 문턱을 낮춰주고 유능한 네트워크를 만나게 해야 한다.[25]

공산주의는 우리가 알다시피 볼썽사납게 몰락했다. 그러나 공산주의가 출현했던 이유, 공산주의가 고발한 사회 내 격차는 사라지지 않았다. 그래서 과거 소비에트연방 국가들에서 공산주의는 아직도 향수를 불러일으킨다. 그 국가들은 공산주의가 자유는 몰라도 안전은 보장해주었다고 생각하는 모양이다. 모두의 동의를 얻은 자본주의의 시대는 평정과 거리가 아주 멀다. 자본주의는 널리 확장될수록 케이크를 가장 잘 나눠 먹기 위해서라면 전복적이고 신랄한 비판에도 익숙해져야 할 것이다. 자본주의가 나빠서 공격하는 게 아니라 어차피 자본주의의 경쟁상대가 없고 대체물을 꿈꿀 수도 없으니 비판이 필요한 것이다.

◇◇

가치와 가격

사람들은 돈이 가장 신성한 것조차 그 성질에 상관없이 타락시키고 가격과 가치를 혼동시킨다고 말한다. 그러나 도덕적 가치, 종교적 가치, 경제적 가치 등 가치에는 여러 의미가 있는 반면, 가격의 의미는 하나다. 따라서 가치 대 가격을 진짜 대 가짜처럼 대립적으로 파악할 일이 아니다. 가격은 가치가 우리에게 드러나는 우발적인 방식이다. 가령, 목숨 값은 죽을 때까지 잠재적으로 활용 가능한 능력에 따라 정해지기 때문에 나이가 들수록 떨어진다.[26] 이 논리대로라면 아기가 60대 장년보다 훨씬 더 값이 나가고 미국인이 아프리카인이나 아시아인보다 더 값이 나갈 것이다.

내 생애에 대한 주관적 느낌과 사회가 내릴 수 있는 경제적 평가에는 큰 차이가 있다. 내가 나이를 먹을수록 감가상각이 일어나는 자본이라 해도 내 삶을 향한 애착은 조금도 줄어들지 않고 되레 살날이 줄어들수록 마음이 애틋해진다. 우리는 시장이 사람 목숨 값을 통계에 기대어 정한다면서 분개하지만 가까운 사람이 사고로 죽었는데 보상금이 너무 적다면 역시 분개할 것이다. 수백만 유로를 받아도 우리가 그만큼 비싼 존재가 되는 건 아니라고 부르짖지만, 보상금이 너무 많아서 불만인 사람은 없다. 이때의 돈은 사라진 자의 상징적 대체물, 유령 인간이다. 돈은 부재를 수량화한다. 돈이 죽은 자를 살리지는 못해도 산 자를 위로할 수는 있다.

누구나 개인으로서는 배우자나 자녀에게 자기가 죽으면 아무리 슬퍼도 보험금은 최대한으로 받아내라고 조언할 것이다. 요컨대, 이때는 자신이 도구화되고 계산거리가 되는 것을 용인한다. 자기 목숨의 가격을 생각한다는 것은 자신의 죽음을 생각하고 살아남을 자들을 생각한다는 것이다. "우리가 100달러에 묻어드릴 수 있는데 왜 계속 사시려고요?" 1920년대 미국의 한 광고 문구는 삶의 의지에는 감당해야 할 심리적, 금전적 비용이 있으나 자살은 모든 문제를 청산하고 근심을 덜어준다고 암시한다(로제 폴 드루아 Roger-Pol Droit).[27]

공짜에도 적어도 두 가지가 있다. 어떤 공짜는 주의를 끌려는 전략이다. 처음에는 거저 주는 것처럼 굴다가 나중에 값을 물린다. "뭔가가 공짜인 이유는 여러분이 상품이기 때문입니다"라는 슬로

건이 있다. 실제로 디지털플랫폼, 음원사이트 상당수는 무료로 접근 가능하지만 그 이유는 당신의 개인정보가 돈이 되고 당신이 표적소비자가 되기 때문이다. 이제 상품을 고객에게 파는 게 아니라 고객을 광고주에게 판다. 상점주나 판매원이 일단 샘플을 무료로 주고 나중에 그 상품을 파는 것도 비슷한 이치다. 무료 샘플이 당신을 잠재적 소비자로 만든다. 또 다른 공짜는 정치적 선택에 따른 것이다. 교육, 대중교통 수단, 의료, 그 밖의 공공서비스는 분명히 가격이 있지만 집단이 그 비용을 부담한다. 무상 서비스에는 언제나 지원되는 자금이 있다. 그런데 일단 공짜가 되면 가치는 금세 절하된다. 버스와 지하철을 무시하거나 함부로 사용하기도 하고, 무상의료 체계는 환자를 책임감 있게 대하지 않는다.

우리는 투기가 모든 악의 근원인 것처럼 성토한다. 하지만 투기는 어느 한 사건, 관념, 평판이 극도로 부풀려졌다가 풍선 바람 빠지듯 갑자기 확 찌그러진 것에 지나지 않는다. 인생의 모든 순간에는, 심지어 연애에조차 투기 거품은 있다. 연인들은 처음에는 정신 못 차리고 둥둥 떠다니다가 그리 낭만적이지 않은 일상으로 돌아온다. 거품이 빠지는 현상은 끔찍하다. 갑자기 어떤 공식 발언, 어떤 정치인이 몸뚱이에서 피가 다 빠져나간 것처럼 맥을 못 춘다. 굳이 반박하느라 힘 뺄 필요도 없는, 무시하면 되는 존재가 된다고나 할까.

생은 끊임없이 계속되는 가치 싸움이다. 우리는 존재, 사물, 작품을 언제나 재평가한다. 어떤 것은 수세기 동안 재평가를 받으면

서도 살아남는다. 또 어떤 것은 무너져버렸지만 훗날 우리 후손에게 재평가를 받을지도 모른다. 현대성은 유동적으로 오르내리는 가치의 충격적인 경험이다. 일본인은 다소 낡은 물건, 가령 이 빠진 화병 따위가 투박하면서도 우수 어린 아름다움을 띠는 것을 '와비사비ゎび寂び'라고 한다. 상품으로서의 가치는 떨어져도 정서적 가치가 더해진 것이다.

옛것을 그리워하는 자들은 가치가 사라졌다고들 한다. 하지만 가치는 진즉에 없었다. 가치는 부재로서만, 어느 세대에서나 옹호해야 할 규제 이념으로서만 존재한다. 가치는 이미 주어진 것이 아니라 장차 와야 할 것이다. 자유, 저항, 비판정신 같은 우리의 가장 귀한 가치를 죽이는 것은 탐욕이나 부패가 아니라 비겁함, 짐짓 항복해버리는 정신이다. 가까운 사람이 위험에 처할 때, 조국이 침략당할 때, 가족이 위협당할 때 우리는 다른 차원으로 들어간다. 그것이 초월의 차원, 희생의 차원이다. 우리에게 무엇보다 소중한 것, 목숨까지도 바칠 수 있는 것에는 값을 매길 수가 없다.

제10장

빼앗는 손, 돌려주는 손

"미라보는 돈을 위해서라면 뭐라도, 선행조차도 할 수 있다."

—리바롤

2009년 11월 15일, 온라인사이트 '마일로라마Mailorama'는 에펠탑 밑에서 4만 유로의 현금을 소액권으로 뿌리는 마케팅이벤트를 하기로 했다. 그러나 무려 7000명의 군중이 운집하자 주최 측은 겁을 먹고 이벤트를 취소한 후 4만 유로는 모두 빈민구제기관에 기부하겠다고 밝혔다. 군중 대다수는 파리 근교 슬럼가에서 온 젊은이들이었는데, 주최 측의 결정에 완전히 열이 받아서 경찰을 공격하고 어느 사진작가를 구타하고 공공기물을 파손했다. 도발과 무분별이 쌍벽을 이루는 이 일화만큼 기부의 가치가 얼마나 변하기 쉬운지 잘 보여주는 예는 없겠다. 돈을 '공짜로' 준다고 했다가 취소한 것은, 굶주린 사람 입에 넣어주었던 만나를 도로 가져가는 거나 마찬 가지다. 앙시앵 레짐의 축제들을 떠올려보라. 당시에는 왕자나 공주가 태어날 때, 대관식이나 왕가의 결혼식이 있을 때 평민들에게 금화, 잔칫상에서 남은 칠면조 고기나 소시지, 빵과 브리오슈 따위를 마구 뿌렸다. 그것이 "국왕 만세!" 소리를 듣고 백성들의 복종을 확인하는 방법이었으니까.[1]

헌금과 시주

가톨릭교회나 성공회교회에서 헌금하는 때는 특별한 순간이다. 신도들은 헌금을 내지 않으면 본인의 쩨쩨함을 고백하는 셈이기 때문에 의무를 다하려고 주머니를 더듬는다. 이 의식은 소액만을 요구한다는 특징이 있다. 사실 교회에서 돈을 받는 바구니는 두 가지다. 훤히 열린 바구니와 반쯤 닫힌 바구니. 첫 번째 바구니에는 동전이 쨍그랑 소리를 내면서 크기와 색깔이 다른 돈이 무더기로 떨어진다. 교구민 모두가 자기 의무를 잊지 않도록 헌금하는 사람은 거지가 동냥그릇 흔들 듯 헌금하는 표를 낸다. 전례를 돕는 자들이나 성가대원들은 나중에 헌금 집계를 내면서 그 액수의 보잘것없음에 상심할지 모른다. 하지만 좀 더 멋스러운 다른 바구니가 있다. 이 바구니는 기부자의 넉넉한 마음을 증명하는 지폐를 잠시 모아두는 역할을 한다. 이쪽에서는 신도들의 헌금 경쟁이 조심스레

이루어진다. 다른 신도보다 적은 액수를 내다니, 그럴 순 없다. 통이 큰 자는 큰돈을 헌금하고 의기양양할 것이고 인색한 자는 자기 헌금을 알록달록한 돈다발 틈에 감출 수 있어 만족할 것이다. 어쨌든 헌금액은 바구니를 감싼 천 주름에 가려 남들의 시선에 노출되지 않는다. 그날의 수확이 얼마인지는 아무도 예측할 수 없다.

걸인이 내미는 손은 사정이 다르다. 대도시에서의 구걸은 우리의 따뜻한 마음에서 미리 공제해가는 일상세日常稅 같은 것이지만 보도와 길목을 구획 짓고 자리를 갈라먹는 시장이기도 하다.(파리를 위시한 중유럽 지역에서 거지들의 조직력은 감탄할 만하다.) 길모퉁이 건물 아래서 버티고 앉아서, 혹은 지하철 객차를 돌아다니면서, 노숙자들이 애처로운 사연을 읊는다. 그들은 우리에게 양해를 구하며 조금만 도와달라고 한다. 그런 사람이 한 명이면 좋으련만! 첫 번째 거지 못지않게 도움이 필요한 거지들이 너무 많이 나타난다. 저마다 자기 궁핍으로 조그만 장사를 하고, 이 역과 저 역 사이, 혹은 카페테라스에서 짧은 연설로 사람들의 마음을 두드린다. 주의를 환기하되 너무 지겹게 굴어선 안 된다. 너무 느긋한 태도도 극단적 과장만큼이나 효과를 깎아먹는다. 궁핍을 보여주기 위해 연기를 해야 하는 걸인에게는 연극적인 허세 같은 것이 있다. 우리는 곤궁의 설득력에 민감한 걸까?

하루에도 몇 번씩, 그들은 마음을 아프게 하는 온갖 모습으로 우리에게 접근한다. 모두 다 헐벗은 사람들인데 왜 누구에게는 돈을 주고 누구에게는 주지 않는가? 어떤 이는 우리를 격분하게 하고 어떤 이는 특정한 말투, 심하게 여윈 모습으로 우리 마음을 움직인다. 악취가 진동하거나 사납게 행동하는 걸인에겐 마음이 가지 않지만 한없는 고통에는 저항할 수 없다. 벼락같은 눈빛이 우리에게 묻는다. 당신은 우리를 위해 무엇을 합니까? 우리가 당신 옆에서 죽어가건만 어떻게 나 몰라라 자기 일에만 열중합니까?

우리는 이 같은 쇠퇴를 용인하는 사회체계에 분개하기 시작한다. 국가는 뭘 하는 건가? 우리는 적은 돈이나마 기부를 하면서 이행위의 덧없음을 의식하게 되었다. 저 가련한 자들을 구하려면 1유로로는 어림도 없다. 샌드위치 하나, 커피 한 잔은 해결해줄 수 있어도 그들의 억센 팔자는 어쩌지 못한다. 운명에게 밉보인다면 우리도 언젠가 저들처럼 거울 저편으로 옮겨갈지 모른다. 우리가 걸인의 손에 쥐어주는 동전은 일종의 액막이를 위한 것이다. 우리는 자선을 통하여 신의 섭리를 구매한다. 성 아우구스티누스도 시주는 부자들이 하늘에 재물을 쌓는 행위라고 했다. 부자들은 적은 손실을 훨씬 큰 기대 이익으로 위로한다.[2]

부끄럽게도 저 거지들을 거리에서 쫓아내고 싶다는 충동이 들 때가 있다. 르네상스 시대에 무뢰한sans-aveu*을 위험분자로 간주해 감금하거나 강제노역형, 낙인형, 신체훼손형, 매질에 처했던 것처럼 말이다. 가난이 먼 과거나 먼 옛날 얘기 같아서 이국적이었던 때가 있었다. 이제 경제위기나 이민의 영향으로 우리네 거리에 그야

---

*   영주와 계약관계를 맺지 않은 자.

말로 기적의 궁전Cours des Miracles*이 들어섰다. 이 아웃사이더들과 우리는 사실 그렇게까지 멀리 있지 않고, 그 근접성 때문에 우리는 두렵다. 우리의 너그러움은 산발적이어서 이랬다저랬다 변덕스럽다. 감정이 북받치는가 하면 더없이 모질어지기도 한다. 우리는 일종의 심리적 분할을 수행한다. 불쌍한 사람들 사이를 지나면서도 그들을 못 보다가 어느 순간 도로에 드러누운 잔해뿐인 인간을 보고 가슴이 찢어진다. 랍비 이스라엘 살라터Israël Salanter(1810~1883)가 "타인의 물질적 필요가 나의 영적 필요다"라고 쓰지 않았던가? 우리는 그래도 집과 직업이 있지만 저 가련한 자들은 거리에서 잠을 잔다. 우리는 몇 푼 건네어 괴로운 마음을 달랠 수 있다. 하지만 우리가 무엇을 하든 그것으로는 충분치 않다. 자선은 교활하기 때문이다.

기계적인 자선은 베푸는 자와 도움 받는 자 모두의 품위를 떨어뜨린다. 철학자 자크 엘륄Jacques Ellul도 돈을 더욱더 더럽히기 위해서 나눠주라고 그로써 "사탄에 대한 테러"를 감행하라고 권하지 않았나?[3] 그러한 명령은 연민이 아니라 자기애적 경멸에 해당한다. 우리에게 일어날 수 있는 최악의 모독은 우리가 아무것도 주지 않았는데 거지가 감격하고 고마워하는 것이리라. 모욕 일보 직전의 정중함이란. 상냥함을 가장한 암살이라고 해야 하나.

---

* 앙시앵 레짐 체제에서 걸시와 걸인이 모여 지내던 파리의 주요 구역들. 빅토르 위고의 『파리의 노트르담』에도 잘 묘사되어 있다.

팁과 선물

"잔돈은 가지세요." 탁자 위에 놓아둔 동전이나 지폐, 택시운전사나 배달원에게 건네는 돈은 종업원이 서비스를 잘했거나 운전수가 싹싹하게 굴어서 정해진 요금 이상의 보상을 받을 자격이 있음을 의미한다. 팁은 순전히 법적인 거래를 떠나서 사람 대 사람으로서 표하는 성의다. 미국의 종업원은 과하게 팁을 요구하기도 하는데, 그 이유는 손님에게서 받는 팁이 수입의 대부분을 차지하고 기본급은 말도 안 되게 적기 때문이다. 언제 손을 뻗어야 하고, 언제 손을 밀쳐야 하는지 우리는 고민에 빠진다. 여러 나라에서 식당 계산서는 불길한 소식처럼 작은 쟁반이나 가죽케이스에 끼워져 나온다. 계산서는 충격을 완화하고 조심스럽게 다루어야 할 '괴로운 것'이다. 어떤 직업은, 가령 과거 극장에서 좌석 안내를 하거나 주전부리를 팔던 여종업원은 관객들의 팁으로 먹고살아야 했다. 그러한 봉사료가 입장권 가격에 포함되면 임의적 성격이 사라진다. 아무것도 주지 않는 것은 천하고 상스러운 행동이다.

여느 곳과 마찬가지로 여기서도 지나치게 후한 인심은 남들의 기를 죽인다. 호텔에 좋은 기억을 남긴답시고 데스크 직원부터 청소부까지 팁으로 처바른다든가. 2014년 샌프란시스코에서 이느 수수께끼의 투숙객은 점심을 먹고 나서, 혹은 맥주만 한잔한 경우에도 꼬박꼬박 500~2000달러를 놓고 나갔다. 어떤 정신 나간 사람이 사랑받고 싶은 욕구가 너무 커서, 혹은 다른 손님들을 엿 먹이려고 그런 짓을 했을까. 로레알 그룹의 상속녀 베탕쿠르 여사는 자신의 어마어마한 재산의 이자를—이자만 해도 하루에 100만 유로쯤 될 텐데—자기 마음에 드는 사람에게 줘버리곤 한다. 그래서 여사가 죽은 후에도 반려견을 산책시키기로 한 운전수는 100만 유로를 받았고 어느 열일곱 살 소녀는 여사가 귀엽게 봤다는 이유만으로 50만 유로를 받았다. 검찰 발표에 따르면 베탕쿠르는 자기를 즐겁게 해주는 사진작가 프랑수아마리 바니에François-Marie Basnier에게 10억 유로를 줘버렸고 이미 1년에 200만 유로나 지급하고 있는 재산관리인 파트리스 드 메스트르Patrice de Maistre에게 노년을 잘 부탁한다면서 추가로 500만 유로를 더 주었다. 도덕적 지탄을 별개로 하고, 이런 유의 행동을 법적으로 처벌할 수 있을까? 빌 게이츠 재단 웹사이트는 이렇게 설명한다. "많이 받은 자는 많은 요구를 받을 것이다."

달리 말해보자면 이렇다. 부자가 된다는 것은 적게 가진 자들에게 갚아야 할 빚이 있다는 뜻이다. 부자의 넉넉함에는 죄가 없지 아니하다. 부는 의존관계를 만들고 부의 혜택을 입은 자들을 종속시킨다.(독일어 'Gift'는 '선물'과 '독'을 동시에 의미한다.) 앙시앵 레짐 궁정과 왕에게 봉록을 받은 시인, 극작가, 우화작가, 음악가, 화가의 창작활동이 완전히 자유롭지는 않았다. 저작권의 탄생(영국에서는 17세기, 프랑스에서는 보마르셰를 필두로 한 1777년), 예술시장과 여론의 형성 덕분에 예술가는 후견인에 기대지 않고 자기 작업으로 먹고살 수 있게 되었다. 증여가 상호성을 잃으면 지배가 된다. 당신 용모가 마음에 든다고 재물을 떠안기는 사람에게 뭘 어떻게 돌려줄 수 있나? 황홀해하고 넙죽 엎드리기, 이것이 분에 넘치는 선물의 효과다.

크리스마스는 이런 면에서 상업적 축제의 정점이자 불안을 자아내는 관계 확인의 의례다. 크리스마스가 가족을 뭉치게도 하고 깨뜨리기도 한다. 알록달록한 리본과 포장지, 다소 과장된 탄성 이면에서 섬세한 극작술이 작용한다. 독창적이면서도 배려가 엿보이는 선물이 필요하다. 매년 똑같은 선물은 주의력과 관심이 부족하다는 표시밖에 안 된다. 어떤 이는 선물 자체가 중요하고 놀라운 약속으로 가득 차 있음을 의식하기에 성급히 뜯어보지 않으려 마음을 다잡는다. 선물은 당신이 그것밖에 안 된다는 것을 보여주는 시시한 물건일 수도 있고 넉넉한 마음씀씀이 정도로 볼 수 없을 만큼 과한 물건일 수도 있다.

선물 받은 물건을 온라인사이트에 파는 사람, 당신이 몇 달 전에 선물한 물건을 깜박 잊고 당신에게 선물이랍시고 도로 내놓는 사람은 어떻게 봐야 하나? 선물을 갚아야 할 빚처럼 여겨서 고맙다는 말조차 마지못해 하는 사람은? 선물 고민이 골치 아파서 아이들에게만 크리스마스나 생일을 챙기기로 작정한 사람들도 있다. 선물을 받고, 내가 줘야 할 사람들을 챙기고, 사회생활의 최소한의 관례를 따라야 한다는 피로감은 잠시 이런 관행을 유예하고 싶다는 마음마저 들게 한다. 그러나 이 거부는 씁쓸한 패배감과 비슷하다. 사회 속에서 살아가는 한, 선물과 답례의 결코 가볍지 않은 네트워크를 피할 수 없기에. 어떤 선물은 예쁜 쓰레기에 불과하거나 되레 우리의 짐만 된다. 또 어떤 선물은 집 안에서 적당한 자리를 찾기까지 몇 달이나 시간이 걸리지만 결국은 없어선 안 될 물건이 된다. 이유 없이 잘해주는 사람은 수상쩍게 보인다. 이 근사한 선물은 무엇을 숨기고 있는 걸까?

선물하는 법도 테이블매너나 예의범절처럼 가르쳐야 할 것이다. 선물은 가격과 상관없다. 선물의 의도와 선물을 건네는 행위의 아름다움이 전부다. 아무리 초라한 선물도 선물하는 이의 흔적을 담은 밀사와 같다. 분별 있게 베푸는 재능이 있는 사람들이 있다. 상대 마음에 꼭 드는 선물을 구하러 여러 가게를 돌아다니고, 그렇게 고른 선물을 섬세하고 세련된 태도로 전할 줄 아는 사람들이 있다. 모든 선물의 가치가 같을 수는 없다. 아주 형식적인 선물이 있는가 하면, 정말 가까운 사람에게만 가능하기에 내 존재에 부담을 주는 선물도 있다. 좋은 선물은 인간관계를 강화하는 요인이다. 그런 선물은 구태의연해지기 쉬운 관계에 다시 온기를 불어넣는다. 모르는 사람에게 지나치게 개인적인 물건을 주거나 각별한 사이에 개성이라곤 하나도 없는 선물을 한다면 관계에 그늘이 드리울 것이다.

삐뚤어진 너그러움의 형태. 바로 상대에게 자기가 베푼 호의를 수시로 상기시켜 그를 계속 채무자 입장에 붙들어놓는 것이다. 하긴, 호의처럼 빨리 잊히는 것도 없다. 저녁식사 초대, 여름휴가 초대, 호의 어린 서비스는 기억에서 금방 사라진다. 그런 기억은 금방 증발되고 뭔가 빚을 진 듯한 불쾌한 감정이 되레 원한으로 변질될 수도 있다. 친구들에게 요령 있게 한턱을 내면서도 호의를 받아준 그들에게 오히려 고마워할 줄 아는 것이 지혜다. 선행의 정책은 근본적이면서도 단순해야 한다. 베풀었으면 그뿐, 보답을 기대하지 말 것. 선물의 가장 좋은 보상은 선물 그 자체, 누군가에게 기쁨을 주었다는 기쁨이다.

풍요의 저주

금융과 산업에 손을 뻗은 마피아 대부나 조직 보스는 언젠가 손을 씻겠다는 꿈을 꾼다. 빼앗는 손이 돌려주는 손이 될 수도 있다. 미국의 철강왕 앤드루 카네기의 말대로 막대한 부가 뭇사람들에게 도움이 되지 않는다면 일종의 저주나 결함이 되어버리는 그때가 올지도 모른다. "인간이 자기가 지닌 수백만 달러를 버리지 못하고 눈물도 없이, 명예도 없이, 찬사도 없이 세상을 떠날 날이 다가왔다. (…) 부자로 죽는 자는 치욕스럽게 죽는 것이다."[4] 이 무시무시한 말에는 혁명사회주의자도 동의를 표할지 모른다. 상속인에게 아무것도 남기지 않거나 최소한의 유산만 남겨야 한다면, 국가가 사유재산에 100퍼센트 가까운 세금을 매겨야 한다면, 그 이유는 카네기 말마따나 부가 우연히 몇몇 소수의 손에 들어간 일종의 공공재이기 때문이리라. 따라서 부자는 부의 소유주가 아니라 유능한 관리인으로서 사회에 부를 잘 환원할 의무가 있다. 부자가 되게 해준 사회에 부를 돌려줌으로써[5] 사회가 술꾼과 게으름뱅이를 제외한 모든 이에게 부를 나눠줄 수 있게 해야 한다는 뜻이다.[6] 자선은 시주가 아니라 투자다. "부유한 자는 가장 가난한 형제들의 대리자로서 자기 지혜, 경험을 내어주고 그들 자신이 재산을 관리하는 것보다 더 나은 능력으로써 봉사해야 한다."[7] 단, 무능한 자는 도울 필요도 없다. 스스로 돕는 자를 도와야 한다.[8]

사장은 이러한 이상을 내세워 직원들의 임금을 삭감하고 극악의 노동조건에 밀어 넣어 회사의 이윤을 극대화할 권리가 있다. 당황스러운 돌변이다. 부자의 관대함을 신봉하는 앤드루 카네기는 잘나가는 이들의 배타적 공산주의, 가난한 이들을 위하는 엘리트들의 볼셰비키주의를 설파한다. 직원들이 현재 겪는 수고는 후세의 행복으로 보상될 것이다. 카네기는 사업을 잘 감당하지 못했던 시기들을 아쉬워하면서 본인이 꼭 필요하다고 생각하는 부문(도서관, 재단, 각종 연구소. 그밖에도 미국 내 교회에 파이프오르간 8000대를 보급한다든가 하는 좀 더 개인적인 동기들)[9]에 투자하기 위해 돈을 더 많이 벌기를 소망한다. 나중에 좋은 일을 할 거라는 생각을 하면 지금 노동자들을 압박할 수 있다. 박애조차도 수단이 바뀌었을 뿐, 비즈니스의 연속이다.

이 대척점에 놓을 수 있는 것이 에밀 졸라의 작중인물 오비에도 공작부인이다. 사기꾼이었던 남편을 저승길에 앞세운 이 과부는 남편이 악으로 번 돈을 최후의 한 푼까지 가난한 이들에게 나눠줌으로써 속죄를 하기 원한다. 그녀는 뇌이에 궁궐 뺨치게 호화로운 고아원을 세운다. 가난한 이들을 비단이불에 재우고 왕실에서나 나올 법한 요리를 대접하며 "승자들의 희열"[10]을 맛보게 한다. 그녀는 자영업자, 공급업자, 하인에게 거덜 나는 와중에도 남편의 날강도질을 지우고 싶은 생각밖에 없다. 오비에도 공작부인은 마지막 더러움 한 점까지 적선으로 털어내고 싶어 한다. 도박으로 번 돈은 "얼른 사라져야 할 독이 든 물처럼, 가난한 이들의 목구멍으로 넘어가야 한다."[11] 공작부인의 계획은 그런 점에서 애매하다. 그녀는 가난한 이들을 사랑해서가 아니라 악인들을 미워하기 때문에 자선을 베푼다. "저주받은 샘에는 다른 사명이 없으니 그 물은 마르고 말 것이다."[12]

19세기 말, 스탠더드 오일 창립자 존 D. 록펠러는 자선활동 자문관으로 프레데릭 T. 게이츠Frederick T. Gates라는 침례교 목사를 초빙하고는 이런 경고를 들었다. "당신의 자산은 눈덩이처럼 불어날 겁니다. 부를 재분배하는 속도가 부가 불어나는 속도보다 빨라야만 합니다. 그러지 않으면 당신과 당신 자식들, 자식의 자식들까지도 그 돈더미에 깔리고 말 것입니다."[13] '에우에르제티즘évergétisme'*을 실천했던 로마인들은 이미 이 비슷한 생각을 가지고 있었다. 그들은 사회 결속을 위하여 평민들에게 빵과 경기라는 형태로 인심을 팍팍 썼다. 세습 귀족, 원로원 의원, 십인대장, 행정관 등은 서민들에게 호화로운 잔치, 군인과 검투사의 경기, 향연, 신전, 수로, 원

---

* 귀족이 (심하게는 파산에 이를 정도로) 자신의 부를 공동체에 아낌없이 희사하고 위세를 부렸던 고대 로마의 관습.

형경기장을 선사했다.[14] 기부자들은 인기전술로 세력 확장도 할 겸 경쟁적으로 위세를 과시하고 통 크게 재산을 내놓았다. 그들의 낭비는 각자의 특권을 키우는 동시에 민간 평화를 유지하는 구실을 했다.

재산이 저주처럼 느껴지는 때가 있다. 쇠렌 키르케고르의 부친은 어린 시절을 18세기 말 덴마크 유틀란트에서 목동으로 일하며 궁핍하게 살았다. 그는 열두 살 때 자기 팔자를 원망하며 신을 저주했다. 그런데 얼마 지나지 않아 코펜하겐에서 모자 가게를 운영하는 삼촌이 그를 견습생으로 고용했다. 기대와 달리 소년은 그때부터 승승장구해서 불과 마흔 살에 한 재산을 축적하고 사업에서 손을 떼기에 이르렀다. 그러나 어린 시절 신에게 반항하고 기대를 저버리는 죄를 지었다는 양심의 가책 때문에 그는 자신의 성공을 미묘한 저주처럼, 과오를 빼도 박도 못하게 확증하는 표식처럼 여겼다. 신은 호의를 베풂으로써 그를 벌한 것이다. 그는 이 죄의식을 아들에게 전달했다. 하여, 키르케고르는 과오와 불안의 철학자가 되었다.[15] 1000달러로 시작해 부동산 재벌이 된 젤 크라빈스키Zell Kravinsky는 또 어떠한가. 그는 거의 전 재산을 의료연구단체에 기부했고 자기 신장 한쪽마저 가난한 흑인에게 떼어주었다. 한 인터뷰에서 그는 생명을 구하는 일이라면 하나 남은 신장까지 내어줄 수 있노라 말했다. 봉헌의 도덕적 극단론이다. 설령 내 목숨을 앗아가는 일이 될지라도 내가 가진 모든 것을 가져가십시오. 거대한 성공을 일군 이유는 그 성공을 초개같이 버리기 위함이니. 악착같이 그러모았다가 죄다 놓아버리는 현세의 여정이다.

지나친 성공의 불행을 알기에 낙이 쌓이는 것을 재앙 쌓이듯 보는 자들이 있다. 경제적 혜택은 형이상학적 불운이 된다. 그래서 네덜란드의 부자 도시들은 오랫동안 돈을 미워하는 성직자와 동거해 왔다. 금송아지와 그에 대한 공식적 규탄이 기묘하게 공존했다. 가령, 1581년에는 사기꾼, 재주꾼, 곡예사, 포주나 다름없는 금융인에게 영성체를 금하는 명령이 떨어졌다.[16] 옛날식 청교도적 반응일까, 궁핍보다 과잉이 더 무섭다는 직감일까? "사람들은 가난을 유감스러워하지만 잘사는 것은 혐오한다"라고 마키아벨리가 말했다. 무서운 시각이다. 욕망은 지나친 풍요의 우울에 배겨나지 못한다. 풍요의 뿔이 숨 막히도록 꾸역꾸역 먹을 것을 입에 집어넣는 사육의 위협이 된다. 요컨대, 돈에는 돈을 파괴하는 그 무엇이 있다. 그래서 돈을 돈으로부터 보호할 필요가 있는 것이다. 일부 트레이더가 파산의 유혹에 빠지는 현상을 어떻게 이해할 수 있을까? 그들은 새로 시작할 수만 있다면 수백만 시민들을 도탄에 빠뜨릴지라도 싹다 파괴하는 게 낫다고 생각한다. 인간은 성공 속에서나 실패 속에서나 늘 자기를 망칠 수 있다. **부는 의무를 다하거나 괴로움을 끼치거나 둘 중 하나다.**

선행의 무용담

오래된 돈은 그늘을 좋아하고 새 돈은 빛을—특히 영혼의 도량을 보여주고자 할 때—좋아한다. 미덕은 이제 공개적이다. 부를 선행으로 변모시키기 위해서 갈망했다는 듯이 말이다. 물론 이 세상에도 이타적 충동이 아직 남아 있음을 기뻐하자. 개인주의 시대의 무관심, 소비지상주의의 악습에 얽힌 클리셰는 잊어버리자. 이 작지만 다채로운 우정과 공조의 몸짓이 없다면 사회는 살 만한 곳이 되지 못할 터이니. 덕분에, 사람들은 일상 수준에서 국가의 구제를 기다리지 않고도 그럭저럭 서로 도우며 살아간다. 유명인이나 부자가 가난한 사람들에게 일부러 시간을 내어주고 뜻 깊은 자리를 마련하는 일은 놀랍지도 않다. **자선 없는 허영보다는 허영 때문에라도 자선을 베푸는 편이 낫다.** 무감각하고 자족적인 이기심보다는 과시적인 선행 경쟁이 차라리 낫다.

기업이 재단이 되어 공권력이 미치지 못한 지점에 개입하기로 작정한다면, 기업이 지역 단체들과 손을 잡고 우물을 파고 예방접종을 실시하고 에이즈, 말라리아, 각종 희귀병과 싸운다면 고무적인 일이다. 시장이 자선을 대신할 수 없긴 하지만, 어떤 경우에도 시장이 자선의 적은 아니다. 파운드화를 말아먹을 태세였던 환換투기가 조지 소로스가 10년 후 자유의 친구로 변신하더니 중유럽의 여러 NGO에 자금을 지원해 선한 사업들을 성취한 것을 보라. 탐욕으로도 '교만hubris', 선행으로도 '교만'이다. 회개, 의식의 각성,

부자 계층에게서 느끼는 피로감 가운데 동기가 무엇이냐는 중요치 않다. **선물은 결과가 아니라 의도가 중요하다. 그러나 박애는 의도가 아니라 결과가 중요하다.** 부자들을 비난하고 몰아세우기보다는 그들이 연대하는 모습을 보이게끔 자극하는 것이 더 현명하다. 소책자나 홍보물로 기부자들을 비판하는 것은 경박하고 실속 없는 짓이다.

2010년에 빌 게이츠와 워런 버핏이 시작한 '더기빙플레지The Giving Pledge'의 목표는 전 세계 대부호들이 재산의 절반을 인도주의적 사업에 환원하는 것이다. 이 다국적 자선사업은 공공보건 사업 개발에 초점이 맞추어져 있으며 2015년 현재 435억 달러의 기금이 쌓여 있다.(워런 버핏은 재산의 99퍼센트를 기부했지만 남은 1퍼센트도 웬만한 사람에게는 천문학적 금액이다.) 이 야망에도 허영심, 금액으로 여론을 압도하려는 의지는 있다. 빌 게이츠는 입이 떡 벌어지는 기부와 대조적인 소박한 몸가짐으로 영웅이 되었다. 그는 위업 수준의 자선으로 아주 특별한 인물이 되었다. 솔직히 누가 그 정도 금액을 내놓을 수 있겠는가? 독지가는 자신의 대의와 자선사업을 잘 관리할 수 있는 방식을 스스로 택한다. 인도주의에서 그렇듯, 여기서도 그의 사업을 동네방네 떠들썩하게 알려줄 미디어 노출의 법칙이 추가된다. 유대교와 그리스도교가 권장하는 익명 기부는 옛말이다. 신약성서는 "좋은 일을 드러내면서 하지 말라"고 한다. 하지만 후원자와 독지가는 대학 건물, 도서관, 병원, 박물관에 새겨진 자기 이름을 자랑스럽게 바라볼 것이다.

발자크는 이렇게 말했다. "백만장자들의 낭비는 오로지 그들의 돈벌이 욕심에만 비견될 수 있다. 일단 자기 기분과 열광이 문제가 되면 대부호들에게 돈은 아무것도 아니다. 사실, 그들에게는 황금을 갖는 일보다 그런 기분을 느끼는 일이 더 어렵기 때문이다."**17**

쇼비즈니스 업계의 일부 사람들은 영혼의 도량과 광고 효과라는 두 마리 토끼를 다 잡기 위해 자선활동 대행인을 고용한다. 추락한 평판을 다시 세우거나 인성 마케팅으로 몸값을 높이기에 이만한 수단이 없다. 오늘날의 스타는 누구인가? 축구를 하거나, 노래를 하거나, 영화를 찍는 마더 테레사다. 그들은 모두 한 가지 생각밖에 없다. 헐벗은 이들을 위하여 봉사함으로써 성인, 성녀, 미덕의 기사가 되고 대중의 열렬한 공감을 얻겠다는 생각. 구호단체마다 스타를 홍보대사로 내세운다. 대중에 노출되어야만 하는 이 대중적 인물들은 흡사 중세의 왕자들처럼 자신의 본보기로써 "관대함이 필요한 만큼 넉넉해지도록"(조르주 뒤비Georges Duby) 고무해야 한다. 선의가 시냇물처럼 계속 흘러넘치면 그들의 남다른 위상은 보장된다. 이로써 우리는 베풂의 노년기에 진입했다. 태양이 고루 빛을 비추듯 군주가 백성에게 인심을 쓰던 시절**18**이 유년기, 일신교가 정의(히브리어로는 '체다카tzedakah', 아랍어로는 '사다카sadaqah')와 연민의 이름으로 자선을 권하던 시절이 청장년기쯤 되겠다. 이 새로운 박애는 효율성을 추구하기에 흡사 다국적기업처럼 관리된다.

하지만 이러한 행보가 국가를 대체하거나 세금을 무효화할 수는 없다. 한 나라의 잡다하고 세부적인 사안을 책임지는 정부의 끈 질긴 수고를 봉헌의 인류학이 대신할 수는 없다. 하수도시설, 대중 교통과 공공도로 확충을 위하여 기부금을 내는 사람이 있던가? 수 익성은 없지만 살아가는 데 필요한 사업이 있다. 기부를 하려면 특 정한 감정, 분노를 자극하는 상황, 형제 인류와의 일치감이 필요하 다. 세금을 없애고 에우에르제티즘이라는 로마의 전통을 회복하여 부자들의 기부금으로 국가를 운영하자는 페터 슬로터다이크Peter Sloterdijk의 주장은 흥미진진하지만 문제가 많다.[19] "분노한 가난뱅 이들은 그들이 세상을 개선할 수 있는지 보여주는 데 2세기가 걸렸 다. 결과는 이따금 흉흉했고 이따금 양면적이었다. 반대 제안을 해 보겠다. 이제 부자들에게 맡기고 그들이 더 잘 해결할 수 있는지 한 번 보자."[20]

이러한 선의의 도덕은 우리가 어린 시절 접했던 교리교육을 다 소 연상시키지만 공감할 만하다. 산업역군들에게 무거운 납세 부 담을 지우는 현 체제를 다시 생각해야 하는 것은 맞다. 그러나 세금 폐지는 이성을 벗어난 주장이다. 세금은 우리를 우리 몫을 떼였다 는 불쾌감을 안고 사는 수동적 시민으로 만든다. 반면, 자선은 우리 가 액수와 용도를 정할 수 있는 일종의 자발적 세금이다. 현명한 조 세개혁은 세액뿐만이 아니라 구체적인 쓰임새도 고려해야 한다. 교 량이나 철로 건설비용, 병원 진료비, MRI 촬영 비용 등을 자동차 운 전자, 열차 이용객, 환자에게 환기해야 한다. 세금이 유용하게 쓰였 다는 증거는 납세자와 세금징수자 모두에게 꼭 필요하다.

실제로 자선이라는 영역에서는 공권력, 고전적인 인도주의자, 신흥 독지가라는 세 유형의 행위주체가 경쟁적이면서도 상호보완적인 관계에 있다. 이 세 주체가 당장 시급한 것과 중장기적인 것을 구분하여 서로 잘못된 것을 고치고 좋은 자극을 주면서 잘 맞물리는 것이 중요하다. 이 시대의 독지가들은 사회적 기업가로서 자기들의 대의와 문제해결 방식을 스스로 선택한다. 이들은 자선무도회나 바자회를 마련하던 과거의 기업 사모님들과 차별화되기를 원한다. 수표만 끊어주는 역할에서 벗어나 현장으로 떠나 토착민들과 얘기를 나누고 교우를 나누면 모든 것이 달라진다. 자선이 효과적이려면 제 규모에 맞는 일을 요구해야 한다. 얼굴과 얼굴을 마주하는 만남의 이타주의 수준을 벗어나면 안 된다. 우리는 상황 속에서 사람을 만난다. 연대는 반드시 개인적 관여다. 그렇지 않은 연대는 허울 좋지만 공허한 이념에 지나지 않는다.

연대에 모험자본을 도입한 미국의 '벤처 자선venture philanthropy'이 연방정부에 대한 불신에서 활성화된 반면, 프랑스에서는 공화국 정부가 나서서 사회적 연대를 건설하고 국민적 단결을 꾀한다.(프랑스에만도 이러저러한 재단이 2000개 이상 있다.) 투명한 회계 요구는 관료제가 몰고 온 공권력의 실패와 재단들의 횡령 사태에 따른 것이다. 기부금 관리에 "대차대조의 신성한 의무"(마르크 아벨레스Marc Abéles)[21]를 도입해야 한다. 자선의 실천과 수익 논리를 혼합하고 운 좋은 부자보다 전문가를 위에 둔다는 것은 결국 선언이다. 우리는 이미 우리 분야에서 최고고 공해, 가난, 질병과의 싸움에서도 이

길 거라는 선언. 우리의 자본주의적 성공이 우리를 정부의 대리인들보다 더 유능한 행위주체로 만들었다. 자선의 견습생들은 새로운 시장을 공략하는 기업가정신으로 사회문제도 조금씩 풀어나가려 한다.

"이 거대한 선의 목가"

빌 게이츠와 멜린다 게이츠 부부는 세계보건기구WHO의 세 배나 되는 예산을 쥐고 있으니 가난한 정부들에 비할 바가 아니다. 이 "조급한 낙관론자"들은 의지를 밀고 나가 불운을 끝장낼 수 있으리라 믿는다. 그들은 게임의 법칙을 뒤엎고 싶어 한다. 세계의 보건의료 전체를 독점적으로 장악할 위험이 있는데도 말이다. 어떤 면에서 이 선행 거물들은 자유주의적 신념, 정부기관, 정당, 비정부조직에 대한 동일한 불신을 드러낸다. 그들은 직접민주주의라는 최후의 꿈을 구현하고, 경직된 행정을 무너뜨리며, 새로운 국제적 긴급뉴스를 만들어낸다. 그렇게 두 체제가 자리를 잡는다. 하나는 국제연합 혹은 국가라는 차가운 괴물에게서 유래하는 공식적 구호활동이고, 또 하나는 '타이쿤'들의 주도에서 탄생한 열정적 구호활동이다.

그러나 박애의 논리, 즉 "더욱더 선을 행하려는 의지"(필립 에거 Philipp Egger)가 진짜 정치를 대체할 수는 없다. 그런 재단들도 암적인 관료제를 피할 수 없거니와 때로는 종교적이거나 편향적 야심을 은닉한다. 구호재단이 허울 좋은 선의로 위장한 채 조세회피나 돈세탁의 발판이 되기도 한다. 이슬람 세계에서는 더러 그러한 재단이 테러리스트 집단의 자금줄이 된다. 미국에서는 그런 재단이 오히려 역사적 운동을 외면하고 여성이나 소수민족의 권리를 뒤늦게야 마지못해 인정하기도 했다.[22]

국가의 모든 악, 특히 스스로를 비판적으로 바라보지 못하는 문제가 이미 그런 문제를 극복했노라 주장하는 이들에게서 보인다. 이미 고대 로마에서도 인기전술은 위험요소였다. 당시 세습귀족은 평민의 충성심을 얻으려고, 혹은 호의를 베풀어 상대의 견해를 자기에게 유리한 방향으로 붙잡아놓으려고 돈을 펑펑 썼다.[23] 몽테스키외도 지적한다. "칼리굴라, 클라우디우스, 오토, 비텔리우스, 코모두스, 헬리오가발루스, 카라칼라 같은 최악의 로마 황제들은 가장 후하게 베푼 자들이었다."[24] 자기 영역에서 독보적 존재가 된 이 반 $_{反}$공권력주의자들은 주로 현대사회의 민주적 욕구에 잘 부합하는 NGO 활동에 참여하고 있다. 그러나 그들이 기존의 제도를 무효화할 수는 없다. 기존 제도에 그들의 활동이 추가된 것이다.

부자들의 미래가 부의 똑똑한 공유에 있는 한, 그들의 너그러운 마음씀씀이는 열광의 법칙을 계속 자극할 것이다. 부자들이 전 지구적인 야심을 드러내고 이 세상 모든 대륙에 개입하려 든다지만 그들은 자기네 도시, 기껏해야 자기 나라에만 공감을 드러내곤 한다. 저널리즘 업계에는 '감성 킬로미터'라는 것이 있다. 내 나라 사람 한 명의 죽음이 외국에서 일어난 1만 명의 사망 사고보다 더 가슴에 사무친다. 전자는 비극이지만 후자는 그저 통계적 수치처럼 느껴진다. 감수성은 근접성의 법칙을 따른다. 신식 박애주의도 인도주의와 마찬가지로 감정의 불연속성이라는 암초에 부딪힌다. 어찌 보면 우리는 우리가 돕고자 하는 피해자를 늘 우리 마음대로 정하고 어떤 상황의 참을 수 없는 면을 우리 본위로 판단한다. 미디어의 구미를 당기는 불행이 있는가 하면 거의 언급되지도 않는 불행이 있다. 어떤 피해자는 시사성이 있어서 다른 피해자들보다 한동안이나마 스포트라이트를 받다가 또 새로운 불행의 주역들에게 밀려난다. 구호의 긴급성보다는 선호도가 우세하다. 박애와 자선은 이처럼 다소간 선택된 사람들에게만 그 효력이 미친다는 한계가 있다. 그런데 역사는 우리를 우리 힘으로 빠져나올 수 없는 위기와 비극에 연루시킨다. 이것이 변덕스러운 박애의 법칙이다. 우리는 언제나 특정한 가난뱅이, 굶주린 자, 병자를 여타의 가엾은 이들보다 좋아할 것이다. 우리는 우리가 선택했거나 우리 마음을 사로잡은 자들에게만 관여한다. 박애주의도, 인도주의도 결국은 '골라 먹는à la carte' 시스템이다.

마지막으로, 대중의 고통을 사들이고 그들의 감사를 얻어내려고 전폭적인 선의를 과시할 위험이 있다. 자선이 빈축을 사는 이유는 기부자와 수혜자의 결코 대칭적일 수 없는 관계 때문이다. 수혜자는 받기만 할 뿐, 보답할 수 없다. 이 이유 하나로 수혜자를 사랑하는 기부자는 고결한 영혼의 소유자가 아니라 권력욕이 남다른 사람일 뿐이다. 나의 생존이 제3자의 호의에 달려 있는 상황은 견딜 수 없이 치욕적이다. 인간을 해방시키는 자선도 있지만 인간을 누추한 지경에 빼도 박도 못하게 몰아넣는 자선도 있다.[25] 어떤 자선은 자활을 도와 자선이 필요 없게 하지만 또 어떤 자선은 동정, 자기 자신과 세상에 대한 연민이다. 지미 카터와 로잘린 카터가 활성화한 해비타트 재단이 추구하는 자선은 전자다. 해비타트 운동은 파트너십을 기반으로 지원 대상이 그들 자신의 자활에 협력할 것을 요구한다. 소액기부의 도의는 계약의 도의로 대체된다. 완전하고도 일방적인 연민의 사회는 살기 힘든 곳이리라.

박애주의자의 목표는 자신과 같은 박애주의자가 필요 없게 되는 것 아닐까. 그가 단지 선행을 하기 위해 불쌍한 사람들을 필요로 하는 게 아니라면 말이다. 이 경우, 관계는 역전된다. 불쌍한 사람들이 도움을 호소하는 것이 아니라 독지가들이 성장하기 위해서 가슴 아픈 사연을 찾는 것이다. 그들은 가난뱅이들의 친구가 아니라 가난 그 자체의 친구가 된다. 가난뱅이의 아픔은 그들이 치유의 특혜를 누리기 위해서만 존재한다. 자기가 으스대기 위해서 추방자들을 갈급히 찾는 태도에는 식인食人의 잔혹성이 있다.

이런 식에 희생에 부응하는 것은 망각, 더 심하게는 나를 도와준 사람을 향한 원한이다. 도움을 받으면 채무자 콤플렉스에 빠지기 쉽다. 쥘 르나르는 이런 말을 하곤 했다. "나는 적이 없다네. 난 아무도 도와준 적이 없거든." 장 르누아르 감독은 냉혈한 태도라는 주제와 미셸 시몽Michel Simon이라는 배우로 「익사 직전에 구조된

부뒤Boudu sauvé des eaux」(1932)라는 기가 막힌 영화를 만들었다. 어느 서점 직원이 센강에서 익사 직전의 부랑자를 구해낸다. 부랑자는 생명의 은인에게 욕을 퍼붓고 그의 집을 엉망진창으로 만든 걸로도 모자라 그의 아내까지 슬쩍 유혹하고는 도망가버린다. 일찍이 아리스토텔레스가 지적했듯이 선을 행하는 자는 자기에게 은혜를 입은 자를 자기 비용과 수고를 들인 자기 작품으로서 사랑한다. 그러나 상대는 그러한 은혜를 수동적으로 받아들인다. "일례로 자기 힘으로 모은 재산은 상속받은 재산보다 가치 있게 여겨진다."[26] 복지국가가 실시하는 익명의 증여는 어떤 사람에게 빚졌다는 느낌을 주지 않는다는 점에서 특정인의 직접 기부보다 좋은 점이 있다. 채무자가 채권자를 미워하게 되듯이 기부의 수혜자가 기부자를 그리 고맙게 여기지 않게 되기도 한다.(반면 제자는 스승에게 진 빚을 감추지 않는다.)

마음이 너그러운 자들은 불쌍한 이들을 구제하면서 아무것도 바라지 말지어다. 그 수고는 스스로 족하다. 어려운 상황 속에서도 피해자 취급받기를 거부하는 사람들은 세상의 동정을 원치 않는다는 뜻을 표명하는 것이다. 그들이 고마워하기를 바라지 말자. 뭐가 어찌 됐든 우리는 그들을 지원할 의무가 있다. 한때 도탄에 빠졌던 사람이 다시 자유를 찾고 자기 운명의 주인이 되는 날, 그때 비로소 그는 고마움을 느끼고 과거의 자신처럼 어려움을 겪는 다른 이를 도와줄 수 있으리라.

빚을 갚아야 하는가?

마틸드 루아젤은 미인이었지만 하급 공무원인 남편과의 결혼 생활은 그저 그랬다. 어느 날, 그녀는 장관이 주최하는 성대한 파티에 초대를 받았다. 루아젤 부인은 초라해 보이면 안 된다는 생각에 제법 잘사는 친구에게 다이아몬드 목걸이를 빌렸다. 파티에서 그녀는 단연 빛났고 칭찬과 아부 섞인 찬사를 많이 들었다. 그러나 집에 돌아와서야 목걸이가 없어졌다는 것을 알았다. 친구에게 차마 사실을 말할 수 없었던 루아젤 부인은 엄청난 빚을 내어 잃어버린 목걸이와 똑같은 것을 구했다. 그리고 그 빚을 갚기 위해 남편과 10년간 "끔찍하리만치 빈곤한 생활"을 감당했다. 10년 후, 고생으로 폭삭 삭은 루아젤 부인이 "여전히 젊고 아름다워 보이는" 친구와 마주치고는 그제야 그런 일이 있었노라 고백한다. 그러자 친구는 이렇게 말한다. "오, 가엾은 마틸드, 내 목걸이는 가짜였어. 기껏해야 500프랑밖에 하지 않는 가짜였다고."[27] 모파상의 이 단편은 우리에게 근본적인 교훈을 준다. 살면서 자기가 갚아야 할 빚을 잘못 알아선 안 된다는 교훈을.

한바탕 흥청망청 그리고 후회. 이것이 빚의 평범한 우화다. 어떤 돈거래는 채무자와 채권자를 한꺼번에 말아먹는 밑 빠진 독 같다. 누구나 복원이 필요 없으면 좋겠다고 생각한다. 빌려줘도 지출이 없었으면 싶고, 빌렸지만 갚지 않아도 되면 좋겠다 싶다. 양심의 가책 없이 돈을 증발시키기에는 은행카드나 신용카드만 한 것이 없다. 그러나 2008년 경제위기는 시스템이 한계에 다다랐다는 것을, 저소득 가계가 이것저것 다 누리려 했다가는 길바닥에 나앉을 수밖에 없다는 것을 보여주었다. 그래서 속죄의 시간이 왔다. 가령 익명의 채무자 모임Debtors Anonymous에는 그들을 죄악에 빠뜨린 신용카드를 잘라 없애는 공식 행사가 있다. 신용카드를 파괴하는 행위를 가리키는 'plastectomy'라는 신조어가 있을 정도다. 행사 참가자들은 이 사악한 물건을 산성 용액에 담그거나, 파쇄기로 잘게 부수고, 분노의 화살을 꽂기도 한다.[28]

미국 파산법 제9장은 민간기업은 물론 공공조직(가령, 캘리포니아주 내의 지방자치단체라든가)도 채무를 상환할 수 없다고 판단되면 채무구조조정이 이루어지는 동안 채권자들로부터 보호해준다. 그다음에는 빚 흥정이 장기간에 걸쳐 이루어진다.(디트로이트와 푸에르토리코의 경우를 보라.) 핵심은 원점에서 재출발하게 해준다는 것, 그래서 실패를 징계가 아니라 성공으로 가는 한 단계로 본다는 것이다.[29] 파산권은 자유와 행복의 추구만큼이나 근본적인 권리다.[30]

때로는 빚을 탕감해주는 지혜가 필요하다. 『신명기』도 50년마다 희년禧年을 두어 "모두가 자신의 원래 자산으로 돌아가게" 하라고 명한다. 노예를 풀어주고 금전적 채무는 탕감해주라는 얘기다. 기나긴 유럽사에서 왕이나 왕족 같은 거물 차용인들의 중대한 관심사는 채무 상환을 연기하거나 마음에 안 드는 채권자들에게 허물을 떠넘겨 아예 빚을 탕감 받는 것이었다. 감당하기 어려운 빚

부담은 한 나라를 망치고 돌이킬 수 없는 의존관계에 묶어놓는다. 그리스와 아르헨티나의 예를 보라. 국가들을, 가장 잘사는 국가조차도 탈탈 털어봐야 할 때가 왔다. 솔직히 의심스럽다. 유럽의 강대국들도 미국과 마찬가지로 영영 빚을 못 갚는 것은 아닐까. 이 나라들은 이자만 낼 뿐 원금상환은 어차피 안중에 없다. 차라리 빚을 싹 없애고 새로운 기반에서 출발하는 게 낫지 않을까.

알다시피 국민들은 조국을 위해 목숨을 바친 군인들에게 충분히 고마워하지 않는다. 어쩌면 배은망덕은 실존의 조건인지도 모른다. 우리가 앞으로 치고 나가기 바쁘니 선진들에게 감사할 겨를도 없다. 우리의 유산은 과거 지우기와 압도적인 과거의 위용 사이에서 망설인다. 이를테면 유럽은 무거운 과오라는 짐에 짓눌려 있다. 우리는 이 짐을 기억의 의무라고 부르지만 그로써 전통을 망각하게 될 때가 너무 많다.

보쉬에는 니체보다 먼저 그리스도가 우리 죄를 사하기 위하여 죽음으로써 얼마나 갚을 수 없는 빚이 생겼는가를 강조했다. 우리는 매일매일 우리의 "허다한 죄악"으로 그를 십자가에 못 박고, 매일매일 회개를 해야 한다.[31] 그리스도의 수난은 영원히 우리를 짓누른다. 우리는 모든 것을 신께 빚졌으되 아무것도 갚을 수 없다. 이 빚은 갚아야 할 것이라기보다는 인정하고 전달해야 할 것이다. 태어날 때 빚과 죽을 때 빚이 같지 않다. 우리는 매일 아침 그저 우리가 받은 선물을 생각하며 "감사합니다!"라는 말밖에 할 수 없다. 생명이라는 이 엄청난 은총을 입었음에 그저 감사해야 할 것이다. 이 빛이 사라지는 날은 생이 소멸되는 날이기도 하다. 그날에 우리는 더 이상 남들에게 무엇을 선사하거나 돌려주지 못할 것이요, 산 자들의 입맛대로 좌지우지되리라.

◇◇◇

감당해야 할 정신분열

"정신의 삶에는 소박한 안락으로 족하다."

—프리드리히 니체

돈의 지혜는 자유, 안전, 적당한 무관심이라는 세 가지 덕의 조화로운 결합에 있다. 이 세 가지 덕의 균형을 잡아주는 것이 정직, 비례, 나눔이라는 세 가지 의무다. 돈으로 가능한 희열은 돈이 함축하는 의무와 결코 분리해서 생각할 수 없다. 물질적 필요에서 해방된다는 것은 자유의 한 조건일 뿐, 자유를 대표할 수 없다. 하지만 돈은 어디 붙어 있지 않으니 문제다. 따라서 돈에 대한 우리의 태도도 분열적일 수밖에 없다. 돈은 꼭 필요하지만 유동적인 것, 요 녀석은 언제라도 우리를 못살게 구는 작은 악마로 돌변할 수 있다. 돈은 플라톤이 말하는 파르마콘pharmakon, 즉 독이자 해독제다.

돈이 자아내는 불편함도 여기서 비롯된다. 돈을 좀 쥐고 있는 것은 늘 "지혜의 시작"(『잠언』4장 7절), 아니 상황적 지혜라고 할까. 가장 돈을 많이 주는 일자리를 찾는 것은 가난한 자들의 권리다. "그 정도면 충분하다" 말할 수 있다 해도 '충분하다'가 정확히 어떤 의미인가를 결정하는 것은 개인 소관이다. 저마다 마음속으로 어떤 곤경에 대비하고 싶은지 결정한다. 생활수준을 향상시키고 싶은지 절제하고 싶은지, 금전적 성공을 지상과제로 삼을 것인지 하나의 계기로 여길 것인지 정한다. 돈이 삶에서 금전으로 결정되는 부분을 줄여준다면 우리를 더욱 자유롭게 할 것이다. 이때 돈은 까다로운 순간을 매끄럽게 건널 수 있게 하는 다리가 되어준다. 돈은 현대적인 마음의 지도에서 인색, 편협, 범죄, 모욕, 사기, 탐욕, 오만, 시기라는 여러 절벽들 사이를 교묘하게 지나가는 좁은 길이다.

돈을 신성시하지 말 것, 지나치게 사랑하지도 말고 혐오하지도 말 것, 이것이 지혜다. 돈은 우리 잘못으로 적이 되지 않는 한, 친구로 남는다. '가난뱅이는 그래도 싸다'와 '부는 썩었다' 사이의 공갈에 말려들지 말자. 미덕과 번영은 얼마든지 조화될 수 있다. 돈 생각 말고도 삶은 있지만 돈 생각이 예술적인 성취나 숭고한 가치 실현을 방해하는 것은 아니다. 돈 그 자체는 신통방통한 발명이고 재산이 제공하는 장점은 너무나 명백하기 때문에 인간의 기본권이 되었다. 돈의 죄는 불공평한 분배뿐이다. 돈은 쉴 새 없이 흐르는 강, 멀리 퍼질수록 기적을 일으키는 유동적 실체라야 하는데 부의 극단적인 집중은 돈의 흐름을 방해한다. 응고되지 않게 계속 흘러야만 한다. 그렇기 때문에 너무 많이 가진 자들이 모자라는 자들에게 내어줌이 마땅하다. 돈을 교화하려면 민주화해야 한다. 잠재적으로는 모두에게 속한 것으로 여기고 골고루 재분배해야 한다는 얘기다. 그로써 돈벌이 취향과 기부의 윤리, 탐욕과 베풂, 남용과 절제라는 두 극단을 한꺼번에 복권시켜야 한다.

끝으로, 두 가지만 짚고 넘어가자. 돈은 노력의 보상인 동시에 은총이다. 우리는 돈의 소유주가 아니라 용익권자다. 변덕스러운 행운의 여신이 우리를 잘 봐주셨으니 기뻐하자. 하지만 여신은 우리에게 준 것을 언제고 빼앗아갈 수 있다. 사실, 돈이 자기 자신의 폐지라는 꿈을 유지시키는 것은 좋다. 화폐가 사라질 거라고 예고한 저작은 셀 수 없이 많다. 그러나 우리는 돈의 허다한 효용과 돈의 광기를 다 감당해야 한다. 성性이 그렇듯 돈도 이중적 유토피아의 대상이다. 돈을 길들이든가, 온갖 위험을 무릅쓰고 이 취한 배에 올라타든가. 금지 혹은 방임. 모두가 돈을 확 잡아 부유해지기를 원한다. 선진국, 선진사회에서는 돈을 무릅쓸 가치가 있는 위험으로 사회 작용에 포함시키는 것이 유익하다. 화해의 희망은 키우지 말자. 돌파구 없는 싸움의 분열성을 인정하자. 우리는 금송아지에게 이러지도 못하고 저러지도 못한다. 변신의 수단은 추락의 수단이다. 금송아지는 기적과 혐오라는 양방향으로 작용하는 이상이다.

주사위를 늘 다시 굴릴 수 있다는 조건, 어제의 패자가 오늘의 승자를 밀어낼 수도 있어야 한다는 점이 중요하다. 재물이 잘 돌면 사회 자체가 잘 돌아가고 사회 구성원의 이동이 보장된다. 사회가 내세우는 평등의 가치가 금융 유동성으로 설명된다. 사회계급들, 가령 엘리트 계급은 지각판이 오르내리듯 부상하기도 하고 가라앉기도 해야지 고정되어 있으면 안 된다. 만물의 덧없음, 이것이 굴러들어왔다가 도망가는 돈의 교훈이다. 돈은 만족을 주고는 이내 우리를 버리고 간다. 파산과 재기는 그렇게 갈마든다. 마음이 가난한 자가 복이 있다는 마태오 사도의 말씀(5장 3절)은 스토아주의자들의 가르침과 다르지 않다. 생이라는 선물도 우리에게 갑자기 왔다가 갑자기 떠나간다. 도박판에서 주사위는 때로는 우리에게 유리하게, 때로는 불리하게 돌아간다. 재산은 결국 이토록 아름답고 이토록 무너지기 쉬운 생의 메타포일 뿐이다. 우리에게 주어진 모든 것이 우리에게서 떠나갈 수도 있음을 받아들여라. 그럼에도 불구하고 가슴 먹먹하게 감사하라. 이것이 궁극의 지혜일지니.

돈을 바라보는
다양한 시선과 사유

흙수저가 재능, 노력, 행운의 삼박자가 맞아서 대단한 부를 일구었
다는 사연은 우리 사회가 가장 열광적으로 소비하는 이야기 중 하
나다. 그리고 엄청난 부자로 태어났거나, 적어도 가난을 모르던 사
람이 그 풍족한 출신이 무색하리만치 처참하게 몰락했다는 사연도
은근히 인기가 있다. 그리고 이 모든 상승과 하강의 우여곡절에는
수전노와 방탕아, 대박과 쪽박, 돈이 도망가는 사람과 돈이 따라다
니는 사람의 신화가 있다.

　나는 딱히 성공담을 선호하지는 않지만 물질적 부의 흐름이 생
생하게 와 닿는 이야기들에 곧잘 매혹되곤 한다.

이 책에서도 여러 번 언급된 에밀 졸라의 『돈』은 내가 가장 좋아하는 프랑스 소설 중 하나다. 대박을 꿈꾸는 주인공, 돈밖에 모르는 이 남자에게 연정과 환멸을 동시에 느끼는 여자, 노후 자금을 모조리 날려버린 서민, 투자 실패로 거액의 부채를 안게 되자 처자식을 남기고 스스로 목숨을 끊는 젊은 증권중개인 등의 인간 군상을 보고 있노라면 지금도 우리 주위에서 그들과 비슷한 실존인물을 금세 찾아낼 수 있을 것 같다.

졸라뿐만 아니라 플로베르나 발자크의 소설에서도 인간의 정념과 금전은 자주 맞물려 있다. 보바리 부인이 연애의 꿈을 꾸는 동안 쇼핑중독자의 카드빚처럼 차곡차곡 쌓여갔던 외상값이라든가, 나나에게 홀딱 빠진 사내들이 탕진한 가산이라든가, 고리오 영감의 부성애만큼이나 풍족했던 그 딸들의 지참금이라든가. 내가 특히 좋아하는 이 시대 프랑스 소설들에서는 언제나 돈의 이동이 금전출납부만큼 확실하게 역동적으로 감지되곤 했다.

꼭 프랑스 소설이 아니더라도 펄벅의 『대지』에서 왕룽 일가가 야무지게 가세를 일으킬 때에는 마치 내가 돈 모으는 재미에 푹 빠진 것 같았고, '초원의 집' 연작에서 『기나긴 겨울』을 읽는 동안은 고립 상태에서 한정된 재화가 바닥날까 봐 조마조마한 마음이 책 읽기의 가장 큰 원동력이었다.

돈은 이보다 더 중요한 주제가 있을까 싶을 정도로 우리의 삶 속에 깊이 침투해 있다. 우리는 물건을 구입할 때에만 최저가를 검색하는 게 아니라 모든 활동에 대하여 그 활동에 투입해야 하는 비용과 거기서 얻을 수 있는 이익을 따진다. 영리 활동이 아니라 순수한 취미 활동이라고 해도 그로써 얻을 수 있는 보람과 기쁨이 경제적 가치와 아주 무관한 것은 아니다. 보람과 기쁨이라는 추상적 가치를 정신건강을 유지하기 위해서 썼어야 했던 비용, 품위 유지에 도움을 주는 비용 등으로 환산하려 들면 얼마든지 그렇게 할 수 있기 때문이다.

이제 우리는 모든 종류의 재화와 서비스에 대하여 '가성비'를 따진다. 돈은 원래 서로 다른 것들에 대한 등가적 교환을 가능하게 하는 것이었지만 전통적으로는 '돈으로 살 수 없다고' 생각되었던 것들에 대해서까지 그러한 등가성이 확대되어가는 양상은 불편하다. 과거에도 빈부의 격차는 있었지만 이렇게까지 노골적이지는 않았다고 생각한다면 과거를 너무 미화한 걸까.

브뤼크네르는 이 책에서 문학과 철학을 넘나들면서 돈을 바라보는 다양한 시선과 사유를 소개하고 우리가 특히 눈여겨보아야 할 지점들을 짚어준다.

돈이 다른 재화나 서비스를 향유하기 위한 수단이 아니라 그 자체로 관념적인 목표가 되어버릴 때의 위험(가령 '10년 안에 10억 모으기' 열풍), 사랑이나 우정 같은 정서적 요소들마저 돈으로 환산하려고 하는 현상, '거의 부자인 사람들'에게까지 위화감을 느끼게 하는 슈퍼리치들의 파행적인 사치, '자발적 가난'의 이중성과 한계, 부를 축복의 표시로 여기는 미국인들에 비해서 다분히 위선적인 태도로 돈을 대하는 프랑스인들의 태도, 자선의 역할과 정부의 역할까지.

부를 향한 욕망을 인정하되 황금만능주의를 경계하고 돈을 정말로 가치 있게 사용해야 한다는 저자의 결론은 일견 밋밋해 보이지만 그 과정에서 살펴보는 것들의 면면이 우리의 시선을 끌어당긴다.

2019년 봄
옮긴이 이세진

1 Sénèque, *La vie heureuse*, suivie de *Les bienfaits*(Tel-Gallimard, 1996), pp. 51~52.

| 들어가는 글_레닌의 서약 |

1 Michel Aglietta et André Orléan, *La monnaie : entre violence et confiance*(Odile Jacob, 2002), p. 124.

| 제1장_악마의 배설물 |

1 2015년 7월 9일에 볼리비아에서 교황 프란체스코는 "세상을 지배하는 돈의 가차 없는 야심"을 비난하면서 돈이 "악마의 배설물" 냄새를 퍼뜨린다고 했다. 이 표현은 원래 초대 교부 카이사리아의 바실리우스가 처음 사용했다. 프랑스 좌파 월간지 『르몽드 디플로마티크(Le Monde diplomatique)』는 2015년 9월호에서 이러한 교황의 발의를 「남반구에서 일어난 반자본주의 연설」이라는 제목으로 다루었다.

2 Ilana Reiss-Schimmel, *La psychanalyse et l'argent*(Odile Jacob, 1993), p. 29.

3 이 희곡의 줄거리는 다음 책에서도 볼 수 있다. François Rachline, *D'où vient l'argent?*(Panama, 2006), pp. 71~74.

4 Platon, *Lois*, 919 b-c, Marcel Hénaff, *Le prix de la vérité*(Seuil, 2002), pp. 88~89 에서 재인용.

5 「L'argent peut-il tout acheter?」, *Marianne*(2014년 8월 15~21일).

6 "이리하여 인류사에서 유례없던 상황이 빚어질 것이다. 고작 서너 명의 개인이 먼

저 무상으로 배포하겠다는 구실로 온 세상의 지식과 앎을 한동안 장악할 수도 있는 상황 말이다." Richard Malka, *La gratuité, c'est le vol* [titre emprunté à Denis Olivennes](2015) ; *La fin du droit d'auteur*(SNE, 2015), p. 18.

7 Emile Zola, 「L'argent dans la littérature」, *Le Messager de l'Europe*(1880년 3월).

8 Aristote, *Ethique à Nicomaque*, 제5권(문고본, 1992).

9 Aristote, 같은 책, 제3장, p. 203.

10 Aristote, 같은 책, 제3장, p. 206.

11 Aristote, 같은 책, 제5장, p. 210. 이재학은 선할 수도 있고 악할 수도 있다. 선한 이재학은 경제학에 해당한다고 보아도 좋다.

12 Aristote, 「Administration familiale et art d'acquérir」, *Les politiques*, 제8장 (Garnier-Flammarion, 1999), p. 110 이하.

13 Aristote, *Ethique à Nicomaque*, 제4장, p. 285.

14 Aristote, 「De l'amitié」, 같은 책, 제8권, p. 384.

15 "부와 자식들은 이승에서의 삶의 장신구다." 『코란』, 18수라 46절, Pascal Morand, *Les religions et le luxe*(Institut français de la mode/Editions du Regard, 2012), p. 112, note 4에서 재인용.

16 Jacques Attali, *Les Juifs, le monde et l'argent*(문고본, 2003), pp. 119~120.

17 André Pézard, *Dante sous la pluie de feu*(Vrin, 1950), Jacques Le Goff, *La bourse et la vie*(Pluriel, 2011), p. 64에서 재인용.

18 Aristote, 「Acquisition naturelle et usure」, *Les politiques*, 제1권, 10장, p. 122.

19 이슬람교 국가에서는 고리대금은 물론, 돈을 빌려주고 이자를 받는 것 자체가 금지된다. 그래서 1960년대 이집트에서는 채권자가 채무자가 필요한 물건을 사서 그에게 되파는 형태의 금융 상품이 나오기도 했다. 여기서는 금융 상품도 '율법에 합치될 수 있는' 것이어야 한다. *Challenges*(2015년 10월) 참고.

20 이 주제에 대해서는 다음을 참조하라. Jacques Le Goff, 앞의 책, p. 37.

21 Alfred W. Crosby, *La mesure de la réalité*(Allia, 2003), p. 79.

22 Jacques Le Goff, 앞의 책, pp. 37~38.

23 Jacques Le Goff, 같은 책, pp. 42~43.

24 Jacques Le Goff, 같은 책, p. 46.

25 Marc-Alain Ouaknin, 「Entre la terre et l'exil」, in A. Spire(sous la dir. de), *L'argent, Autrement*, no. 132(1992), pp. 194~195.

26 Jacques Attali, 앞의 책, pp. 86~87.

27 『마태오복음』 25장 14~30절; 『루카복음』 19장 12~27절.

28 Claude Lelièvre, *Mediapart*(2016년 1월 6일).

29 Jacques Le Goff, 앞의 책, p. 86.

30 Saint Augustin, *Confessions*(Seuil, 1982), 제9~13권, p. 245.

31 Blaise Pascal, *Pensées*(édition Brunschvicg), p. 233.

32 다음을 참조하라. Marc Shell, 「L'art en tant qu'argent en tant qu'art」, in Roger-Pol Droit (sous la dir. de), *Comment penser l'argent?*(Le Monde éditions, 1992), pp. 111~112.

33 Marc Shell, 같은 책, p. 114.

34 Joris-Karl Huysmans, *Sainte Lydwine de Schiedam*(1901)(Editions A rebours, 2002), p. 218.

35 Jacques Le Goff, *La naissance du Purgatoire*(Folio-Gallimard, 1991).

36 Jacques Chiffoleau, *Crise de la croyance. Histoire de la France religieuse*, 2권 (Seuil, 1988), p. 138, 144.

37 Jacques Chiffoleau, 같은 책, p. 142.

38 정신사학자 알프레드 크로스비(Alfred Crosby)는 유럽에서 일어난 이러한 현상의 기원이 기계식 시계와 대포가 처음 등장한 1275~1325년까지 거슬러 올라간다고 보았다.

39 Joël Schmidt, 「Sans ostentation」, in A. Spire(sous la dir. de), 앞의 책, p. 73.

40 Philippe Simonnot, *Le sexe et l'économie*(JC Lattès, 1985), pp. 89~91.

41 Pascal Morand, 앞의 책, 이 주제를 아주 잘 정리한 책이다.

42 Pascal Morand, 앞의 책, pp. 134~135. 무굴제국 황제 샤 자한의 왕좌는 열두 개의 에메랄드 기둥으로 떠받친 공간에 마련되었다고 한다.

43 Malek Chebel, *Dictionnaire amoureux de l'Islam*(Plon, 2004), p. 347. Pascal Morand, 앞의 책, p. 123에서 재인용.

44 2013년 11월에 발표한 『복음의 기쁨(Evangelii gaudium)』에서 "돈이라는 우상 숭배"를 규탄할 때 나온 표현이다. 국내에는 『세상에서 가장 아름다운 말씀』(김미란 옮김, 21세기 북스, 2014)로 번역 출간되었다.

45 바티칸 은행장으로 새롭게 부임한 장바티스트 드 프랑쉬(Jean-Baptiste de Franssu)에 따르면 강도 높은 개혁을 준비 중이라고 한다(2014년 7월 10일).

46 「Robin Hood or money launderer?」, *The New York Times*(2014년 10월 18~19일).

47 바티칸의 연간 예산은 2억 5000만 유로다(관광 수입, 우표 발행 수입 등). 7000만 유로 이상은 신자들의 헌금, 재단 수익, 전 세계 각지의 교구 헌납금이다(출처: 위키피디아).

48 Philippe Raynaud, *La politesse des Lumières. Les lois, les moeurs, les manières*(Gallimard, 2013), pp. 228~229.

49 베버에 대한 최초의 논박은 베르너 좀바르트의 『부르주아(Der Bourgeois)』(1913)로 거슬러 올라간다. 그는 여기서 삶의 합리화가 스콜라철학에서부터 시작되었음을 보여주었고 부르주아들의 미덕도 이미 15세기 피렌체의 인문주의자 알베르티에게서 찾아볼 수 있다고 주장한다.

50 Max Weber, *L'éthique protestante et l'esprit du capitalisme*(Plon, 1964), p. 24. 베버의 논지가 낳은 오해가 현실과 역사를 규정하여 (그리스 위기로 드러난) 유럽 북부와 남부의 단절을 불러왔다고 생각하면 놀랍기 그지없다. 자신의 해석 이상으로 역사에 어떤 방향을 새긴 텍스트의 기이한 모험이랄까.

51 Jacques Le Goff, *La bourse et la vie*, 앞의 책, p. 119.

52 Luther, *Les grands écrits réformateurs*, 피에르 쇼뉘(Pierre Chaunu)의 서문(Garnier-Flammarion, 1999), p. 222.

53 Herbert Lüthy, *Le passé présent*(Editions du Rocher, 1965), p. 63.

54 Luther, 「La liberté du chrétien」, 앞의 책, pp. 230~231.

55 Blaise Cendrars, *L'or*(Folio-Gallimard, 1973).

56 Alfred W. Crosby, 앞의 책, p. 222에서 재인용.

57 Don Rosa, *La jeunesse de Picsou*(Glénat, 2012), p. 31.

58 Sénèque, *Lettres à Lucilius*, lettre 21(Garnier-Flammarion, 1999), p. 121.

| 제2장_가난한 자들의 탁월한 위엄 |

1 Bossuet, *Sermon sur la mort et autres sermons*(Garnier-Flammarion, 1970), p. 183.

2 Bossuet, *Sermons et oraisons funèbres*, Michel Crépu의 서문(Seuil, 1998), pp. 31~32.

3 Saint Augustin, *La Cité de Dieu*, Louis Moreau 옮김, Jean-Claude Eslin 리뷰(Seuil, 1988), 제1권, p. 47.

4 Bossuet, *Sermon sur la mort et autres sermons*, 앞의 책, p. 70.

5 Bossuet, 같은 책, VI-7.

6 Herbert Lüthy, 앞의 책, p. 63.

7 Roger Stauffeneger, 「Réforme, richesse et pauvreté」, *Revue d'histoire de l'Eglise de France*, no. 149(1966), pp. 47~58.

8 *Contre l'argent fou*, Damien de Blic et Jeanne Lazarus 선집, *Le Monde*, 「Les Rebelles」 시리즈, vol. 6(2012), p. 27.

9 같은 책, pp. 181~184.

10 Niall Ferguson, *L'irrésistible ascension de l'argent*(Perrin, 2011), p. 104에서 재인용.

11 Léon Trotski, 「L'inflation "socialiste"」, *La Révolution trahie*(1936)(UGE, 10/18, 1969), 4장.

12 Niall Ferguson, 앞의 책, p. 230에서 재인용.

13 Michel Aglietta et André Orléan, 앞의 책, p. 100.

| 제3장_프랑스에서 돈은 금기다 |

1 La Bruyère, 「Des biens de fortune」, *Les caractères*(문고본, 1976), 제4권, 58, p. 280.

2 Jean-Jacques Rousseau, *Confessions*, 제1권(Folio-Gallimard, 2009), p. 35.

3 Voltaire, 기사 「Luxe」, *Dictionnaire philosophique*(Garnier-Flammarion, 1964).

4 Jacques Roux, 「Les riches, c'est-à-dire les méchants」, *Contre l'argent fou*, p. 12 이하.

5 Léon Bloy, 「Le sang du pauvre」, 같은 책, p. 131.

6 Léon Bloy, 「Les amis de Job」, 같은 책, p. 131.

7 Léon Bloy, 「Le sang du pauvre」, 같은 책, p. 127.

8 Jacques Julliard, *L'argent, Dieu et le diable. Péguy, Bernanos, Claudel face au monde moderne*(Flammarion, 2008), p. 122, 155.

9 Charles Péguy, 「Note conjointe sur M. Descartes」(1914), *OEuvres en prose complètes*, 제1권(La Pléiade, 1987) p. 291, Jacques Julliard, 앞의 책 p. 159에서 재인용.

10 Charles Péguy, 「Marcel, premier dialogue de la cité harmonieuse」, 앞의 책 p. 161에서 재인용.

11 이러한 해설에 대해서는 Emmanuel Levinas, *Difficile liberté*(문고본, 1984), pp. 177~178을 참조하라.

12 Jacques Julliard, 앞의 책, p. 175에서 재인용. 여기서 쥘리아르는 돈에 대한 클로델의 시각을 해석한다.

13 "프랑스인의 52퍼센트는 부패를 저지르지 않고는 최고가 될 수 없다고 생각한다." Yann Algan et Pierre Cahuc, *La société de défiance*(Cepremap, Editions Rue d'Ulm, 2007), p. 9.

14 Serge Latouche, *Le pari de la décroissance*(Pluriel, 2010), pp. 195~196.

15 "2007~2008년 서브프라임 사태 이후 우리가 일부 주식중개인, 은행가, 신용평가업체를 호되게 후려쳤더라면 그리스 위기나 미국 티파티의 과격한 압력을 잠시나마 피할 수 있었을지도 모른다." Laurence Duchêne et Pierre Zaoui, *L'abstraction matérielle*(La Découverte, 2012), pp. 127~128.

16 Jean-Claude Guillebaud, *Le Nouvel Observateur*(2012년 10월 25일), Gaël Giraud, *L'illusion financière*(L'Atelier, 2012)에 대한 글.

17 Jean-Luc Mélenchon, *Qu'ils s'en aillent tous!*(Flammarion, 2010).

18 「Alors Gérard, t'as les boules?」, *Libération*(2012년 12월 17일).

19 Jean-Claude Guillebaud, *Télé Obs*(2015년 5월 2일).
주간지 *Marianne*(2015년 7월 31일~8월 6일). "외설적인 자들, 그들은 추잡하고 비도덕적이며 불쾌하다……." 이 기사는 코트다쥐르의 해변 일부를 사유재산화한 사우

디아라비아 국왕, 가난한 사람들을 모욕한 프랑스 광고계 거장 자크 세겔라(Jacques Seguela), 프랑스 남부에 위치한 자기 별장에서 도시계획을 무시하고 무허가 작업을 강행한 모델 겸 디자이너 이네스 드 라 프레상주(Inès de La Fressange), 미디어를 매수한 패트릭 드라이(Patrick Drahi) 등을 비난한다.

20 *Le Monde*(2014년 10월 10일). 2년 전부터 프랑스에서는 소득 상위 20퍼센트 가계가 세수의 75퍼센트 이상을 책임진다. 부유세(ISF) 납부자는 33만 1000명으로 꾸준히 증가 추세에 있다. 참고로, 2014년에 걷힌 부유세는 51억 9000만 유로다.

21 "나는 사람들의 삶을 관리하고 그들 대신 행복을 마련해주고 싶어 하는 좌파를 잘 압니다. 금지의 좌파, 시기하는 자들의 좌파에는 이골이 났지요. 좌파로서 내 목표는 고급 승용차가 지나가면 그 차를 빼앗는 것이 아니라 모두가 그렇게 좋은 차를 탈 수 있게 하는 겁니다. 나는 누구를 공격하려고 있는 게 아니에요. 나는 부자들을 미워하지 않습니다. 내 꿈은 모두가 잘살게 되는 거예요. 가난을 더불어 나누지는 않을 겁니다." 사회당 의원이자 일드프랑스 지역위원회 부회장 쥘리앵 드레(Julien Dray)의 인터뷰, *Le Monde*(2014년 12월 16일).

22 Pierre Rabhi, *Vers la sobriété heureuse*(Actes Sud, 2010), p. 31, 47.

23 「A vous de juger」, Arlette Chabot 진행 프로그램(프랑스, 2006년 6월 2일, 8일).

24 Yann Algan et Pierre Cahuc, 앞의 책, p. 15에서 재인용.

25 Laurent Mauduit, *L'étrange capitulation*(Gawsewitch Editeur, 2013)에서 재인용.

26 프랑수아 올랑드는 이 고발에 격하게 반응했다. "가난하고 헐벗은 자들을 이렇게 공격한 것은 내 생애 전체를 공격한 겁니다. (…) 나의 모든 역할, 내가 위임받은 모든 권한으로 나는 고통받는 자들을 돕고 싶다는 생각밖에 없습니다. (…) 내가 사회적 고통을 조롱한다고 말하거나 글을 쓰는 것은 정말로 내게 상처가 되는 거짓말이기 때문에 결코 원치 않습니다. (…) 나는 최악의 곤경 속에서 피폐해진 사람들을 만나봤습니다. 그들에게는 치아를 관리할 만한 여력이 없었지요. 망가진 치아는 끔찍한 가난의 표식입니다. (…) 나의 외할아버지는 사부아 시골 출신 재단사였고 친할아버지는 북부 빈농 집안 출신의 교사였습니다……. 그런 내가 나의 뿌리, 내 삶의 이유인 계층을 무시할 거라 생각합니까?" *Le Nouvel Observateur*(2014년 9월 10일).

27 Dominique Jamet, *Marianne*, no. 798(2012년 8월 4일).

28 Albert Londres, *La Chine en folie*(1922, Serpent à Plumes, 2001).

29 "세금 압박의 증가로 인한 사회 정의의 이익이 경제적 효율성 면에서의 손실과 균형을 이룰 때 세금은 최적화된다." Bertrand Jacquillat, *Fiscalité : pourquoi et comment un pays sans riches est un pays pauvre*(Fondapol, 2012, p. 11).

30 브뤼크네르는 이 가설을 다음 책에서 본격적으로 다룬 바 있다. *La tentation de l'innocence*(Grasset, 1995).

31 당시 캉토나의 발언은 이러했다. "시스템이 은행을 중심으로 돌아갑니다. (…) 싹 다 무너져버리게 당신이 거래하는 은행에 가서 돈을 전부 다 빼세요."

32 Alain Badiou, 「Le rouge et le tricolore」, *Le Monde*(2015년 1월 27일).

33 2012년 10월에 『소비자 연구 저널(Journal of Consumer Research)』에 실린 연구. Pierre Barthélemy, 「Le billet craquant vaut plus que le mou」, *Le Monde*(2012년 12월 24일)도 참조하라.

34 Marc Shell, 앞의 책, p. 109에서 재인용.

35 Stefan Zweig, *Le monde d'hier*(문고본, 1996), p. 366.

| 제4장_미국의 영혼은 돈이다 |

1 Viviana A. Zelizer, 서문(Jérôme Bourdieu et Johan Heilbron), *La signification sociale de l'argent*(Seuil, 2005), p. 50에서 재인용. 장조제프 구(Jean-Joseph Goux)는 미국에서 금본위제 폐지가 신을 뒷전으로 보내고 국가가 국민의 삶을 지배할 위험이 있다는 식으로 받아들여졌다고 지적한다. 화폐에서의 무신론은 국가관리주의의 여지를 연다. Jean-Joseph Goux, *Les monnayeurs du langage*(Galilée, 1984) pp. 188~190.

2 Bernard Maris, 「L'argent du riche et l'argent du pauvre」, *Le Monde*(1988년 11월 8일), Roger-Pol Droit(sous la dir. de), 앞의 책, p. 335에서 재인용.

3 미국 달러화의 탄생에 대해서는 다음 책을 참조하라. Malek Abbou, *Fondements métaphysiques du dollar*(Fage Editions, 2012).

4 이 주제에 대해서는 Marie Cuillerai, *Le capitalisme vertueux. Mondialisation et confiance*(Payot, 2002), pp. 111~112를 보라.

5 "유로의 모험에 결부된 국가들은 이 신용화폐에 작동 중인 연방 주권의 이름으로 개회식을 마련할 역사적 기회를 잡지 못했다. 정치적 연설은 이 사건의 연대성과 완전히 동떨어져 있었다." Michel Aglietta et André Orléan, 앞의 책, p. 312.

6 Ilana Reiss-Schimmel, 앞의 책, pp. 95~96.

7 미국에서는 상위 1퍼센트의 부자가 국부의 33퍼센트 가까이를 차지한다. 제2차 세계대전 이후 중산층 소득은 제자리거나 오히려 삭감되었지만 부자들의 재산은 점점 늘어나는 추세다. Robert Frank, *Richistan*(Crown Publishers, 2007), p. 242.

8 1905년의 한 인터뷰, Peter Collier et David Horowitz, *The Rockfellers*(Holt, Rindhart and Winston, 1976), p. 48.

9 Raymonde Carroll, 「Une histoire de singes et de malentendus」, *Communications*, no. 50(1989), p. 197에서 재인용.

10 Benjamin Franklin, *Avis nécessaire à ceux qui veulent devenir riches*(Lux, 2012), p. 117.

11 1871년 『애틀랜틱 먼슬리』에 처음 등장한 이 표현은 어떤 산업 분야에서 정상적인 경쟁 구도가 불가능하게끔 독과점이나 불공정한 사업 관행을 추구함으로써 막대한 재산을 축적한 사업가와 은행가를 가리킨다. 루즈벨트 대통령은 이들을 "부자 악당"으로 지칭하고 이들의 독점을 막고자 했다.

12 Robert Frank, 앞의 책, p. 118.

13 "백만장자의 아들로서 재산 때문에 망가지지 않은 모범적인 경우가 있다. 그들은 부자이면서도 공동체에 큰일을 해주었다. 그들이 바로 세상의 소금이다. 하지만 이런 경우는 안타까우리만치 드물다." Andrew Carnegie, 「The Gospel of Wealth」, *North American Review*(1889), *The Gospel of Wealth and Other Writings*(Penguin, 2006)으로 재출간, p. 6.

14 Alexis Tocqueville, *De la démocratie en Amérique*, 제2권, 10장(Garnier-Flammarion, 1993), p. 181.

15 "어떤 새로운 발견이 있을 때마다 첫마디는 모두 '그게 돈이 돼?'다. 이 지배적 욕구를 만족시키려면 나는 이익을 주는 것에 매달려야 한다." Charles Fourier, *Le nouveau monde amoureux*(Presses du réel, 2013), p. 166.

16 미국에서는 상위 1퍼센트의 부자가 국민총소득의 22.5퍼센트를 차지한다. 최상위 0.1퍼센트가 20년 전에는 국민총소득의 2퍼센트를 차지했지만 지금은 10퍼센트나 차지한다. 이 부자들이 중산층 평균 소득보다 100배를 더 벌고 있다는 얘기다(출처 : Thomas Piketty).

17 Xavier Giannoli, *Marguerite*(2015).

| 제5장_돈이 세상을 지배한다는 믿음 |

1 *War. What is it good for?*(Farrar, Strauss and Giroux, 2014).

2 Emile Zola, *L'argent*(1891)(Pocket, 2009), pp. 293~294.

3 Alfred W. Crosby, 앞의 책, p. 17, 18, pp. 53~54를 참조하라.

4 Honoré de Balzac, *Melmoth réconcilié*(1835), in *La maison Nucingen*(Folio-Gallimard, 1989).

5 Honoré de Balzac(1837), 같은 책.

6 이 주제를 다룬 탁월한 연구 Albert Hirschman, *Les passions et les intérêts*(PUF, 2014)를 참조하라.

7 Roland Bénabou et Jean Tirole, Daniel Cohen, *Homo economicus, prophète (égaré) des temps nouveaux*(Albin Michel, 2012) 재인용, p. 51를 참조하라.

8 Michael Sandel, Jean-Pierre Dupuy 서문, *Ce que l'argent ne saurait acheter*(Seuil, 2014)를 참조하라.

9 Laurence Fontaine, *Le marché. Histoire et usages d'une conquête sociale*(Gallimard, 2014), p. 227를 참조하라.

10 Laurence Fontaine, 같은 책, p. 161.

11 Pascal Bruckner, *Le mariage d'amour a-t-il échoué?*(Grasset, 2010)를 참조하라.

12 Pierre Tchernia 감독, René Goscinny 극본, 「Le viager」(1972).

13 Michael Sandel, 앞의 책, pp. 216~218을 참조하라.

14 Roland Bénabou et Jean Tirole, Daniel Cohen, 앞의 책, pp. 51~52에서 재인용.

15 Maya Beauvallet, *Les stratégies absurdes*(Seuil, 2009). 이 사례는 앞에서 말한 다니

엘 코엔의 책과 마이클 샌델의 책에 모두 인용된다.

16 Maya Beauvallet, 같은 책, p. 266.

17 Benjamin Franklin, 앞의 책, p. 257.

18 Benjamin Franklin, 앞의 책, p. 273.

19 Richard Posner et Elisabeth Landes, 「The economics of the baby shortage」, *The Journal of Legal Studies*(University of Chicago Press, 1978)을 참조하라.

20 마이클 샌델 책의 프랑스어판 서문에서 장피에르 뒤피가 활용한 사례. Michael Sandel, 앞의 책, p. 15.

21 Isaac Kramnick, *Bolingbroke and his Circle. The Politics of Nostalgia in the Age of Walpole*(Harvard University Press, 1968), p. 73.

22 Albert Hirschman, 앞의 책, p. 97에서 재인용.

23 Georg Simmel, *Philosophie de l'argent*(PUF, 1999), p. 471에 나온 예.

24 "그들은 돈을 벌 생각밖에 없는 나머지 불꽃에 타들어가듯 소유욕에 타들어간다고 말해도 좋을 정도다." Werner Sombart, 앞의 책에서 재인용한 단테의 문장.

25 이 주제에 대해서는 다음의 걸출한 연구를 참조하라. Simon Schama, *L'embarras de richesses*(Gallimard, 1991), p. 466.

26 Laurence Fontaine, 「La "bulle" des tulipes ou les jeux de la distinction, du pouvoir et du hasard dans la formation des」, 앞의 책, 7장, p. 288 이하.

27 농노제는 1861년 러시아에서, 1959년 티베트에서, 1960년 네팔에서 차례로 폐지되었다. 계약하인(indentured servant)은 주로 식민시대에 주인에게 목돈을 당겨 받고 일정 기간 동안 일을 해주는 형태로 발달했다. 19세기 멕시코는 연계봉공 계약을 99년까지도 인정했다. 사실상 노예제나 다름없는 이러한 계약 형태가 지금도 걸프 지역 국가에서 주로 외국인을 상대로 이루어지고 있다.

28 이 주제에 대해서는 여러 참고자료가 있으나 특히 Thierry Oberlé, *Esclave de Daech*(Fayard, 2015)를 보라.

29 Robert Musil, *L'homme sans qualités*, 제2권(Folio-Gallimard, 1974), p. 297.

30 Emmanuel Levinas, 앞의 책, p. 209.

31 Emmanuel Kant, *Fondement de la métaphysique des moeurs*(Delagrave, 1967), p. 160.

32 Caroline Oudin-Bastide et Philippe Steiner, *Calcul et morale. Coûts de l'esclavage et valeur de l'émancipation*(Albin Michel, 2015), 1장을 참조하라.

33 Alfred W. Crosby, 앞의 책, pp. 26~27.

34 Alfred W. Crosby, 앞의 책, p. 200 이하.

35 Paul Ricoeur, 「L'argent : d'un soupçon à l'autre」, in A. Spire(sous la dir. de), 앞의 책, p. 68.

36 Viviana A. Zelizer, 앞의 책, p. 13.

37 Viviana A. Zelizer, 앞의 책, pp. 60~62.

38 런던 정경대학교의 마이클 스튜어트는 1994년에 발표한 한 논문에서 헝가리 집시에게 돈이 영예, 놀이, 성공에 대한 자부심을 결합한 사회성의 한 요소임을 보여주었다. Michael Stewart, 「La passion de l'argent, les ambiguïtés de la circulation monétaire chez les Tsiganes hongrois」, *Terrains*, no. 23(1994년 10월), p. 45.

39 토마 피케티가 이슬람 테러리즘을 "사회적이고 공정한 발전"이라는 맥락에서 파악한 것은 이러한 맹목의 증거다. "우리도 책임이 없지 않은 중동 지역의 불평등을 바탕으로 테러리즘이 발달했다는 점은 명백하다." *Le Monde*(2015년 11월 22~23일). 사회민주주의 혹은 자유주의적 마르크스주의의 해석 틀은 여전히 너무나 제한적이어서 종교적 사태를 읽어내기에 역부족이다.

40 이 주제에 대해서는 Albert Hirschman, 앞의 책을 보라.

41 Victor Hugo, *Choses vues*, 1870-1885, 제2권(Folio-Gallimard, 1997), p. 272, 398.

42 Paul Valéry, *Mauvaises pensées et autres*(Gallimard, 1942), Jean-Joseph Goux, 앞의 책, p. 41에서 재인용.

43 Serge Koster, 「D'Harpagon à Shylock」, in A. Spire(sous la dir. de), 앞의 책, p. 33에서 재인용.

44 이 주제에 대해서는 Jean-Joseph Goux, 앞의 책, pp. 156~158과 저자의 빼어난 해설을 참조하라.

1 스탠리 큐브릭 감독의 영화 「킬링(Killing)」(1956). 앙리 베르뇌유(Henri Verneuil) 감독, 알랭 들롱과 장 가뱅 주연의 영화 「지하실의 멜로디(Melodie En Sous-Sol)」(1963)도 비슷한 주제를 다루며 수영장에 지폐가 마구 흩뿌려지는 장면을 보여준다.

2 Simone de Beauvoir, *La cérémonie des adieux*(Folio-Gallimard, 1974), p. 153.

3 François Rachline, 앞의 책, pp. 110~112를 참조하라.

4 Damien de Blic et Jeanne Lazarus, *Sociologie de l'argent*(La Découverte, 2007), pp. 60~62를 참조하라.

5 Robert Frank, *La course au luxe*(Markus Haller, 2010), p. 79.

6 Richard Easterlin, *Does economic Growth Improve the Human Lot? Essays in honor of Moses Abramovitz*(New York Academic Press, 1974).

7 Jean Gadrey, *Adieu à la croissance. Bien vivre dans un monde solidaire*(Les Petits Matins/Alternatives économiques, 2010)를 참조하라.

8 Robert et Edward Skidelsky, *How Much Is Enough?*(Allen Lane, 2012), p. 104를 참조하라.

9 Barry Schwartz, *Le paradoxe du choix*(Michel Lafon, 2006), p. 118에서 재인용.

10 더욱이 이러한 선입견에 역행하여 부유할수록 행복하다는 결론을 내리는 연구조사도 많이 나오고 있다. 로테르담대학교의 루트 벤호벤(Ruut Veenhoven)과 플로리스 베르군스트(Floris Vergunst)는 전 세계 67개국의 자료를 컴파일링하여 '행복의 글로벌 데이터베이스'를 구축했다. 또한 독일의 노동경제연구소(IZA) 산하에서 다니엘 W. 작스(Daniel W. Sacks), 벳시 스티븐슨(Betsey Stevenson), 저스틴 울퍼스(Justin Wolfers)가 공동 작업한 연구도 소득 수준이 높은 국가일수록 삶에 대한 만족도가 높다는 결론을 내렸다. Marie de Vergès, *Le Monde*(2013년 2월 26일)를 참조하라.

11 Daniel Cohen, 앞의 책.

12 저자는 이전에 발표한 저서에서 이러한 의무적 행복의 신화를 분석했다. *L'euphorie perpétuelle*(Grasset, 2000).

13 Robert Frank, 앞의 책을 참조하라.

14 "일흔에는 서른 즈음의 행복을 되찾는다. 여든에는 (평균적으로) 열여덟 살 때의 행복을

재발견한다. 이 놀라운 결과를 어떻게 이해해야 할까? (…) 늙으면 재화를 축적해야 한다는 쓸데없는 부담에서 해방되어 내재적인 것에 제자리를 내어줄 수 있기 때문이다." Daniel Cohen, 앞의 책, p. 27.

15 Daniel Cohen, 앞의 책, pp. 198~199에서 그가 펼치는 주장을 보라.

16 「Les anti-économistes ont la parole」, *Le Nouvel Observateur*(2014년 10월 23일).

17 Niall Ferguson, 앞의 책, p. 103을 참조하라.

18 Jacques de Saint-Victor, *Un pouvoir invisible. Les mafias et la société démocratique*(Gallimard, 2012), p. 346을 참조하라.

19 Jay McInerney, *Trente ans et des poussières*(Seuil, 1998)을 참조하라.

20 Robert Goolrick, *La chute des princes*(UGE, 10/18, 2016)를 참조하라.

21 Kevin Roose, *Young Money*(Grand Central Publishing, 2014), p. IX.

22 Robert Frank, 앞의 책, 5장을 참조하라.

23 Cicéron, Le bonheur, *IVe et Ve Tusculanes*(Arléa, 1996), p. 120.

24 Robert Frank, Richistan, 앞의 책, 5장, p. 209를 참조하라.

25 Robert Frank, 같은 책, p. 50.

26 Sénèque, 앞의 책, p. 60.

27 Sénèque, 앞의 책, pp. 122~123.

28 Jacques Julliard, 앞의 책, p. 185에서 재인용.

29 Jacques Attali, 앞의 책, p. 295에서 재인용.

| 제7장_음흉한 계산속이 숭고한 사랑을 죽였나 |

1 Jane Austen, *Orgueil et préjugés*(UGE, 10/18, 2012), p. 158.

2 http://www.demotivateur.fr에서 발췌한 내용. 이 기사는 미국의 모 금융지에 실렸다고 하나 진위 여부가 불확실하다.

3 지역 단체나 특정 지역 안에서 발행되는 보완적 화폐. 이 주제에 대해서는 Paul Jorion, *L'argent, mode d'emploi*(Fayard, 2009), p. 274 이하를 참조하라.

4 Honoré de Balzac, *La cousine Bette*(Folio-Gallimard, 1972), pp. 172~173.

5 "'나는 당신을 사랑하지 않아요, 발레리. 난 당신을 100만 프랑만큼 사랑하지요.' 크르벨이 말했다. '그 정도로는 안 돼요!' 발레리가 쪼르르 다가가 그의 무릎에 앉아 양복걸이에 매달리려는 것처럼 그의 목을 껴안고 매달렸다. '나는 1000만 프랑처럼, 지상의 모든 황금과 그 이상만큼 사랑받고 싶어요.'" Honoré de Balzac, 같은 책, p. 331.

6 Georg Simmel, 앞의 책, pp. 483~484. 짐멜은 고가의 금액이 지급한 원칙을 보상했을 것이며 그 정도 금액은 여자의 남편에 대한 간접적 존경을 의미할 것이라고 익살스럽게 설명한다.

7 Pierre Klossowski, *La monnaie vivante, lettre-préface de Michel Foucault* (Losfeld, 1970, 개정판 발행, 1997).

8 Pierre Klossowski, 같은 책, p. 16.

9 Robert Musil, 앞의 책, p. 180. 이에 대해서는 Jean-Joseph Goux, 앞의 책, p. 159와 그 이하의 해설도 함께 참조하라.

10 가정을 "효용의 생산단위"로 보았던 개리 베커 이론의 한 갈래를 파고들었던 페미니스트들은 실제로 가정 내에도 임금 관계를 도입해서 아내가 제공하는 서비스(가사, 교육, 성관계 등)에 남편이 보수를 지급해야 한다고 주장했다. Philippe Simonnot, 앞의 책, p. 157를 참조하라. 미국의 여성운동가 로렌 치프 엘크(Lauren Chief Elk)도 "젠더 정의"가 이루어지려면 여성이 예로부터 무상으로 제공한 "정서적 업무"에 대해 남성이 보수를 지급해야 한다고 말한다. 증여의 이면에는 원한 어린 이해타산이 있다.

11 시기적으로 짚어보자면, 기혼 여성은 1881년에 남편의 동의 없이 저금통장을 가질 수 있게 되었고 1907년에는 자기가 번 돈을 자기 재량으로 쓸 수 있었다. 1965년부터는 남편의 동의 없이도 직장을 구할 수 있었고 1985년에 이르러 부부가 완전히 대등하게 자산을 관리할 수 있게 되었다(출처: Intern@nettes.fr).

12 Viviana A. Zelizer, 앞의 책, 2장, p. 77 이하를 참조하라.

13 Viviana A. Zelizer, 앞의 책, pp. 111~112.

14 Damien de Blic et Jeanne Lazarus, 앞의 책, pp. 82~83를 참조하라.

15 Gilles Lipovetsky, *La troisième femme*(Gallimard, 1997), p. 306를 참조하라.

16 이 주제에 대해서는 Damien de Blic et Jeanne Lazarus, 앞의 책, pp. 81~83과 Viviana A. Zelizer, 앞의 책을 보라.

17 Denis Moreau, *Pour la vie? Court traité du mariage et des séparations*(Seuil, 2014), p. 88.

18 Sénèque, 앞의 책, lettre 18, p. 108.

19 Arthur Schopenhauer, *Aphorismes sur la sagesse dans la vie*(PUF, 1994), p. 34.

20 Alexis Tocqueville, 앞의 책, p. 182.

21 Cicéron, 「Les infi rmités physiques empêchent-elles le bonheur?」, 앞의 책, pp. 112~113.

22 Cicéron, 「Objection : Le sage est-il heureux dans les supplices」, 앞의 책, pp. 128~129.

23 소크라테스를 위시한 철학자들의 죽음에 대해서는 Paul Veyne, *Sénèque. Une introduction*(Tallandier, 2007), p. 262를 보라.

24 Marie-Laure Massei-Chamayou, *La représentation de l'argent dans les romans de Jane Austen. L'être et l'avoir*(L'Harmattan, 2012)에서 재인용.

25 Marie-Laure Massei-Chamayou, 「Jane Austen et l'argent : entre manque et subversion」 in Olivier Larizza(sous la dir. de), *Les écrivains et l'argent*(Orizons, 2012), pp. 98~99을 참조하라.

26 Marie-Laure Massei-Chamayou, *La réprésentation de l'argent dans les romans de Jane Austen*, 앞의 책, p. 101.

27 Sören Kierkegaard, *Le Journal du séducteur*(Folio-Gallimard, 1989)를 참조하라. 저자 키르케고르가 평생 숫총각이었다는 소문을 감안하면 대단히 아이러니한 면이 있다.

28 Jane Austen, *Emma*(UGE, 10/18, 1996), p. 7.

29 Stefan Zweig, 앞의 책, pp. 15~17.

30 Gary Becker, *A Treatise on the Family*(Harvard University Press, 1993).

31 Gary Becker, 같은 책, p. 289.

32 Honoré de Balzac, 앞의 책, pp. 178~179.

33 Guy de Maupassant, *Bel-Ami*(Folio-Gallimard, 2011), p. 174.

34 돈과 성의 관계를 잘 다룬 저작 두 권을 여기서 소개한다. Philippe Simonnot, 앞의 책 ; Serge Koster, *Le sexe et l'argent*(Léo Scheer, 2009).

35 Honoré de Balzac, *Splendeurs et misères des courtisanes*(Pocket, 1991), p. 254.

36 잡지 *Elle* 보도(2015년 1월 2일).

37 Serge Koster, 앞의 책, pp. 62~63.

38 Françoise Gil, *Prostitution : fantasmes et réalités*(ESF, 2012)를 참조하라.

39 1920년대 시카고의 '택시 걸'은 손님과 크게 다섯 가지 유형의 관계를 맺었다.(돈을 받고 춤추기, 무상으로 춤추기, 고정 손님과 몇 달간 관계 맺기, 동시에 여러 남자와 관계를 유지하면서 각각에게서 집세, 식비, 의류비 등을 지원받기, 하룻밤만 함께 보내기.) 이러한 구분만으로 이 여성들을 창녀와 같은 범주에 넣기는 곤란하다. Viviana A. Zelizer, 앞의 책, p. 173를 참조하라.

40 Dostoïevski, *Le joueur, postface d'André Comte-Sponville*(Actes Sud, 2000).

| 제8장_부르주아적 가치의 회복 |

1 Marie Freyssac, *Ma vie chez les milliardaires russes*(Stock, 2013).

2 Damien de Blic et Jeanne Lazarus, 앞의 책, p. 105. 이 일화 자체는 노르베르트 엘리아스의 『궁정사회』에 나온다.

3 Lucien Jerphagnon, *Connais-toi toi-même*(Albin Michel, 2012), p. 98를 참조하라.

4 Benjamin Franklin, 앞의 책, pp. 253~254.

5 Daniel Bell, *Les contradictions culturelles du capitalisme*(PUF, 1979).

6 Pierre-Michel Menger, *Portrait de l'artiste en travailleur*(Seuil, 2003)를 참조하라.

7 이러한 파행을 막기 위한 조치가 요구되고 있다. 시티그룹처럼 손실이 나면 보너스를 반납하게 한다거나(이사회는 대표이사 비크람 판디트(Vikram Pandit)에게 1500만 달러를 지급하기를 거부했다) 장기적 계획에 대한 투자를 금지하고 기업전략에 어긋나는 투자를 일삼는 벌처펀드들과 싸워야 한다는 것이다. "금융인들의 이익은 노동자 및 직원의 이익과 대척점에 있다. 노동과 원자재에 지불하는 돈이 적을수록 그들이 가져가는 이익이 커지기 때문이다." Laurence Fontaine, 앞의 책, p. 266. 프랑스에서도 그리스도교도기업인조합(EDC)은 직원들과의 연대감을 고무하는 취지에서 자기들의 연봉을 20퍼센트 삭감했다.

8 로버트 프랭크에 따르면 미국의 소득 최상위층 중 3분의 1만 부모의 유산으로 부자가

되었다. Robert Frank, 앞의 책, p. 107.

9 Nietzsche, *Ainsi parlait Zarathoustra*(Folio-Gallimard, 1985), p. 327.

10 Albert Hirschman, 앞의 책, p. 54에서 재인용.

11 Marc Abélès, *Les nouveaux riches. Un ethnologue dans la Silicon Valley*(Odile Jacob, 2002), pp. 75~76에서 재인용.

12 *Le Monde*(2013년 4월 27일).

13 이 주제에 대해서는 Karl Marx, *Manuscrits de 1844*(Editions sociales, 1972) ; Luc Boltanski et Eve Chiapello, 「A l'épreuve de la critique artiste」, *Le nouvel esprit du capitalisme*(Gallimard, 1999), 7장, p. 501 이하를 참조하라.

14 Daniel Bell, 앞의 책, p. 90.

15 Luc Ferry, *L'innovation destructrice*(Plon, 2014), p. 104. 그 외에도 Luc Ferry, *L'invention de la vie de bohème*(Cercle d'art, 2012) ; Pierre-Michel Menger, 앞의 책도 참조하라.

16 이탈리아 경제에서 범죄조직으로 흘러들어가는 돈이 연간 1000억 유로로 추산된다. David Wolman, *The End of Money*(Da Capo Press, 2012), p. 54를 보라.

17 Jacques de Saint-Victor, 앞의 책, p. 256.

18 자크 드 생빅토르는 자본주의 윤리와 마피아 윤리가 위험 문화와 경쟁적 파괴에 바탕을 둔다는 점에서 유사성이 있다고 지적한다. Jacques de Saint-Victor, 앞의 책, p. 341.

19 Zygmunt Bauman, *Les riches font-ils le bonheur de tous?*(Armand Colin, 2014), p. 54.

20 이 주제에 대해서는 David Wolman, 앞의 책 ; Jean-Claude Carrière, *L'Argent, sa vie, sa mort*(Odile Jacob, 2014)를 보라. 특히 후자는 돈이 1인칭 화자가 되어 자신이 곧 사라질 것이라고 예언하는 구조를 취하고 있다.

21 John Maynard Keynes, 「Perspectives économiques pour nos petits-enfants」 (1930), *Essais sur la monnaie et l'économie*(Payot, 1990).

22 Robert Musil, *Essais*(Seuil, 1978), p. 296.

23 Edith Wharton, 「L'Imagniaire」, *Chez les heureux du monde*(1905)(Gallimard, 2000).

24 Wealth-X와 스위스 금융기업 UBS가 추진한 연구에 따르면 2020년에 전 세계 억만 장자는 3800명에 이를 것이다. 오늘날의 대부호 가운데 부모 유산으로 부자가 된 사 람 비중은 그렇게까지 크지 않고 81퍼센트는 자수성가를 했다고 볼 수 있다. 2016년 에 영국의 비영리단체 옥스팜(Oxfam)은 상위 1퍼센트의 부자들이 가진 재산이 나머지 99퍼센트가 가진 재산보다 많을 것으로 추산했다. 이 1퍼센트만 해도 7300만 명이고 그중 억만장자 이상은 2325명이다. 중국도 상위 10퍼센트가 가진 재산이 전체 인구 75퍼센트의 재산 합계보다 많다.

25 Marc Rocher, *Le Monde*(2013년 5월 15일)에서 재인용.

26 Robert Frank, 앞의 책, p. 35를 참조하라.

27 Annie Cohen-Solal in Pascal Morand, 앞의 책, p. 37.

28 Robert Frank, *La course au luxe*, 앞의 책, p. 25.

29 Robert Frank, *Richistan*, 앞의 책, 7장.

30 Robert Frank, *La course au luxe*, 앞의 책.

31 Philippe Ariès, *Essais sur l'histoire de la mort en Occident, du Moyen Age à nos jours*(Points-Seuil, 1977), p. 83.

32 Norman O. Brown, *Eros et Thanatos. La psychanalyse appliquée à l'Histoire*(Jullliard, 1960), p. 60.

33 Aristote, *Ethique à Nicomaque*, 앞의 책, 4권, 1장, pp. 152~153.

34 「La nouvelle puissance des riches」, *L'Express*(2014년 7월 23~29일).

35 리오나 햄슬리는 2007년에 사망하면서 수백만 달러를 병원과 자선단체에 기부했을 뿐 아니라 본인의 반려견 '트러블'이 노년을 힘들지 않게 보내기 바란다면서 이 개 앞 으로 1200만 달러를 남겨서 화제가 되었다. 이 일은 2007년도 『포춘』지가 정한 그해 의 가장 바보 같은 순간들 101 중 하나로 선정되었다.

36 국제신용평가기관 스탠더드 앤드 푸어스는 "투자자를 속이기 위한 시스템"을 가동하 고 건전한 투자에 위험 상품을 끼워 넣었다는 죄목으로 2015년 2월에 미국 법원에서 15억 달러를 배상하라는 판결을 받았다.

37 Max Weber, 앞의 책, p. 201, note 1.

38 Guy de Maupassant, 앞의 책, p. 356.

39 Laurence Fontaine, 앞의 책, 7장, p. 303를 참조하라.

| 제9장_부는 죄가 아니요, 가난이 덕은 아니다 |

1 Jean Delumeau, *La peur en Occident*(Fayard, 1978), p. 533 이하를 참조하라.

2 Niall Ferguson, 앞의 책, pp. 21~22.

3 사유재산의 양가성과 여성 노동의 중요성을 다룬 논의에 대해서도 Niall Ferguson, 앞의 책, pp. 258~259를 보라.

4 Abhijit Banerjee, *Esther Duflo, Repenser la pauvreté*(Seuil, 2012).

5 Jonathan Crary, *Libération* 인터뷰, 2014년 6월 21~22일.

6 Charles Péguy, *L'argent*, 앞의 책.

7 Stuart Mill, *Principles of Political Economy*(1886), Robert et Edward Skidelsky, 앞의 책, p. 54에서 재인용.

8 Yvonne Quilès, 「Le rêve des pauvres」, in A. Spire(sous la dir. de), 앞의 책, p. 167 이하를 참조하라.

9 국가인권심의위원회 회장 크리스틴 라제르주(Christine Lazerges)의 주장. Jean-Christophe Sarrot, *Bruno Tardieu et Marie-France Zimmer. En finir avec les idées fausses sur les pauvres et la pauvreté*(ATD Quart Monde/L'Atelier, 2015), p. 214 를 참조하라.

10 국제연합의 통계에 따르면, 지난 30여 년간 극단적 빈곤(하루 생활비 1.25달러 이하)을 경험하는 전 세계 인구 비율은 47퍼센트(1990년)에서 22퍼센트(2010년)으로 줄었다. 국제연합은 '새천년개발목표'를 수립하고 2030년까지 극단적 빈곤을 뿌리 뽑을 수 있기를 바라고 있다. 새천년개발목표는 건강, 영양, 농산품과 공산품, 소비, 재정관리 등 빈곤 요인을 총망라하는 프로그램이다.

11 Walter Lippmann, *Drift and Mastery*, Mitchell Kennerley(1914), p. XVI, Richard Sennett, *Le travail sans qualités*(Albin Michel, 2000), p. 169에서 재인용.

12 다음을 참조하라. 「The Gujarati Way. Secrets of the world's best business people」, *The Economist*(2015년 12월 19일).

13 Mohsin Hamid, *Comment s'en mettre plein les poches en Asie mutante*(Grasset, 2014).

14 Stéphane Lauer, 「Les chers déjeuners avec Warren Buffett」, *Le Monde*(2015년 6월 10일).

15 원래는 영화감독 장뤼크 고다르가 했던 말로 유명하다.

16 Hegel, *La Raison dans l'Histoire*(UGE, 10/18, 1965), p. 113.

17 이 예는 Viviana A. Zelizer, 앞의 책, p. 293에서 빌려왔다.

18 Pascal Bruckner, *La mélancolie démocratique*(Seuil, 1990).

19 Fernand Braudel, *La dynamique du capitalisme*(Flammarion, 1988), pp. 70~71.

20 Fernand Braudel, 같은 책, p. 64.

21 Robert et Edward Skidelsky, 앞의 책, p. 181.

22 Emmanuel Kant, *Projet de paix perpétuelle*(Vrin, 1988), pp. 44~45.

23 여러 예가 있지만 몇 가지만 소개한다. 2015년 스위스에서 탈세는 경범죄로 분류되었고 해외계좌를 이용한 탈세를 막기 위해 2017년부터는 국가 간 은행계좌정보도 자동교환된다. 프랑스 경제학자 가브리엘 쥐크망(Gabriel Zucman)은 2013년에 발표한 책 『국가들의 감춰진 부(La richesse cachée des nations)』에서 전 세계 차원의 부동산등기부 비슷한 금융대장을 만들어 주식, 채권 등이 수익자 명의와 함께 유통되어야 한다고 했다.

24 Michel Aglietta et André Orléan, 앞의 책.

25 Niall Ferguson, 앞의 책, pp. 20~21.

26 Denis Kessler, 「Quelle est la valeur économique de la vie humaine」, in Roger-Pol Droit(sous la dir. de), 앞의 책, p. 310 이하를 보라.

27 Roger-Pol Droit, 같은 책, p. 321.

| 제10장_빼앗는 손, 돌려주는 손 |

1 Jean Starobinski, *Largesse*(Gallimard, 2007), pp. 181~182를 참조하라.

2 Jean Delumeau, 앞의 책, pp. 534~537를 참조하라.

3 Jacques Ellul, *L'homme et l'argent*(Presses bibliques universitaires, 1978), p. 144, Ilana Reiss-Schimmel, 앞의 책, p. 10에서 재인용.

4 Andrew Carnegie, 앞의 책, p. 12.

5 1995년에 워런 버핏은 이러한 논리에서 자신은 자신이 속한 사회에 갚아야 할 빚이 있다고 말했다. John Kampfner, *The Rich. From slaves to super yachts*(Little Brown & Co. 2014), p. 395를 참조하라.

6 Andrew Carnegie, 앞의 책.

7 Andrew Carnegie, 앞의 책, p. 10.

8 Andrew Carnegie, 앞의 책, p. 11.

9 Marc Abélès, 앞의 책, pp. 77~78를 참조하라. 카네기는 세상을 떠날 때 유족에게 자기 재산의 5퍼센트(약 1500만 달러)밖에 남기지 않았다.

10 Emile Zola, 앞의 책, pp. 68~69.

11 Emile Zola, 앞의 책, p. 131.

12 Emile Zola, 앞의 책, 같은 쪽.

13 John Ensor Harr et Peter J. Johnson, *The Rockefeller Century*(Charles Scribner's Sons, 1988), pp. 51~52. Marc Abélès, 앞의 책, p. 79에서 재인용.

14 이 분야의 중요한 참고서적인 Paul Veyne, *Le pain et le cirque*(Seuil, 1976)을 보라.

15 Georges Gusdorf, *Kierkegaard*(Seghers, 1963), pp. 29~30.

16 Simon Schama, 앞의 책, p. 442를 참조하라. 이 칙령은 1658년에야 폐기되었다.

17 Honoré de Balzac, 앞의 책, p. 172.

18 이 주제에 대해서는 통찰력이 뛰어난 Jean Starobinski, 앞의 책, p. 28를 보라.

19 Peter Sloterdjik, *Repenser l'impôt*(Maren Sell, 2012), p. 278.

20 Peter Sloterdjik, 같은 책, pp. 239~240.

21 Marc Abélès, 앞의 책, p. 35.

22 Alexandre Lambelet, *La philanthropie*(Presses de Sciences Po, 2014), pp. 81~82를 참조하라.

23 Pierre Grimal, 세네카 서문, *La vie heureuse*, 앞의 책, p. 26를 참조하라.

24 Montesquieu, *De l'esprit des lois*, V, XVIII(Garnier-Flammarion, 1993)을 참조하라.

25 15세기 페루자와 시에나에서 프란체스코회 수사들은 효력 없는 자선과 살인적인 고리
    대금에 맞서기 위하여 빈민 전용 공익전당포를 만들기도 했다. 프랑스에서는 1637년
    에 테오프라스트 르노도가 최초의 공익전당포를 만들었다.

26 Aristote, 앞의 책, 9권, 7장, p. 374 이하.

27 Guy de Maupassant, *La parure*(1884)(문고본, 1995).

28 David Wolman, 앞의 책, p. 86를 참조하라.

29 Niall Ferguson, 앞의 책, p. 64를 참조하라.

30 Niall Ferguson, 같은 책, p. 64~65.

31 Bossuet, *Sermon sur la passion de Notre-Seigneur*, in *Sermon sur la mort et
    autres sermons*, 앞의 책, p. 152 이하.

la
Sagesse
de
L'argent

삶을 관통하는 돈에 대한
사유와 통찰

돈의 지혜

초판 1쇄 발행 2019년 4월 5일
초판 2쇄 발행 2019년 6월 28일

지은이 파스칼 브뤼크네르
옮긴이 이세진
펴낸이 유정연

주간 백지선
책임편집 장보금 **기획편집** 신성식 조현주 김수진 김경애 **디자인** 안수진 김소진
마케팅 임충진 임우열 이다영 김보미 **제작** 임정호 **경영지원** 전선영
교정교열 신혜진 **조판수정** 장원석

펴낸곳 흐름출판(주) **출판등록** 제313-2003-199호(2003년 5월 28일)
주소 서울시 마포구 홍익로5길 59 남성빌딩 2층
전화 (02)325-4944 **팩스** (02)325-4945 **이메일** book@hbooks.co.kr
홈페이지 http://www.hbooks.co.kr **블로그** blog.naver.com/nextwave7
출력·인쇄·제본 (주)상지사 **용지** 월드페이퍼(주) **후가공** (주)이지앤비(특허 제10-1081185호)

ISBN 978-89-6596-308-0 03100

• 흐름출판은 독자 여러분의 투고를 기다리고 있습니다. 원고가 있으신 분은 book@hbooks.co.kr로
  간단한 개요와 취지, 연락처 등을 보내주세요. 머뭇거리지 말고 문을 두드리세요.
• 파손된 책은 구입하신 서점에서 교환해 드리며 책값은 뒤표지에 있습니다.

이 도서의 국립중앙도서관 출판예정도서목록(CIP)은 서지정보유통지원시스템 홈페이지(http://seoji.nl.go.kr)와 국가자료
공동목록시스템(http://www.nl.go.kr/kolisnet)에서 이용하실 수 있습니다.(CIP제어번호: CIP2019008091)